U0796098

上海财经大学法学学术文丛

全民所有自然资源资产所有权委托代理机制研究

叶榅平　著

法律出版社 LAW PRESS · CHINA | 北京

图书在版编目（CIP）数据

全民所有自然资源资产所有权委托代理机制研究 / 叶榅平著. -- 北京 : 法律出版社, 2024. -- ISBN 978-7-5197-9654-9

Ⅰ. D923.24

中国国家版本馆 CIP 数据核字第 20246PV541 号

全民所有自然资源资产所有权委托代理机制研究
QUANMIN SUOYOU ZIRAN ZIYUAN ZICHAN SUOYOUQUAN WEITUO DAILI JIZHI YANJIU

叶榅平 著

策划编辑 陈 睿
责任编辑 陈 睿
装帧设计 汪奇峰

出版发行 法律出版社
编辑统筹 法律出版社
责任校对 王 丰
责任印制 胡晓雅
经　　销 新华书店

开本 A5
印张 9.25　　**字数** 262 千
版本 2024 年 11 月第 1 版
印次 2024 年 11 月第 1 次印刷
印刷 北京虎彩文化传播有限公司

地址：北京市丰台区莲花池西里 7 号(100073)
网址：www.lawpress.com.cn
投稿邮箱：info@lawpress.com.cn
举报盗版邮箱：jbwq@lawpress.com.cn

销售电话：010-83938349
客服电话：010-83938350
咨询电话：010-63939796

版权所有 · 侵权必究

书号：ISBN 978-7-5197-9654-9　　**定价**：42.00 元

凡购买本社图书，如有印装错误，我社负责退换。电话：010-83938349

总　序

上海财经大学已有百年历史,法科独立设置亦有卅载。今法学院商得法律出版社的大力相助,遂决定出版一套纪念丛书,以此承载同人们辛勤耕耘之结晶,并嘱我撰写丛书序言,以鉴历史,以期未来。

上财法科设置,虽仅为卅载,但其法学因子孕育于财经(商科),却可溯至上财前身——创办于1917年南京高等师范学校商科及嗣后迁至沪上的上海商科大学和国立上海商学院。70年间,法学种子寄居于财经(商科)之母体,成长轨迹,清晰可见:20世纪30年代,国立上海商学院开设保险法、票据法、银行法、海商法等商法系列课程,彼时大学体制,经济科置于大学法学院下且授予法学学位;1950年8月,学校更名为上海财经经济学院,上海法学院并入学校;次年,东吴大学法学院校舍及会计系并入学校,曾任远东国际法庭检察官的向哲濬教授作为东吴大学法学院教授亦加盟学校,直至退休;1958年,学校与华东政法学院、复旦大学法律系等单位合并组建上海社会科学院;1978年,上海财经学院复校,经济法与相关法学课程开始建设与授课;1987年,正是基于这种传统的发扬,学校在当时的经济系独立开设经济法专业,招收第一批本科生,上财法科终于诞生。

卅载光阴,上财法科从开始设置经济法本科专业,至设置法学学科一级博士点,形成了一套完整的培养本科生、硕士生、博士生的法学学科体系。上财法科属首批教育部卓越法律人才培养基地、教育部国家大学生校外实践基地、法学专业综合改革示范点、最高人民法院自贸区司法研究基地、中国法学会中国——拉美法律研究中心暨法律培养基地、上海市卓越法律人才培养基地、上海市涉外卓越法律人才培养基地、上海市法律硕士产学研示范基地等,迈入上海市高校一流学科建设序列,成为我国法治人才培养的生力军。其间,教师致力于学问的辛劳,学生向学的刻苦,同行的倾力相助,非亲历者恐难以感同身受。作为其中的一分子,我谨代表上财法科这个法律人共同体,对过去30年所有师生所付出的努力,表达最诚挚的谢意!对过去30年所有支持帮助上财法科发展的法学界与法律界同人,表示最真诚的感谢!是你们成就了上财法科!

鉴史知今,忆及上财法科的孕育史与成长史,本能地会生出几多感悟,予以鞭策后来者:法治之于时代。时代兴,则法治兴;时代衰,则法治衰。当我们身处改革的大时代,身处全球变革的大时代,规则的变革成为时代变革的号角,法律人则成为时代的弄潮儿,是为法律人的庆幸与机遇。法学之于地缘。作为研究法治的专门学问,法学离不开特定的地缘。身处上海,东西文化交汇之都,中国经济版图之中心,充满市民气息的工商城市,我们得感念先贤们当年的东迁之举。在东西文明交融与商业精神浸润下的法学探索,将成为我们孜孜以求的一项志业。法律之于时间。从本质上来看,法律是人类用历史的规范来决定当下,从而决定未来的。因此,法律是人类时间轴上的稳定器与方向盘。但是,这个稳定器与方向盘的设计与运转,却全赖当下的我们在资源条件的约束下伺机而动。因此,对于上财法科来说,站在卅载这个时间节点上,先谋后动非常重要。

大学之道,在于传道授业解惑;学院之魂,在于师生共同深耕专门学问;学科之本,在于有共同趣旨的师生教学互长。而这些活动得以持续进行,则少不了论著的不断发表——教师以此传播学术,学生借此记录成长。论著作为一种精神产品,一旦发表,则构成了一个传播文明与启迪新知的独立精神世界,这套丛书亦无例外。作为独立精神世界的一个以上财法科为依托的支点,本套丛书大致有以下几个特点:其一,注重法经融合。由于身处财经大学的缘故,教师们的作品尽管涉及各个法学二级学科,但大部分作品或者可归入财经法律这个领域,或用经济学的分析方法来阐释法律原理。其二,注重问题导向。由于法学院长期聘请一大批实务界的法律人士作为兼职导师,专任教师与兼任教师有大量的合作机会,加之地处上海,专任教师观察与参与法治实践机会较多,大部分作品体现了浓厚的问题导向意识,还有部分作品采用了社会学的研究方法。其三,注重比较法的方法。由于大部分教师具有海外留学与访学的经历，而且上财法学院自2012年开设“英美法证书班”，对本科生进行系统性全英文的英美法训练，使相当部分教师不仅熟悉大陆法也熟悉英美法，注重比较法的研究方法。当然，任何一种论著，只要发表，就意味着已脱离作者本人控制，成为一个独立的精神世界的构成，或批评，或赞成，应该交由同行去评论，而这种评论就构成精神世界发展的动力。因此，恳请读者同行不吝赐教。

卅载上财法科，特别是晚近的十年，迅速聚集了一大批学有所成的知名中青年学者和茁壮成长的青年才俊，拥有一批又一批具有良好品性和天赋的优秀学生，已构成一个敬业进取、发愤图强的法律人共同精神家园。真切期待法学院再接再厉，共同创造更美好的明天！期待法学院在下个十年、下个三十年出版更多优秀的作品，为人类文明与中国法治贡献更多的力量。

是为序！

郑少华

2019年8月3日于上海

前　言

自党的十八届三中全会以来，建立健全自然资源资产产权制度越来越受到党和国家的高度重视。党的十八届三中全会通过的《中共中央关于全面深化改革若干重大问题的决定》提出，要健全自然资源资产产权制度和自然资源资产管理体制，统一行使全民所有自然资源资产所有者职责；完善自然资源监管体制，统一行使所有国土空间用途管制职责。2015年9月11日中共中央政治局审议通过《生态文明体制改革总体方案》（以下简称《总体方案》），明确提出构建归属清晰、权责明确、监管有效的自然资源资产产权制度，着力解决自然资源所有者不到位、所有权边界模糊等问题。党的十八届四中全会要求建立健全自然资源产权法律制度，完善国土空间开发保护方面的法律制度，制定完善生态补偿和土壤、水、大气污染防治及海洋生态环境保护等法律法规，促进生态文明建设。党的十九届三中全会作出的《中共中央关于深化党和国家机构改革的决定》提出改革自然资源和生态环境管理体制，设立国有自然资源资产管理和自然生态监管机构，完善生态环境管理制度，统一行使全民所有自然资源资产所有者职责，统一行使所有国土空间用途管制和生态保护修复职责，统一行使监管城乡各类污染排放和行政执法职责。为统一行使全民所有自然资源资产所有者职责，统一行使所有国土空间用途管制和生态保护修复职责，着力解决自然资源所有者不到位、空间规划重叠等问题，《深化党和国家机构改革方案》提出组建自然资源部。随后，十三届全国人大一次会议通过《关于国务院机构改革方案的决定》，将国土资源部的职责，国家发展和改革委员会的组织编制主体功能区规划职责，住房和城乡建设部的城乡规划管理职责，水利部的水资源调查和确权登记管理职责，农业部的草原资源调查和确权登记管理职责，国家林业局的森林、湿地等资源调查和确权登记管理职责,国家海洋局的职责,国家测绘地理信息局的职责整合,组建自然资源部,作为国务院组成部门。自然资源部对外保留国家海洋局(2018年已撤销)牌子,其主要职责是,对自然资源开发利用和保护进行监管,建立空间规划体系并监督实施,履行全民所有各类自然资源资产所有者职责,统一调查和确权登记,建立自然资源有偿使用制度,负责测绘和地质勘查行业管理等。2019年4月14日,中共中央办公厅、国务院办公厅印发了《关于统筹推进自然资源资产产权制度改革的指导意见》(以下简称《指导意见》),针对自然资源资产底数不清、所有者不到位、权责不明晰、权益不落实、监管保护制度不健全等问题,导致的产权纠纷多发、资源保护乏力、开发利用粗放、生态退化严重等问题,提出了自然资源资产产权制度改革的指导思想、基本原则、总体目标、主要任务和实施保障。

经过一系列重大改革和制度建设,全民所有自然资源资产管理体制机制和全民所有自然资源资产产权制度逐渐完善,但仍然面临着自然资源资产底数不清、所有者不到位、权责不明晰、权益不落实、监管保护制度不健全等问题。随着产权制度改革进入深水区,这些问题已经成了制约全民所有自然资源资产产权制度建构的重大障碍。为此,中共中央办公厅和国务院办公厅于2022年3月联合印发《全民所有自然资源资产所有权委托代理机制试点方案》(以下简称《试点方案》),《试点方案》要求,为统筹推进自然资源资产产权制度改革,落实统一行使全民所有自然资源资产所有者职责,探索建立全民所有自然资源资产所有权委托代理机制,开展试点工作。《试点方案》首次提出全民所有自然资源资产所有者职责包括"主张所有、行使权利、履行义务、承担责任、落实权益"五项内容,并将其作为推进试点工作的理论基础和重要遵循。同时,《试点方案》明确要求全民所有自然资源资产所有权采用委托代理机制下的"统一行使"模式,包括自然资源部直接履行所有者职责和委托省级、市(地)级地方政府代理履行所有者职责两个层面,自然资源部通过指导编制省级、市(地)级政府代理履行所有者职责的自然资源清单,指导和监督省市地级政府履行所有者职责等方式完成委托。开展全民所有自然资源资产所有权委托代理机制试点是党中央、国务院为统筹推进自然资源资产产权制度改革和落实统一行使全民所有自然资源资产所有者职责，作出的一项重大改革举措和制度性安排，对于切实落实和维护全民所有自然资源资产所有者权益，促进自然资源资产高效配置和保值增值，实现生态文明领域国家治理体系和治理能力现代化具有重要的理论和实践意义。

尽管《试点方案》对开展全民所有自然资源资产所有权委托代理机制试点工作进行了系统部署，并要求到2023年，基本建立统一行使、分类实施、分级代理、权责对等的所有权委托代理机制，产权主体全面落实，管理权责更加明晰，资产家底基本摸清，资源保护更加有力，资产配置更加高效，收益管理制度更加完善，考核评价标准初步建立，所有者权益得到有效维护，形成一批可复制可推广的改革成果，为全面落实统一行使所有者职责、修改完善相关法律法规积累实践经验。但是，以委托代理机制作为全民所有自然资源资产所有权行权模式，是一项重大改革举措和制度创新，不仅没有任何可资借鉴的经验，而且也缺乏足够的理论研究提供支持。可想而知，全民所有自然资源资产所有权委托代理机制试点工作和制度建设面临着不少难题和挑战：一是所有权委托代理的法律性质如何界定？目前学界有民事代理说、行政委托说及混合说等各种观点，困扰着委托代理机制的制度建设。二是如何厘清政府与市场的边界？如所有权与监管权如何划分、政府既当"裁判员"又当"运动员"的难题如何化解等都有待深入研究。三是如何确立所有权委托代理法律关系？如在全民所有自然资源资产管理中的事权财权如何在央地之间划分、如何编制自然资源清单等问题，不仅要实践探索也需理论研究提供支持。四是如何摸清自然资源资产底数，夯实所有权委托代理机制的制度基础？摸清自然资源资产底数是实现全民所有自然资源资产所有权委托代理前提，因此，进一步完善自然资源调查监测、资产核算以及统一登记等制度至关重要。五是如何保障和监督代理人忠实勤勉地履行好所有者职责？在委托代理机制下，对代理人的有效监督是实现委托代理目标的重要保障，如何通过建立健全约束与监督制度促进代理人积极履行所有者职责，是委托代理机制下维护全民所有自然资源资产所有权统一性的重要问题，对此需要进行体系性思考和研究。对于上述问题，目前学界虽然有一些探讨，但还是不够充分，缺乏系统性的研究。本书主要围绕上述问题和要点，对全民所有自然资源所有权委托代理机制问题产生的背景,所有权委托代理的法律性质,所有权委托代理的理论前提,所有权委托代理的法律关系构造,自然资源清单编制,自然资源调查监测、资产核算、统一登记制度,以及所有权委托代理的约束与监督机制等进行系统研究,期望对促进全民所有自然资源资产所有权委托代理机制建设和理论研究有所裨益。

目　录

第一章　全民所有自然资源资产所有权委托代理问题的缘起

第一节　全民所有自然资源资产所有权的理论困境

从内容来看，全民所有自然资源资产所有权的法律规定比较简单，与全民所有自然资源资产所有权的重要性和复杂性不相匹配。与全民所有自然资源资产所有权及其行使直接相关的主要法律规定包括以下几项。

一是《宪法》第 9 条和第 10 条。根据《宪法》第 9 条规定，矿藏、水流、森林、山岭、草原、荒地、滩涂等自然资源，都属于国家所有，即全民所有；由法律规定属于集体所有的森林和山岭、草原、荒地、滩涂除外。国家保障自然资源的合理利用，保护珍贵的动物和植物。禁止任何组织或者个人用任何手段侵占或者破坏自然资源。《宪法》第 10 条规定，城市的土地属于国家所有，一切使用土地的组织和个人必须合理地利用土地。

二是《民法典》物权编。《民法典》物权编第 246 条至第 252 条列举性规定了属于国家所有的各类自然资源，其中，《民法典》第 246 条规定，法律规定属于国家所有的财产，属于国家所有即全民所有。国有财产由国务院代表国家行使所有权。法律另有规定的，依照其规定。《民法典》第 247 条规定，矿藏、水流、海域属于国家所有。《民法典》第 248 条规定，无居民海岛属于国家所有，国务院代表国家行使无居民海岛所有权。《民法典》第 249 条规定，城市的土地，属于国家所有。法律规定属于国家所有的农村和城市郊区的土地，属于国家所有。《民法典》第 250 条规定，森林、山岭、草原、荒地、滩涂等自然资源，属于国家所有，但是法律规定属于集体所有的除外。《民法典》第 251 条规定,法律规定属于国家所有的野生动植物资源,属于国家所有。《民法典》第 252 条规定,无线电频谱资源属于国家所有。

三是《土地管理法》《矿产资源法》《水法》等自然资源单行法对属于国家所有的各类自然资源所进行的规定。

上述法律关于全民所有自然资源所有权规定的主要内容有:第一,原则性地规定自然资源属于"国家所有即全民所有"。第二,规定了属于全民所有的自然资源范围。《宪法》第 9 条以列举方式规定矿藏、水流、森林、山岭、草原、荒地、滩涂等自然资源,都属于国家所有,即全民所有;由法律规定属于集体所有的森林和山岭、草原、荒地、滩涂除外。《民法典》同样以列举的方式规定属于国家所有的自然资源范围。第三,规定由国务院代表国家行使自然资源所有权。第四,原则性规定实行自然资源有偿使用制度。第五,原则性地规定国家保护自然资源的合理利用。第六,规定自然资源使用权的取得及其保护等。

显然,与全民所有自然资源资产所有权的复杂性、特殊性相比,上述法律规定显得过于原则和抽象,不仅没有完成自然资源国家所有权的制度建构,而且给自然资源国家所有权的理论诠释和行使实践造成了诸多困扰:首先,何谓"国家所有即全民所有"?自然资源属于"国家所有即全民所有"的规定首先出现在宪法中,那么作为根本大法的宪法作这样原则性规定的意旨是什么?2007 年的《物权法》及后来的《民法典》依循《宪法》规定"国家所有即全民所有"是对宪法原则的重复宣示还是具有实质性意义的权利建构?对此,学界存在激烈的争论。① 即使多数学者认为"国家所有即全民所有"就是自然资源国家所有权的立法表达,但是他们对于"自然资源国家所有权主体应当是谁"这一问题,也存在很大的分歧,有"国家所有说"、"全民所有说"、"政府所有说"和"公法法人说"等主张,可谓仁者见仁,智者见智。其次,自然资源国家所有权的客体是什么?传统所有权理论认为,所有权的客体是民法上

① 学界对自然资源属于"国有所有即全民所有"的规范性质和意义存在激烈争论,可谓众说纷纭,主要观点有所有制说、公权说、宪法所有权说、物权说、双重所有权说等。参见谢海定:《国家所有的法律表达及其解释》,载《中国法学》2016 年第 2 期。

的“物”,而自然资源明显不符合“物”概念,不具有“物”的一般性特征。那么,法律规定的自然资源属于国家所有应当作何解释?应该解释为自然资源国家所有权吗?对此,学界也是众说纷纭,有“所有制说”“国家所有权说”“公法所有权说”等。① 再次,自然资源与自然资源资产是什么关系,两者存在什么联系和区别?法律上规定的自然资源属于国家所有是不是指自然资源资产属于国家所有?对此,法律没有规定,学界也缺乏必要探讨。最后,国务院应当如何代表国家行使所有权?国务院是否能够代表国家行使所有权?若是国务院代表国家行使所有权,又该如何解释实践中由各级政府行使自然资源国家所有权的事实?这些问题不仅引起学术上的争论,而且给全民所有自然资源资产管理带来诸多困扰。

一、所有权主体的理论困境

如何理解“国家所有即全民所有”的立法表达,学界存在很大的分歧,有全民所有说、国家所有说、政府所有说、双重主体说和公法法人所有说、中央和地方分别所有说、资产所有权说等。其中,全民所有说、国家所有说、政府所有说、双重主体说、资产所有权说均强调国家所有权的统一性和唯一性,可统称为“一元”主体说;而公法法人所有权说与中央和地方分别所有说则是直接挑战自然资源产权主体统一性和唯一性的理论学说,可称之为“多元”主体说。② 以下只对具有较大影响的国有所有说、全民所有权、政府所有说和公法法人所有说做简要评析。

(一)国家所有说

持“国家所有说”的学者认为,尽管宪法和物权法都规定自然资源属于国家所有即全民所有,但是“全民”并非严格意义上的法律概念,无法成为所有权主体,自然资源国家所有权的主体只能是“国家”。“中华

---

① 参见叶榅平:《自然资源国家所有权的理论诠释与制度建构》,中国社会科学出版社 2020 年版,第 13 页。

② 参见郭云峰:《论自然资源国家所有权的制度构造》,辽宁大学 2019 年博士学位论文,第 7 页。

人民共和国是国家所有权唯一的和统一的主体，任何国家机关、单位或个人都不能充当国家所有权的主体。”①国家作为所有权主体是实现自然资源全民所有的唯一选择。②

“国家所有说”的可取之处在于，它从国家所有权的立法背景和规范文本出发进行解释，符合法律的基本解释规范，也契合我国国家意识形态和全体人民的普遍认知。其不足在于，“国家”是个抽象而不确定的概念，以其为所有权主体，则面临着不少解释上的困境，例如，国家如何行使所有权，以代表人和代理人行使所有权的情况下如何实现所有权主体利益的统一性？这些解释上的难题也是“国家所有说”受到批判的主要原因。③

笔者认为，在历史和现实中，国家均可成为财产所有权的主体，我国是人民当家作主的社会主义国家，由国家作为全民财产的所有权主体，最能代表全民的意志和利益，“国家所有说”符合国家所有权立法的。不过，从现有理论解释来看，“国家所有说”仍然存在以下不足：第一，“国家所有说”没有合理解释国家所有与全民所有之间的关系。国家所有说认为，全民无法成为所有权主体，法律规定自然资源属于“全民所有”只能解释为政治性的原则。然而，“全民所有”不仅规制着“国家所有”的性质，而且在国家所有权建构和行使中扮演着重要角色。第二，“国家所有说”认为可以由全国人大代表国家行使所有权或由政府代表国家行使所有权。然而，由全国人大代表国家行使所有权的观点虽然顾及国家所有即全民所有的本质，但全国人大作为一种民主议事机关，无法直接行使占有、使用、收益等权能，因而全国人大代表国家行使所有权的观点容易导致国家所有权虚化。而由政府代表国家行使所有权的观点则忽视了全民可以通过一定的民主程序行使国家所有权部分重要权能的事实，容易导致国家所有变为政府所有。所以，“国家所有说”并没有完成国家所有权行使的制度建构。

---

① 马俊驹、余延满：《民法原论》，法律出版社 2007 年版，第 320 页。

② 参见李双元、温世扬主编：《比较民法学》，武汉大学出版社 1998 年版，第 320 页。

③ 参见孙宪忠等：《国家所有权的行使与保护研究》，中国社会科学文献出版社 2015 年版，第 76 页。

（二）全民所有说

“全民所有说”认为，法律规定“国家所有即全民所有”，是指国家所有权的真正主体为“全体人民”，国家实际上只是代表全民行使财产所有权，所有权的行使必须服从全民的意志和利益。① 在确认全民为国家所有权主体的基础上，许多学者主张，应由全国人大代表全民行使所有权。②

“全民所有说”从国家所有权本质和最终归属意义上进行解释，认为全民才是国家所有权的主体，这种解释方案明确了国家所有权的立法目的和价值，也解释了公有制与国家所有之间的逻辑关系，具有可取之处；“全民所有说”的不足在于，“全民”不是严格的法律概念，难以满足权利主体确定性的要求，“全民”该如何行使所有权仍然是理论解释和制度建设上的未能有效解决的难题。③

笔者认为，“全民所有说”肯定国有自然资源最终的主体为全民，这符合《宪法》第 9 条规定的宗旨和精神。但全民是一个集合的概念，“全民所有说”没有解释全民是如何通过法律技术而成为财产所有权主体的，也没有合理解释“全民所有”与“国家所有”之间的关系。“全民所有说”虽然认为全民可以通过全国人大行使所有权，但全国人大是最高国家权力机关，它可以就自然资源国家所有权进行立法或进行抽象的规制，却无法行使所有权的各项具体权能，那么这些具体权能又该如何行使呢？“全民所有说”对此没有明确说明。总之，“全民所有说”对于如何在法律上完成“全民”的权利主体建构问题，并没有提出切实可行的解决方案。

（三）政府所有说

持“政府所有说”的学者认为，“国家”和“全民”都是抽象而不确定

---

① 参见王利明：《国家所有权的法律特征研究》，载《法律科学（西北政法学院学报）》1990 年第 6 期。

② 参见叶榅平：《自然资源国家所有权的双重权能结构》，载《法学研究》2016 年第 3 期。

③ 参见周林彬、李胜兰：《试论我国所有权主体制度改革与创新》，载《云南大学学报（法学版）》2001 年第 3 期。

的概念,无法成为所有权主体,国家所有权的主体事实上就是行使国家所有权的政府。[①] "政府所有说"有两个分支:其一,认为国家所有权主体为中央和地方各级人民政府;其二,认为国家所有权主体只能是中央人民政府。前者认为,国家的"唯一性"和"统一性"是不存在的,应当把国家所有权分解为各级政府所有权。[②] 后者则认为,应当将作为国家所有权意义上的"国家"理解为中央政府,而作为公法法人,中央政府当然可以依法享有自然资源所有权。

"政府所有说"从政府事实上是国有财产占有、控制和使用主体的角度进行解释,在一定程度上满足了对国家所有权行使实践进行理论解释的需要,但是,"政府所有说"将国家所有权直接分解为政府所有权显然不符合立法规定,政府不是行使自身的权利,而是代表国家行使所有权,本质上是履行对国家承担的义务。[③]

笔者认为,将我国法律规定的"国家所有"解释为"政府所有"不符合法律解释的基本逻辑。政府代表国家,但不是国家,政府所有显然不是国家所有,政府利益也不等于国家利益,各级政府以及同级的不同政府在自然资源上的利益可能存在巨大差别甚至可能存在冲突,不可能在法律上建构具有统一利益的政府所有权。因此,若将国家所有解释为政府所有,不仅无法解决国家所有权主体面临的理论和现实问题,而且在实践中还会使将国家所有视为政府所有、地方所有或部门所有的现象和势头蔓延。

(四)公法法人所有说

"公法法人所有说"认为,国家所有权不存在统一性和唯一性的主体,应当废除国家所有权主体的统一性和唯一性理论,以"公共财产"概念取代"国家所有权"概念,在此基础上,利用公法法人制度,明确承认实际占有公共财产的公法法人对公共财产享有所有权。公法法人说的主要理由是:公法法人财产权理论在法理上具有科学性,在制度建构上完全契合民事权利主体理论,特别是符合现代法人制度理论,因此,完

---

① 参见周林彬:《物权法新论》,北京大学出版社 2002 年版,第 292 页。

② 参见李凤章:《国家所有权的解构与重构》,载《山东社会科学》2005 年第 3 期。

③ 参见孟勤国、张里安主编:《物权法》,湖南大学出版社 2006 年版,第 47 页。

全可对我国国家所有权制度进行有效改造，并且这样的改造并不会导致国有财产私有化。①

“公法法人所有说”以“公共财产权”理论为基础，以公法人和私法人的划分为依据，能够形成主体明确、产权清晰的公共财产权体系，对我国公共财产的权利建构具有积极的借鉴意义。但是，“公法法人”显然不是国家，公共财产也不等于国家财产，两者之间存在巨大的鸿沟，以公法法人所有权代替国家所有权将面临巨大的理论和实践难题。

笔者认为，将统一的国家所有权分解为众多的公法法人所有权并不符合我国国家所有权的立法目的。倘若真做这样的分解和改造，自然资源国家所有权制度所设定的维护公有制、防止垄断、保护资源、实现全民公共福祉等价值和功能必将无所依托，我国长期建立的国家所有权法律体系也必将消解，而这恰恰是与最近几十年来世界各国将自然资源国有化的立法潮流背道而驰的。② 公共财产理论源于西方法律体系，牵涉到一个国家的整个财产权制度，有其独特的法律构造和运行环境，在我国财产权法律体系基本形成的情况下，该制度已很难嵌入其中。若以公共财产理论对我国国家所有权制度进行伤筋动骨的改造，不仅不符合立法经济原则，而且很可能造成已有法律体系的混乱，发生适得其反的效果。③

综上分析，针对自然资源国家所有权主体所存在的问题，学术界提出了多种理论解决方案，丰富了国家所有权主体理论，对进一步研究自然资源国家所有权主体问题具有许多启发意义。但是，上述各种理论也存在有许多不周全的地方，顾此失彼，并没有完全实现自然资源国家所有权主体的理论建构。因此，如何完成自然资源国家所有权主体的理论解释和制度建构仍然是当前重要的理论问题。

---

① 参见孙宪忠：《“统一唯一国家所有权”理论的悖谬及改革切入点分析》，载《法律科学（西北政法大学学报）》2013 年第 3 期。

② 参见叶榅平：《自然资源国家所有权的双重权能结构》，载《法学研究》2016 年第 3 期。

③ 参见孙宪忠：《“统一唯一国家所有权”理论的悖谬及改革切入点分析》，载《法律科学（西北政法大学学报）》2013 年第 3 期。

二、所有权客体的理论难题

自然资源国家所有权的客体是自然资源还是自然资源资产？对此，学界讨论较少。现有法律中的表述都是使用“自然资源”的概念，并规定自然资源属于国家所有或集体所有，没有使用“自然资源资产”的概念。在自然资源资产产权概念提出之前，学界就自然资源是否可以成为所有权客体曾展开过激烈争论。有学者认为，在技术较为发达的今天，物权客体所要求的可控制和特定的条件，部分自然资源已经具备；将稀缺自然资源纳入物权制度调整在我国不存在法观念、法技术、法制度三方面的障碍。[①] 另一部分学者则认为，不能将自然资源定义为所有权客体，因为资源属于全人类，而且不仅属于当代人还属于后代人。此外，部分自然资源，譬如地表水、野生动植物资源无法特定且不具有排他性，不能直接支配，与物权定义相悖。[②] 实际上，关于自然资源是否能够成为所有权客体的问题至今仍无定论。

似乎是意识到“自然资源”与“自然资源资产”两者之间的区别，在《中共中央关于全面深化改革若干重大问题的决定》《指导意见》等涉及生态文明体制改革、自然资源资产产权制度改革的重要文件中，“自然资源资产”被作为基础和核心概念置于自然资源资产产权制度改革和建构中。那么，自然资源与自然资源资产两者之间是什么关系？是否具有相同的内涵和外延？中央出台的重要政策文件中为何要在法律规定之外，提出“自然资源资产”的概念，它有何深意？如何在法律规定的“自然资源属于国家所有”与中央重要政策文件中提出的“全民所有自然资源资产所有权”概念之间实现衔接？对此，学界和实务界不无困扰。只有深入解释两者之间的关系，才能为自然资源资产产权制度改革找准正确的方向，将改革和制度建设置于坚实的法律基础之上。

三、所有权权能的学理困惑

所有权的性质与所有权的权能存在密切的关联，不同性质的所有

① 参见税兵：《自然资源国家所有权双阶构造说》，载《法学研究》2013 年第 4 期。
② 参见刘长兴：《论环境法法典化的边界》，载《甘肃社会科学》2020 年第 1 期。

权的权能构造也不相同，自然资源主要归国家所有是我国现行法律的基本原则，直接关系国家所有权制度的理论构建和制度演化。① 马俊驹认为：国家所有权制度是“最为基础、最为核心、最具特色的财产权体系”。② 就法律规范而言，税兵认为，应在类型化的基础上根据大陆法系公物和私物的区分理论，实现不同的法律制度。③ 叶榅平认为，自然资源国家所有权既具有一般所有权的共性，又具有显著的特殊性；在内容和效力上表现出双重性的权能结构，既具有私法性的权能，又具有公法性的权能。④ 巩固认为，自然资源国家所有权与物权存在本质差异，国家所有权是国家通过立法和行政的公权方式介入资源利用的宪法公权；资源国家所有权与资源物权不是同一层次的概念，二者互补并存。与私权说、公权说和折中说相联系，自然资源国家所有权的权能存在私法权能说、公法权能说、双重权能说等理论学说。⑤

第一，私法权能说是我国学界关于自然资源国家所有权性质的通说。持私法权能说的学者从民法所有权的概念和理论出发解释国家所有权，认为国家所有权乃是国家对国有财产（或称“全民所有制财产”）所享有的占有、使用、收益和处分的权利，是全民所有制在法律上的表现。⑥ 崔建远认为，民法上所有权所包含的占有、使用、收益和处分四项权能，在自然资源国家所有权场合也存在，将自然资源国家所有权界定为私权有利于所有权权能的发挥。⑦ 王利明认为，国家所有权的性质是

---

① 参见高清：《生态补偿法律制度略论》，载《河北法学》2008 年第 9 期。

② 参见马俊驹：《国家所有权的基本理论和立法结构探讨》，载《中国法学》2011 年第 4 期。

③ 参见税兵：《海域使用权制度价值浅析》，载《中国海洋大学学报（社会科学版）》2005 年第 2 期。

④ 参见叶榅平：《自然资源国家所有权的双重权能结构》，载《法学研究》2016 年第 3 期。

⑤ 参见巩固：《自然资源国家所有权“非公权说”检视》，载《中国法律评论》2017 年第 4 期。

⑥ 参见王利明：《物权法论》，中国政法大学出版社 2008 年版，第 272 页以下；马俊驹、余延满：《民法原论》，法律出版社 2007 年版，第 320 页。

⑦ 参见崔建远：《从立法论看物权行为与中国民法》，载《政治与法律》2004 年第 2 期。

私法上的财产权。国家所有权具有某些行政权的内容,包括国家对国有企业生产出来的产品的调拨权、定价权等,应是国家所有权的处分权能所产生的权利。国家向国有企业收取利润的权利,应是国家所有权的收益权能所派生的权利。[①] 马俊驹认为,尽管国家所有权具有特殊性,但是纵观所有权制度的发展和演变,外部关系的排他性始终是历史各个阶段所有权以及不同国家、不同法域所有权的共同特征,也是国家所有权的一般特征。[②] 就自然资源国家所有权来说,王涌认为,在国家与私人的关系上,自然资源国家所有权在宪法上呈现出来的法律关系结构与在民法上呈现出来的法律关系结构是一致的。无论是从法律关系理论分析、还是从所有权权能理论和剩余权理论分析,自然资源国家所有权作为一种民法所有权都是能够成立的。[③] 总之,持私法所有权说的学者认为,自然资源国家所有权虽然具有一定的特殊性,但是,其作为所有权的基本属性没有改变,仍然是一种民法上的所有权。

第二,持公法权能说的学者认为,国家所有权具有公共使用的要素,是不同于民法所有权的公法所有权。将国家所有权界定为公法所有权的理论渊源来自《法国民法典》第 543 条及其解释。根据《法国民法典》第 543 条,不属于个人所有并由国家负责的财产为公产。对于公产所有权的性质,法国学界主要存在两种学说:一种学说认为,公产所有权仍然是民法所有权。这种观点认为,由于公产具有公共使用的目的,因而受到行政法的很多限制,在公共使用范围内排除私法的适用,但这只是所有权受到一定的公法限制,并未改变其本质。另一种学说则认为,虽然公产所有权的概念和观念来自民法,但已经过公法深刻改造,使它具有公共使用的目的和因素,因而它是以公法特别是行政法而非民法为基础的所有权,是公法上的所有权。[④] 公法权能说主张可以将国家所有权看作一种管理权,在其具体的权能设定上,可以从五个方面

---

① 参见王利明:《国家所有权的法律特征研究》,载《法律科学(西北政法学院学报)》1990 年第 6 期。

② 参见马俊驹:《国家所有权的基本理论和立法结构探讨》,载《中国法学》2011 年第 4 期。

③ 参见王涌:《自然资源国家所有权三层结构说》,载《法学研究》2013 年第 4 期。

④ 参见王名扬:《法国行政法》,中国政法大学出版社 1988 年版,第 315 页。

展开，分别是：(1)生态修复与环境治理；(2)资源保护与开发利用监管；(3)资源产权的设定、分配与保护；(4)资源税费的征收；(5)资源开发利用的标准管制。主要理由是：

原《物权法》虽然将自然资源国家所有权作为所有权的一种类型进行规定，但国家作为自然资源国家所有权的主体，事实上无法像个人所有权主体一样行使占有、使用、收益和处分的权能，公共自然资源名义上虽然归属于国家，但制度保护的是社会公众对公共自然资源的共同且平等的使用权，其所排斥的，恰恰是包括国家在内的所有人对公共自然资源的排他性支配权。①

第三，持"双重权能说"的学者认为，自然资源国家所有权，以实现全体人民的公共福利为宗旨，具有多种社会功能，既要实现物尽其用、定分止争的规范任务，也要实现自然资源利益全民共享的"分配正义"。因此，它既具有一般所有权的共性，又具有显著的特殊性；在内容和效力上表现出双重性的权能结构，既具有私法性的权能，又具有公法性的权能。私法权能是自然资源国家所有权作为一种所有权的内在规定性内容，立法权、管理权、监督权和分配权等公法权能则保障着私法权能的行使不脱离自然资源国家所有权制度的目的和价值轨道。自然资源国家所有权权能体系的完善，必须充分彰显自然资源国家所有权的性质和内涵，需要建立民主制度和程序来保障这些权能的有效实现，从而维护自然资源国家所有权在促进自然资源有效利用和维护公共福利上的价值。②

实际上，自然资源国家所有权权能法律规定的欠缺及理论上的争论已经严重影响到了对自然资源国家所有权性质的正确界定，混淆了所有权与监管权的界限，进而影响到了自然资源国家所有权的正确行使，也阻碍着全民所有自然资源资产产权制度建构。

---

① 参见吕忠梅、窦海阳：《修复生态环境责任的实证解析》，载《法学研究》2017 年第 3 期。

② 参见叶榅平：《自然资源国家所有权的双重权能结构》，载《法学研究》2016 年第 3 期。

第二节　全民所有自然资源资产所有权行使的现实难题

我国已逐步形成以公有制为基础，以有偿使用制度为核心，以分类分级管理为主体的自然资源资产管理模式，但自然资源资产产权制度、资产管理体制和相关法律法规尚不完善，在实践中，还存在资产家底不清、产权主体不明、权益分配与监管缺位等问题。虽然自然资源资产产权制度改革稳步推进，但仍然存在不少问题需要进一步通过深化改革和制度建设予以解决。

从现有研究文献来看，学者们对全民自然资源资产所有权制度存在的问题和面临的困境的归纳和分析主要有：有学者认为自然资源资产产权主体不明确，自然资源资产产权客体不清晰，自然资源资产产权制度具有复杂性①。也有学者认为，自然资源资产整体性被忽视，产权不够协调，产权权利边界不够清晰，产权发展程度不够平衡，权、责、利不清，产权流动风险较大，利益分配机制不完善，外部性问题明显。② 还有学者认为，自然资源资产底数不清，交叉严重，自然资源产权主体不够明确，权益难以落实，自然资源资产产权体系不完善，权能不完整，自然资源资产产权保护不严格，监管缺力度。③ 更有学者认为产权改革面临六类主要问题，包括产权不完整的持续性、委托代理问题、整体性治理不足、行政管理的路径依赖、市场机制不健全、可持续发展观未普及等问题。④ 当然，也有如下观点：国家是一个观念集合体，在实践中无法直接行使国家所有权。

---

① 参见杨海龙、杨艳昭、封志明：《自然资源资产产权制度与自然资源资产负债表编制》，载《资源科学》2015 年第 9 期。

② 参见谢高地等：《自然资源资产产权制度的发展趋势》，载《陕西师范大学学报（哲学社会科学版）》2015 年第 5 期。

③ 参见钟骁勇、潘弘韬、李彦华：《我国自然资源资产产权制度改革的思考》，载《中国矿业》2020 年第 4 期。

④ 参见谭荣：《价值、利益和产权：百年土地产权制度变迁的治理逻辑》，载《中国土地科学》2021 年第 12 期。

总体而言，在现有文献中，自然资源资产产权行使实践中存在的主要问题包括：一是从自然资源资产产权制度的自身性质出发，研究认为存在复杂性、整体性、模糊性、持续性等根本性质问题；二是从自然资源资产产权制度的制度体系出发，自然资源资产产权制度存在主体不明，研究认为存在客体不定，权利边界不清，权责不清，体系不完善等问题；三是从自然资源资产产权的发展现状来看，研究认为存在发展程度不均衡问题；四是从自然资源资产产权的外部保障出发，研究认为存在利益机制不完善、保护不严格、监管缺力度、整体治理不足、行政管理过度依赖、市场机制不健全等问题。由此可见，应当由哪些部门来行使国家所有权，以及如何行使国家所有权才能真正实现"国家所有即全民所有"的立法意旨，成为长期困扰我国理论界和实务界的难题。①

党的十八大以来，中央重要文件对全民所有自然资源资产管理和所有权行使实践中存在的问题有深刻的总结和剖析，根据《指导意见》和《试点方案》的表述，全民所有自然资源资产所有权行使实践中存在的主要问题有以下几个方面。

一、资产家底不清

在机构改革前，多部门管理自然资源。由于部门利益、需求、理念的不同，存在调查方式不统一、认定标准混乱、统计标准繁多等问题，导致自然资源资产边界不清晰，不同口径输出的资产家底不一致。自然资源部组建后，积极开展自然资源资产清查和自然资源资产统一确权等工作，但相关工作难度较大，目前尚未形成可分析利用的成果，相关成果也未做好数据的关联协同，缺少相应的数据标准和管理体系。目前，对于第三次全国国土调查等调查监测工作，许多地方已经初步完成，但同时也面临一些问题。譬如，相关调查侧重自然资源的资源属性，对自然资源资产属性的价格收益等不够重视；各地调查的统计口径、基准时点、工作进展不统一，这也严重影响着调查结果的准确性。此外，在调研中发现，实践中仍然存在草原、森林边界模糊不清，重复登

---

① 参见郭志京：《穿越公私法分界线：自然资源国家所有权委托行使模式》，载《法制与社会发展》2022 年第 1 期。

记等现象,还有林草两证登记区域重叠,“一地两证”等问题。从这些情况可以推知,自然资源资产管理部门对自然资源资产的价值量以及真实属性依然不清楚,换言之,目前管理部门对全民所有的自然资源资产家底依然没有摸清。

二、产权主体不清晰

就全民所有自然资源资产所有权而言,现行法律规定自然资源属于国家所有即全民所有,由国务院代表国家行使所有权。但在实际操作过程中,国家的所有权是通过中央和各级地方人民政府的自然资源主管部门来实现的,而我国现行法律未对不同层级政府如何行使全民所有自然资源资产所有权作出明确规定,这致使国家作为自然资源所有者的权限被模糊弱化,所有权主体缺位、产权主体不清晰的问题在一定程度上存在。同时中央直接行使和地方代理行使的自然资源资产所有权边界模糊、权责不清,致使“国家”或“全民”作为自然资源资产所有权人的地位无法体现、所有权主体被虚置。譬如,在确权登记中,存在在登记表上填写不规范、所有权人空缺等问题。以森林为例,由于尚未开展专门的确权登记工作,甘肃省关于森林的权属关系主要是根据所在区域土地或林地的权属进行划定,相比于草原、湿地等自然资源资产在法律保障和制度设计等方面仍存在短板。又如,在西双版纳公园统一确权登记试点工作期间,确权登记簿将所有权人一栏登记为“全民”,未明确所有权具体行使主体,存在所有权人不到位的问题。①

多数学者认为,国家或集体组织都难以作为真正的所有权人来行使权利。在现实中,国家作为自然资源资产所有者形成的“虚位”问题,往往是由政府对自然资源资产权利的不当行使、不重视行使或无力行使引起的。在我国,把国家和集团作为民法上的主体是较为常见的现象。但对于自然资源国家所有权而言,其主体虚位的情况非常严重。实际上,如果自然资源属于国家所有,那么行使权利的主体应当是国务院。但由于我国地域广阔,国务院不可能直接行使权利,往往交由各级

① 参见汪建航、罗培升、刘子瑄:《关于全民所有自然资源资产所有者职责内涵的思考》,载《中国土地》2022 年第 8 期。

政府以及各个资源主管部门行使。然而，由于部门利益和地方利益的冲突，在主体和利益统一的自然资源资产国家所有权主体之下，出现了主体不同、有着不同利益的多个行使主体。如此一来，国家所有演变为国务院所有，并进一步嬗变为多个部门和地方政府分别所有的嫌疑。于是，在国家所有的自然资源权利行使过程中，出现了主体虚化、权利主体部门化、利益化等现象。在集体作为自然资源资产所有权主体的情况下，主体虚位的现象同样存在。①

三、权、责、利不明确

在全民所有自然资源资产管理中，各级政府及政府部门之间的权、责、利边界不明确的问题长期存在，主要表现在以下几个方面。

一是在国务院代表国家行使所有权的行权模式下，中央政府各资源管理部门和地方各级人民政府事实上既是政策的制定者，也是国有自然资源资产的管理者，同时拥有自然资源财产权利和自然资源监管权力。在此情况下，政府履行所有者职责的身份与履行监管者职责的身份很难区分，导致所有者和监管者二者之间身份混淆。如此一来，在实践中极易出现权、责、利不明晰以及权、责、利混淆的情况。

二是中央和地方政府在国有自然资源资产管理权责划分方面，权责内容和边界也不清晰。在管理权方面，并非所有资源类型都适合属地管理，尤其是具有强公益性的资源门类。例如，调研发现，陕西省仍存在审批主体不明确的情况，生态属性较强的林地、湿地等仍存在被破坏和占用的问题。② 对于经营性的资源资产，由于中央和地方对所有权的权责不明晰，地方对部分重要自然资源资产凭借着“近水楼台先得月”的优势实现对自然资源的垄断，巨额的利润使得地方对自然资源的垄断和破坏性开发问题突出，损害了自然资源全民所有利益。对于部分公益性自然资源，在管理体制上存在中央和地方事权划分不清的矛

---

① 参见郭军武：《论健全国有自然资源资产管理体制》，上海财经大学2021年博士学位论文。

② 参见汪建航、罗培升、刘子瑄：《关于全民所有自然资源资产所有者职责内涵的思考》，载《中国土地》2022年第8期。

盾,特别是中央对国家级的公益性自然资源存在重审批轻监管的问题,这可能导致地方为了获得收益而不断占有天然湿地等公益性的自然资源,如此不仅不利于地方性自然资源的管理,反而可能会加重对生态环境的破坏,在自然资源的管理上也背离"绿水青山就是金山银山"的理念。① 可见,现行自然资源管理所有权分级行使体制存在诸多问题,特别是难以解决中央和地方在自然资源管理之间的权责矛盾。

三是权益落实不透明、不合理。从各地实践上看,自然资源在分配方式、收益、征缴等方面存在较大差异,也就是说缺乏标准的分配方法。目前,自然资源资产收益部分由省级政府征收,譬如探矿权、采矿权以及水资源费等。但也有省份是由市一级征收,譬如土地出让金等尚未统一规则、统一管理。以矿业权出让收益为例,各地在不同层级(中央、省、市、县)之间的分配比例要求各不相同。譬如,广西为4∶2∶1∶3,山东为4∶2∶2∶2,青海则是按4∶4∶1∶1 比例分配。② 此外,新疆和安徽则根据资源所在地和收益收缴层级的不同,调整或制定了差异化的分成比例。从收益征缴和分配方式看,征收主体和分配比例五花八门,资产收益分配不合理,许多地方的全民所有自然资源资产管理仍然沿袭传统的"谁开发、谁所有、谁受益"的原则,导致了无偿、低价、过度、无序开发的乱象,资产收益在中央与地方、企业与资产所在地之间的分配不合理,收益分配机制亟待完善。③

四、监管和保护不够严格

自然资源资产处置和配置涉及多级政府,分别为县、市、省和中央;但从目前的实践看,其缺乏有偿使用和统一资产配置制度,进而导致评价制度不完善、监管保护责任不健全。在自然资源资产开发利用过程中,政府主要基于行政监管角度进行监督,忽视了政府作为所有者职责

---

① 参见周波、于金多:《我国自然资源资产收益分配的突出问题及改革路径》,载《辽宁大学学报(哲学社会科学版)》2020 年第 4 期。

② 参见汪建航、罗培升、刘子瑄:《关于全民所有自然资源资产所有者职责内涵的思考》,载《中国土地》2022 年第 8 期。

③ 参见陈曦:《中国自然资源资产收益分配研究》,载《中央财经大学学报》2019 年第 5 期。

履行主体的责任,对国有自然资源资产管理和保护不足。例如,基层对森林管护意识不强、认知度不高,仍存在违法占用、乱挖乱采的情况,生态环境损害赔偿、追偿的制度也不健全。① 从资产配置和利用看,以往自然资源资产管理重审批轻监管,造成资产浪费和流失等问题严重,如以出让方式配置的土地,因"供而不管"导致土地闲置浪费的现象就大量存在。从责任追究角度看,由于所有者职责与监管者职责交织,政府部门往往站在监管者的角度进行责任追究,很少从履行所有者职责的视角去预防和追究侵害国有自然资源资产的行为。对于资产负债表的编制,目前还没有建立统一的自然资产负债表准则。② 总之,实践中,国有自然资源资产监管和保护仍然面临不少问题。

五、资产管理权分散化

我国国有自然资源资产权利配置上,除了存在所有者与管理者身份混同问题外,还存在管理权配置分散化的问题。由于历史和体制的原因,加之我国自然资源类型多样、分布地域辽阔,在进行自然资源资产管理权配置时,采取了就一种特定类型的自然资源设置相应的管理权和管理机构的模式。具体而言,在自然资源部组建之前,国土资源部门主要负责土地资源、矿产资源、海洋资源的管理,而森林资源的管理则由林业部门负责,水资源则纳入了水利部门的管理范围,各个管理部门在各自的管理权限内履行职能。例如,对于国有土地,设置了相应的土地管理机构,并制定了相应的《土地管理法》;对于森林,设置了相应的林业管理机构,并制定了相应的管理法律《森林法》。对于草原、水体等资源,亦采取了相类似的措施。

在一定时期,这种专事专权的权力配置方式,对于促进特定自然资源管理的专业化,具有一定的推动作用;但是其也带来了很大的弊端,管理权分散化带来最大的弊端就是各种类型的管理权之间呈现出隔离

① 参见汪建航、罗培升、刘子瑄:《关于全民所有自然资源资产所有者职责内涵的思考》,载《中国土地》2022 年第 8 期。

② 参见张义等:《优化全民所有自然资源资产所有权管理研究——基于区分所有权与监管权的视角》,载《中国国土资源经济》2023 年第 11 期。

化的趋势,各种类型的管理权相互掣肘,无法形成合力,背离了自然资源的整体性属性。自然资源资源的组建尽管从体制上促进了管理权的统一,但长期以来形成的资源管理体制的影响还难以消除,管理权分散、部门之间相互掣肘的问题仍然没有得到根本解决。从分布上看,各种自然资源都处于同一个生态空间内共存,如在各种自然资源中,土地资源具有基础性的地位,其他自然资源,如森林、草原多需要借助于土地才能存在。因此,在对各种自然资源资产管理权进行配置时,应当注重各种资源管理权的体系化。①

第三节　全民所有自然资源资产产权制度改革

一、全民所有自然资源资产产权制度改革的背景

(一)全民所有自然资源资产产权立法概括

根据立法划分来看,1954 年《宪法》确立自然资源公有制,20 世纪 80 年代单门类自然资源产权制度体系初步建立,20 世纪 90 年代末自然资源有偿使用和交易制度逐步健全,最近十多年间从党的十八届三中全会开始全面推进自然资源资产产权制度改革。具体而言,1949 年至 20 世纪 70 年代末,自然资源完全公有。受限于特定历史时期,1954 年《宪法》规定,森林、水流、矿藏等其他自然资源均属全民所有。② 在实践中,虽然有少量的私人买卖行为,但总体上产权交易受到严格限制;再加上国家尚未制定专门的法律规范,各级政府在资源配置中占据绝对主导地位,产权不清,因此总体上自然资源开发利用效率不高。从 20 世纪 70 年代末至 80 年代末,1982 年《宪法》明确了土地、矿藏、水流、森林、山岭、草原、荒地、滩涂等自然资源国家所有和集体所有的二元制结

---

① 参见张义等:《优化全民所有自然资源资产所有权管理研究——基于区分所有权与监管权的视角》,载《中国国土资源经济》2023 年第 11 期。

② 参见王万山、廖卫东:《中国自然资源产权市场应如何"转轨"》,载《改革》2002 年第 6 期。

构,《民法通则》沿袭1982年《宪法》,对自然资源国家所有和集体所有进行了原则性规定。《森林法》《草原法》《土地管理法》《矿产资源法》《渔业法》《水法》等单门类自然资源管理法律相继颁布。自然资源的使用权开始由不可转让修改为可以转让,对于自然资源的管理初步实现了有法可依,①但在此阶段自然资源法律因为缺乏明确产权主体,部分单行自然资源法还对资源自由交易设立了惩罚性条款,所以导致自然资源产权难以交易,阻碍了对自然资源的开发利用及其保护。从20世纪90年代初至2010年,党的十四大加速了经济体制的改革,明确提出社会主义市场经济。我国自然资源产权的法律主体被逐步明确,即由国务院代表国家行使自然资源的所有权。② 自然资源产权制度伴随着经济体制改革逐步发展完善,《矿产资源法》《水法》《草原法》等各项自然资源单行法律相继进行了修改,一系列新的法律法规陆续出台,自然资源市场得到进一步解放,自然资源有偿使用制度开始被社会接纳,1994年颁布的《城市房地产管理法》确立了以土地为主的自然资源使用权交易,建立了土地使用权的出让、抵押等交易制度。1996年颁布的《矿产资源法》确立了探矿权与采矿权交易制度。2007年《物权法》的颁布,确立了自然资源所有权为主体,担保物权和用益物权为一体两翼的格局,象征着自然资源所有权、使用权相分离和使用权有偿使用制度逐步发展完善。经过几十年的发展,我国自然资源资产产权和资产管理体制形成的基本框架体现在以下两个方面。

一是《宪法》和《民法典》的规定。《宪法》第9条规定:"矿藏、水流、森林、山岭、草原、荒地、滩涂等自然资源,都属于国家所有,即全民所有;由法律规定属于集体所有的森林和山岭、草原、荒地、滩涂除外。国家保障自然资源的合理利用,保护珍贵的动物和植物。禁止任何组织或者个人用任何手段侵占或者破坏自然资源。"该条规定的内容主要包括了关于自然资源的权属,关于对自然资源的合理利用和关于自然

① 参见钟骁勇、潘弘韬、李彦华:《我国自然资源资产产权制度改革的思考》,载《中国矿业》2020年第4期。

② 参见屈茂辉、柳婷婷:《国务院代表国家行使自然资源所有权的法体系构造》,载《湖南大学学报(社会科学版)》2020年第4期。

资源的保护三个方面的问题。《民法典》第246条至第252条,列举了属于国家所有的自然资源,强调属于"国家所有即全民所有",同时,规定国有财产由国务院代表国家行使所有权,法律另有规定的,依照其规定。

二是自然资源单行法的规定。我国首先按照自然资源类型颁布了一系列自然资源单行法,即1986年《土地管理法》、1986年《矿产资源法》、1986年《渔业法》、1988年《水法》、1988年《野生动物保护法》,同时国家还制定了大批的行政法规、地方性法规和行政规章。20世纪90年代中后期,我国开始对自然资源产权制度进行第二阶段的改革。1994年《城市房地产管理法》明确规定了土地使用权出让、转让、出租和抵押制度,并规定了土地使用权交易的界线。随后,我国对几个自然资源法进行了修改:1996年对《矿产资源法》进行了修改、1998年对《森林法》进行了修改;2000年对《渔业法》进行了修改。这些法律法规正式成为我国自然资源产权制度的主要依据,表明我国已经形成了以自然资源品种法律为结构体系的自然资源产权制度及产权制度。2010年之后,我国对一系列的自然资源法进行了修改,并出台了一些新的自然资源法,如最新制定和修改的《湿地保护法》(2021年)、《生物安全法》(2020年)、《森林法》(2019年修订),颁布了《深海海底区域资源勘探开发法》(2016年)等资源法,较好地体现和贯彻了"空间的有序化""发展的生态化""生态的资本化""治理的体系化""保护的经济化"等生态文明观的典型理念。

(二)全民所有自然资源资产管理体制

在2018年国务院机构改革组建自然资源部之前,在中央层面负责自然资源资产管理的有国有土地资源、水资源、矿产资源、国有森林资源、国有草原资源、国有海域海岛资源资产管理和监管的9家主要国家机构,分别是原环境保护部、国务院国有资产监督管理委员会(以下简称国资委)、原国土资源部、原农业部、水利部、住房和城乡建设部、原国家林业局、国家能源局及原国家海洋局。以上9家国家部委机构都有涉及国有自然资源资产管理和自然生态监管的主要职责,这种管理体制具有以下两方面的重要特征。

第一,机构职能交叉。按照机构职能,可以分成生态监管职能和资产管理职能。一是国有自然资源资产管理职能类。机构职责涉及国资委、水利部、原农业部、原国家林业局、国家能源局以及原国家海洋局等,但住建部和环保部没有涉及。二是国有自然资源生态监管职能类。机构职责涉及国有自然资源生态监管职能的有原国家海洋局、国家能源局、原国家林业局、水利部、原农业部等,没有涉及国资委。这种自然资源机构设置重叠、主体多元是由于计划经济体制改革的渐进性以及转型期经济社会发展复杂性等多种因素综合作用的结果。在国有自然资源资产管理领域,呈现综合性管理与单一监管职能分散和重叠并存的现象。一般来说,国有资产的管理的综合性监管部门是国资委。原国土资源部、原农业部、水利部、原国家林业局、国家能源局及原国家海洋局是单一要素监管部门,分别承担国有土地资源、矿产资源、农业自然资源、水资源、国有森林资源、湿地资源、国有草原资源、国有能源、国有海域海岛资源的管理职能。另外,就特定类型要素的监管来说,又存在综合协调监管部门和配合监管部门。比如,原国家林业局是国有森林、湿地资源自然资产管理的综合性监管部门,而原国土资源部、原农业部、水利部及原国家海洋局等是配合监管部门。水利部是国有水资源自然资产管理的综合性监管部门,而原环境保护部、原农业部、原国家林业局及原国家海洋局等是配合监管部门。由于权力配置影响,监管权力被分散在众多监管机构中,造成监管权力边界不清,监管职能重叠交叉的问题。管理主体多元,管理职能交叉重叠,会带来两大问题:一是多元主体监管机构的推诿增加国有自然资源资产管理成本;二是职能重叠交叉破坏市场正常运行机制,影响国有自然资源资产使用效率效益。

第二,机构性质不同。按照机构性质可以分成四类:一是国务院组成部门,分别是住房和城乡建设部、水利部、原农业部、原环境保护部以及原国土资源部;二是国务院直属机构,为原国家林业局;三是国务院直属特设机构,为国资委;四是国务院部委管理的国家局,共2家,包括国家能源局及原国家海洋局,国家能源局属于国家发展和改革委员会管理的国家局,原国家海洋局属于国土资源部管理的国家局。机构设置规格不统一主要体现为三个方面:其一,部委管理。按照行政级别进行管理是我国部门管理机构的通行办法,譬如水利部、原环境保护部。

有的监管机构本身按照行政机构级别设置并内嵌到国家部委中进行管理,如国家能源局及原国家海洋局,分别由国家发展和改革委员会和原国土资源部管理。其二,直属机构与直属特设机构。原国家林业局属于直属机构,而国资委属于直属特设机构。其三,特定机构设置。特定机构的设置主要是为承担某一特定自然资源管理事项,主要目的是及时有效处理专门事项,譬如中华人民共和国国际湿地公约履约办公室。这一特定机构规格较低,与国家林业局湿地保护管理中心是“两块牌子,一套人马”。机构设置规格不统一,往往影响执行权威。①

总体上看,我国国有自然资源资产管理主要分置在各种自然资源职能管理部门,这些部门既是资源管理,也是行使所有者职责职能的部门。环保和生态监管职能则分割为三大方面:污染防治职能分散在海洋、港务监督、渔政、渔业监督、军队环保、公安、交通、铁道、民航等部门;资源保护职能分散在矿产、林业、农业、水利等部门;综合调控管理职能分散在发改委、财政、经贸(工信)、国土等部门。由于职能交叉,造成执法主体和监测力量分散,环保领域多头执法问题突出。大气污染、水污染、土壤污染,这三类污染物被列为原环境保护部污染防治的重点。但实际上,原环境保护部对水环境质量和水污染防治负责,水利部对水资源保护负责;原环境保护部管二氧化碳,而一氧化碳归另一个部门管理。这意味着,这些部门完全有可能在资源管理和环境保护的技术标准上、制度安排上、工作节奏上不尽一致,产生重叠、抵触和多头的弊病,从而无法发挥出每个部门各自的最大效用。具体而言,原有全民所有自然资源资产管理体制的存在以下缺陷。

第一,所有权主体虚置影响全民所有自然资源资产的全面保护和合理利用。总体来说,自然资源有偿使用制度在维护所有者权益、促进资源合理利用等方面发挥了积极作用。但也存在一些问题:譬如所有权主体不到位,市场配置不完善、监管不力等。因为自然资源产权人缺失,分散管理降低了政府监管效率,增加了管理成本,阻碍了有效合理配置资源;另外,市场价值被掩盖,降低了市场在资源配置中的作用,降

---

① 参见叶榅平:《自然资源国家所有权的理论诠释与制度建构》,中国社会科学出版社2020年版,第40页。

低了市场的效率。

第二,监管职责交叉、分散引发执法权力和利益冲突。我国在资源管理和生态环境保护上的权力分配更为分散,国有自然资源资产的监管职能至少分散在原环境保护部、原国土资源部、原农业部、水利部、原国家林业局、国家能源局及原国家海洋局等9家国家部委。这意味着,这些部门完全有可能在资源管理和环境保护的技术标准上、制度安排上、工作节奏上不尽一致,产生重叠、抵触和多头的弊病,从而无法发挥出每个部门各自的最大效用。如何破除"行政权力部门化、部门权力利益化、部门利益法制化"的难题需要研究。在横向层面,一是国有自然资源资产管理和自然生态监管机构存在职能交叉,导致环境监管实际工作中常出现互相推诿或扯皮现象,难以实现有效的统一监管。二是行业管理职责与国有自然资源资产管理和自然生态监管职责存在冲突,需要调和。三是行业管理部门往往同时承担国有自然资源资产开发利用职能,与生态保护和自然生态监管职责存在目标冲突。在纵向层面,一是中央对地方的环境监管缺乏有效约束。涉及中央和地方各级环境行政主管部门的人事任免和财权划分问题。二是中央监管机构在跨行政区域国有自然资源资产管理和自然生态监管方面作用需要加强,比如如何协调解决地方政府间合作困局。三是如何纠正和调整地方政府的执行偏差问题。

第三,监管职责分散导致协作困难和效能低下。环境治理相关部门职能重复、交叉法律对不同部门职能的规定过于粗糙是导致职能冲突的根本原因。按照《环境保护法》及各单行法的规定,原环境保护部具有对环境治理的统一监管权,但土地、农业、林业、水利、公安和交通等部门也有防治环境污染和保护自然资源的职责。对此,2006年中国环境与发展国际合作委员会(以下简称国合会)的一项研究指出,法律规定环境保护部门只对本辖区的环保工作实施统一监管,土地、矿产、林业等部门按照资源要素分别对资源保护实施监督管理。这导致按照要素分割的管理和执法主体林立、权责分散、效率低下。世界银行认为,现行体制导致了部门之间的利益冲突和职责交叉,法律赋予环境保护部门的统一监管职责受到严重削弱。而亚洲开发银行则分析了除原环境保护部以外12个部门的环境管理职能,认为虽然原环境保护部的主要职责是“协调和解决重大环境问题”并相应获得了监督及协调跨部门的环境问题的权力，但由于未能完全解决众多具有环境职能的部门之间职责划分不明确的问题，环境保护部门在环境问题上的协调能力依然薄弱。除了部门之间的职能交叉之外，世界银行还认为原环境保护部内部也还存在诸如职能交叉（如污防司和总量司多项职责交叉）、职能空缺（如无司局负责地质环境）、职能分散（如排污申报、收费、许可由不同司局负责）、信息分享和管理困难等组织设置的问题。行政监管部门之间的职能分工存在着交叉重叠等不合理因素，缺乏协同性，整体上呈现出一种碎片化的行政管理体制，这种“九龙治水”的局面对自然资源监管领域造成了极大的影响，特别是在跨部门、跨领域合作的自然资源管理领域，常常因职能冲突而导致效率低下。①

第四，行使所有者职责和监管职责混淆。受制于法律的原则性规定和长期以来形成的自然资源管理体制，各级政府事实上同时履行所有者职责和监管者职责，既当“运动员”，又当“裁判员”，所有者权利与监管者权力混淆不清，造成全民所有自然资源资产家底不清、政府权力缺乏有效规范、监管责任难以落实等问题。

第五，职责交叉重复导致监管体制运转不顺必然影响监管效果。以湿地资源管理为例，由于湿地本身的自然属性和特点，湿地资源管理和监管涉及土地、水域、野生动植物、农田等综合体。按照现行职责分工，湿地资源资产管理和自然生态监管的国务院机构职能的分散在林业、农业、环保、土地、海洋、水利、建设、运输等部门或机构，实际管理过程中会出现多头管理和交叉管理的情况。例如，我国于 1992 年加入《关于特别是作为水禽栖息地的国际重要湿地公约》（以下简称《湿地公约》），为了全面提高我国履行《湿地公约》的能力，承担相应国际义务与责任，进一步促进并强化全国湿地保护管理工作，中央在国家精简机构的大形势下，于 2007 年成立国家林业局湿地保护管理中心（中华人民共和国国际湿地履约办公室），受原国家林业局的委托，承担组织、协调全国湿地保护和有关国际公约履约的具体工作。主要职责是：组

① 参见郭军武：《论健全国有自然资源资产管理体制》，上海财经大学 2021 年博士学位论文，第 35 页。

织起草湿地保护的法律法规，研究拟订湿地保护的有关技术标准和规范，拟订全国性、区域性湿地保护规划，并组织实施；组织全国湿地资源调查、动态监测和统计；组织实施建立湿地保护小区、湿地公园等保护管理工作；对外代表中华人民共和国开展国际湿地公约的履约工作；开展有关湿地保护的国际合作工作。专门湿地公约履约机构成立并未从根本上解决管理体制的问题。目前我国湿地的主管部门是国家林业和草原局，但是大量的滨海滩涂湿地却依旧归海洋部门管理，林业部门很难统一履行监管职责。

第六，缺乏有效的协作机制弱化监管能力。在我国的行政体制下，原环境保护部与行业主管部门职能存在交叉，程序化、制度化不够，缺乏统一性和协调性，在生态环境监管中存在一些越位、推诿现象。尽管在中央有联席会议机制，但协调作用有限。以地下水为例，监管涉及水利部、原环境保护部、原国土资源部，各个部门职能多有交叉，界限较为模糊。土壤污染治理也存在同样情况。总体来说，历史形成的国有自然资源资产管理和自然生态监管制度在科学性和合理性方面存在不足，需要重新构建。

分析其原因，原有全民所有自然资源资产管理体制不适应自然资源资产产权制度需要的主要原因有以下几点。

第一，管理和监管理念落后。我国在20世纪70年代首次将环境保护纳入了法制轨道。1978年的《宪法》规定“国家保护环境和自然环境，防治污染和其他公害”。但此时我国还处在工业化的初期，人与自然的矛盾尚不突出，经济增长等于社会发展的思想主导着人们的思维，因而，制定的环境保护政策法规的理念没有脱离“人类中心主义”价值观的影响。1989年，中国制定了《环境保护法》，从其立法的目的“保障人体健康，促进社会主义现代化建设的发展”来看，生态保护优先的法律地位仍未得到体现。尽管2014年环境保护法对立法目的进行了调整，规定该法的立法目的是“为保护和改善环境，防治污染和其他公害，保障公众健康，推进生态文明建设，促进经济社会可持续发展”，但是仍未根本实现资源与环境保护的优先理念。加上我国长期以经济建设为中心，经济社会发展优先理念的影响根深蒂固，进而导致资源管理与生态监管体制尚未进入制度的顶层设计格局。

第二,政府必然是公共利益代表的"理想人"假设存在误区。我国现有国有自然资源管理和自然生态监管职责由不同的部门行使,因为有一个基本的人性假设——政府是"理想人"。一般认为,各级政府都是人民的,政府的各种决策必然考虑全体人民的公共利益,这是我国社会主义本质的体现。从这样的"理想人"假设出发可以推论:各级政府及其部门的行为目标必然是一致的,必然是维护全民资源利益和保护环境而不是破坏资源和污染环境。于是,应该将管理国有自然资源资产的权力和监管自然生态的权力赋予各级政府和各个不同的主管部门,在立法上这些部门得到尽可能的授权,具备行使管理和监管权力的充分条件和手段。但是,实际上各级地方政府并不是完全没有自身利益的"理想人"。我们必须清醒地认识到,地方之间的竞争若能正确引导的确可以最大限度地发挥地方职能部门的积极性,但若失去控制,则可能演变成严重损害效率和公平的恶性竞争。

第三,全民所有自然资源资产管理和自然生态监管体制存在根本缺陷。现行法律规定地方政府对辖区内的环境质量负总责,却没有具体制度保障;而地方环境保护部门的双重领导体制,使它既从属于原环境保护部,也附属于地方政府。在这样的体制下,地方环境保护部门必然与同级的其他政府部门争夺预算资源。一方面,地方环境保护部门缺乏把监管意愿转变为环境保护行动的资源,环境保护执法工作难以开展;另一方面,地方环境保护部门还要依靠从企业收取排污费来维持其日常运转,继而造成目标偏离:如果企业遵守相关法律规定而且环境保护目标得到实现,地方环境保护部门将失去财政来源。也就是说,这种环境保护管理体制并未提供环境保护所必需的公共服务和公共物品。

二、全民所有自然资源资产产权制度改革的进程

(一)全民所有自然资源资产产权制度改革的顶层设计和部署

2013 年 11 月 12 日,党的十八届三中全会通过的《中共中央关于全面深化改革若干重大问题的决定》提出:建设生态文明,必须建立系统完整的生态文明制度体系,用制度保护生态环境。要健全自然资源资

产产权制度和用途管制制度，划定生态保护红线，实行资源有偿使用制度和生态补偿制度，改革生态环境保护管理体制。对水流、森林、山岭、草原、荒地、滩涂等自然生态空间进行统一确权登记，形成归属清晰、权责明确、监管有效的自然资源资产产权制度。建立空间规划体系，划定生产、生活、生态空间开发管制界限，落实用途管制。健全能源、水、土地节约集约使用制度。健全国家自然资源资产管理体制，统一行使全民所有自然资源资产所有者职责。完善自然资源监管体制，统一行使所有国土空间用途管制职责。

2014 年 3 月，习近平总书记在中央财经领导小组第五次会议上的讲话指出："湖泊湿地被滥占的一个重要原因是产权不到位、管理者不到位，到底是中央部门直接行使所有权人职责，还是授权地方的某一级政府行使所有权人职责？所有权、使用权、管理权是什么关系？产权不清、权责不明，保护就会落空。"①此次讲话首次提出了"所有权由中央直接行使还是授权地方政府行使"的命题。

2015 年 4 月，中共中央与国务院发布《关于加快推进生态文明建设的意见》，该意见提出从国土空间开发格局进一步优化、资源利用更加高效、生态环境质量总体改善、生态文明重大制度基本确立几方面为主要目标，并指出到 2020 年时，要在以上几方面产生显著效果，生态文明建设水平与全面建成小康社会目标相适应。

2015 年 9 月 11 日，中共中央政治局审议通过《生态文明体制改革总体方案》，明确提出构建归属清晰、权责明确、监管有效的自然资源资产产权制度，着力解决自然资源所有者不到位、所有权边界模糊等问题。该方案还专章对健全自然资源资产产权制度的各项任务作出了规定，提出构建起由自然资源资产产权制度、国土空间开发保护制度、空间规划体系、资源总量管理和全面节约制度、资源有偿使用和生态补偿制度、环境治理体系、环境治理和生态保护市场体系、生态文明绩效评价考核和责任追究制度等八项制度构成的产权清晰、多元参与、激励约束并重、系统完整的生态文明制度体系，推进生态文明领域国家治理体

---

① 中共中央文献研究室编：《习近平关于社会主义生态文明建设论述摘编》，中央文献出版社 2017 年版，第 115 页。

系和治理能力现代化,努力走向社会主义生态文明新时代。上述规定对自然资源资产产权制度建设的目标、要求及在生态文明体制改革中的功能及与相关制度的关系都作出明确的规定。

2016 年 12 月 29 日,国务院发布《关于全民所有自然资源资产有偿使用制度改革的指导意见》,指出自然资源资产有偿使用制度是生态文明制度体系的一项核心制度。改革开放以来,我国全民所有自然资源资产有偿使用制度逐步建立,在促进自然资源保护和合理利用、维护所有者权益方面发挥了积极作用,但由于有偿使用制度不完善、监管力度不足,还存在市场配置资源的决定性作用发挥不充分、所有权人不到位、所有权人权益不落实等突出问题。该指导意见的主要目标是到 2020 年,基本建立产权明晰、权能丰富、规则完善、监管有效、权益落实的全民所有自然资源资产有偿使用制度,使全民所有自然资源资产使用权体系更加完善,市场配置资源的决定性作用和政府的服务监管作用充分发挥,所有者和使用者权益得到切实维护,自然资源保护和合理利用水平显著提升,实现自然资源开发利用和保护的生态、经济、社会效益相统一。

2018 年,党的十九届三中全会发布的《中共中央关于深化党和国家机构改革的决定》提出,改革自然资源和生态环境管理体制,设立国有自然资源资产管理和自然生态监管机构,完善生态环境管理制度,统一行使全民所有自然资源资产所有者职责。中共中央印发的《深化党和国家机构改革方案》提出要组建自然资源部,以解决空间规划重叠、自然资源所有者不到位的问题,整合水利部、原农业部、原国家海洋局等职责。自然资源部对外保留国家海洋局牌子,主要职责是对自然资源开发利用和保护进行监管,建立空间规划体系并监督实施,履行全民所有各类自然资源资产所有者职责,统一调查和确权登记。

2019 年 4 月 14 日,中共中央办公厅、国务院办公厅发布了《关于统筹推进自然资源资产产权制度改革的指导意见》,针对自然资源资产底数不清、所有者不到位、权责不明晰、权益不落实、监管保护制度不健全等导致的产权纠纷多发、资源保护乏力、开发利用粗放、生态退化严重等问题,提出了自然资源资产产权制度改革的指导思想、基本原则、总体目标、主要任务和实施保障。其中进一步提出“明确国务院授权国务院自然资源主管部门具体代表统一行使全民所有自然资源资产所有者职责……探索建立委托省级和市(地)级政府代理行使自然资源资产所有权的资源清单和监督管理制度",从而在政策层面上将自然资源资产所有权体制改革的方向明确为:由国务院统一代表国家行使所有权转为中央地方分级行使所有权。这是党中央国务院对自然资源资产产权制度改革作出的专门性、系统性、实施性的战略安排。2019 年 10 月,党的十九届四中全会发布的《中共中央关于坚持和完善中国特色社会主义制度推进国家治理体系和治理能力现代化若干重大问题的决定》提出,推进自然资源统一确权登记法治化、规范化、标准化、信息化,健全自然资源产权制度,落实资源有偿使用制度,实行资源总量管理和全面节约制度。加强对重要生态系统的保护和永续利用,构建以国家公园为主体的自然保护地体系,健全国家公园保护制度。

2020 年 3 月 3 日,中共中央办公厅、国务院办公厅印发的《关于构建现代环境治理体系的指导意见》要求环境治理应当注重适应性、可持续性以及灵活性,充分利用国家和政府的资源、注重多元治理主体的合作,完善经济政策、健全市场机制。全民所有自然资源资产所有权委托代理机制,是委托代理理论在政治和经济领域的双重运用。自然资源主管部门代表国家统一行使所有权,在这一前提下,把部分所有权委托给地方政府代理行使。在这一过程中,应划清权力、权利和责任的界限,明确代理人行使权利的内容限制,规定好成本与收益问题,并辅之以严密的监督、约束和激励机制,以更好地保障利益目标实现。但在自然资源委托代理机制中,由于涉及公共权力以及公共利益,在构建委托代理机制时,必须构建法制基础,在宪法层次上以法权制约行政权力,防止政府权力膨胀,严格划分政府权力边界,为建立规范的权力制约平衡机制提供具有权威性的法律依据,以便对政府权力实施有效的法则和限制措施;此外,划分政府和市场的权力边界,规范政府的审批范围和审批程序;还要打破政府的信息垄断性,以公民权制约政府的政治权力。[1] 全民所有自然资源资产所有权委托代理机制的形成需要两个步

---

① 参见李代明:《地方政府生态治理绩效考评机制创新研究——以委托代理理论为视角》,湘潭大学 2018 年博士学位论文。

骤:一是代表,二是委托。首先明确自然资源主管部门代表国家统一行使所有权,在此前提下通过一定的途径和形式,把全民所有自然资源资产的部分所有权能委托给地方政府代理行使,形成分级代理行使权利的模式。①

2020 年 10 月,党的十九届五中全会通过《中共中央关于制定国民经济和社会发展第十四个五年规划和二〇三五年远景目标的建议》,要求坚持山水林田湖草系统治理,构建以国家公园为主体的自然保护地体系。健全自然资源资产产权制度和法律法规,加强自然资源调查评价监测和确权登记,建立生态产品价值实现机制,完善市场化、多元化生态补偿,推进资源总量管理、科学配置、全面节约、循环利用。

2021 年 11 月,党的十九届六中全会通过的《中共中央关于党的百年奋斗重大成就和历史经验的决议》指出,在全面深化改革开放上,党不断推动全面深化改革向广度和深度进军,中国特色社会主义制度更加成熟更加定型,国家治理体系和治理能力现代化水平不断提高,党和国家事业焕发出新的生机活力。

2022 年 11 月,党的二十大报告对自然资源资产管理工作作出重大部署,要求推进美丽中国建设,坚持山水林田湖草沙一体化保护和系统治理,统筹产业结构调整、污染治理、生态保护、应对气候变化,协同推进降碳、减污、扩绿、增长,推进生态优先、节约集约、绿色低碳发展。要加快发展方式绿色转型,实施全面节约战略,发展绿色低碳产业,倡导绿色消费,推动形成绿色低碳的生产方式和生活方式。深入推进环境污染防治,持续深入打好蓝天、碧水、净土保卫战,基本消除重污染天气,基本消除城市黑臭水体,加强土壤污染源头防控,提升环境基础设施建设水平,推进城乡人居环境整治。提升生态系统多样性、稳定性、持续性,加快实施重要生态系统保护和修复重大工程,实施生物多样性保护重大工程,推行草原森林河流湖泊湿地休养生息,实施好长江十年禁渔,健全耕地休耕轮作制度,防治外来物种侵害。积极稳妥推进碳达峰碳中和,立足我国能源资源禀赋,坚持先立后破,有计划分步骤实施

① 参见王秀卫、李静玉:《全民所有自然资源资产所有权委托代理机制初探》,载《中国矿业大学学报(社会科学版)》2021 年第 3 期。

碳达峰行动，深入推进能源革命，加强煤炭清洁高效利用，加快规划建设新型能源体系，积极参与应对气候变化全球治理。

（二）全民所有自然资源资产产权制度改革的总体目标

自党的十八届三中全会以来，建立健全自然资源资产产权制度越来越受到党和国家的高度重视。

党的十八届四中全会提出：建立健全自然资源产权法律制度，完善国土空间开发保护方面的法律制度，制定完善生态补偿和土壤、水、大气污染防治及海洋生态环境保护等法律法规，促进生态文明建设。

党的十九届三中全会作出的《中共中央关于深化党和国家机构改革的决定》中明确提出：改革自然资源和生态环境管理体制。设立国有自然资源资产管理和自然生态监管机构，完善生态环境管理制度，统一行使全民所有自然资源资产所有者职责，统一行使所有国土空间用途管制和生态保护修复职责，统一行使监管城乡各类污染排放和行政执法职责。

《深化党和国家机构改革方案》规定组建自然资源部，统一行使全民所有自然资源资产所有者职责，统一行使所有国土空间用途管制和生态保护修复职责，着力解决自然资源所有者不到位、空间规划重叠等问题。

党的十九届四中全会发布的《中共中央关于坚持和完善中国特色社会主义制度推进国家治理体系和治理能力现代化若干重大问题的决定》提出，全面建立资源高效利用制度。推进自然资源统一确权登记法治化、规范化、标准化、信息化，健全自然资源产权制度，落实资源有偿使用制度，实行资源总量管理和全面节约制度。健全资源节约集约循环利用政策体系。普遍实行垃圾分类和资源化利用制度。推进能源革命，构建清洁低碳、安全高效的能源体系。健全海洋资源开发保护制度。加快建立自然资源统一调查、评价、监测制度，健全自然资源监管体制。健全生态保护和修复制度。统筹山水林田湖草一体化保护和修复，加强森林、草原、河流、湖泊、湿地、海洋等自然生态保护。

党的十九届五中全会发布的《中共中央关于制定国民经济和社会发展第十四个五年规划和二〇三五年远景目标的建议》提出，加强自然资源调查评价监测和确权登记,建立生态产品价值实现机制,完善市场化、多元化生态补偿,推进资源总量管理、科学配置、全面节约、循环利用。

党的十九届六中全会总结了党在生态文明建设方面的历史经验:党的十八大以来,党中央以前所未有的力度抓生态文明建设。党组织实施主体功能区战略,建立健全自然资源资产产权制度、国土空间开发保护制度、生态文明建设目标评价考核制度和责任追究制度、生态补偿制度、河湖长制、林长制、环境保护"党政同责"和"一岗双责"等制度,制定修订相关法律法规。优化国土空间开发保护格局,建立以国家公园为主体的自然保护地体系,持续开展大规模国土绿化行动,加强大江大河和重要湖泊湿地及海岸带生态保护和系统治理,加大生态系统保护和修复力度,加强生物多样性保护,推动形成节约资源和保护环境的空间格局、产业结构、生产方式、生活方式。在此基础上专门篇章进一步强调要建立健全自然资源资产产权制度。

《指导意见》指出了自然资源资产产权制度改革的总体目标:到2020年,归属清晰、权责明确、保护严格、流转顺畅、监管有效的自然资源资产产权制度基本建立,自然资源开发利用效率和保护力度明显提升,为完善生态文明制度体系、保障国家生态安全和资源安全、推动形成人与自然和谐发展的现代化建设新格局提供有力支撑。落实到各地方时,具体目标略有不同。例如,江西的实施意见中将目标定为"实现自然资源整体保护,促进自然资源资产集约开发利用,推动山水林田湖草自然生态空间系统修复综合治理体系的形成"。

从上述文件不难看出,随着生态文明体制改革的不断深入,"统一行使所有权"的管理框架和脉络正逐步显现,即全民所有自然资源资产由国务院代表国家所有,授权自然资源部具体代表统一行使所有权;其中,部分由自然资源部直接行使,部分委托省级政府等代理行使,法律已有授权的除外。今后需要按照此框架继续深入推进,加快建立健全委托代理机制,进一步明确委托的内容和相应的管理制度。由此可见,《试点方案》要求开展所有权委托代理机制试点工作,是落实"统一行使全民所有自然资源资产所有者职责"的关键举措和主要抓手,也是维护所有者权益的重要基础。

（三）全民所有自然资源资产产权制度改革的实践探索

在习近平生态文明思想的指引下，我国在自然资源产权制度方面进行了一系列改革，通过试点先行先试，取得一些成果，并及时跟进制度的建立健全。

1. 自然资源资产管理体制改革

第一，组建自然资源部。2013 年 11 月，党的十八届三中全会指出："健全国家自然资源资产管理体制，统一行使全民所有自然资源资产所有者职责。"2015 年 9 月，中共中央、国务院发布的《生态文明体制改革总体方案》指出："健全国家自然资源资产管理体制。"总体要求是一件事由一个部门负责，将分散的所有者职责整合到一个部门去，并把监管者和所有者分开。2017 年 10 月，党的十九大报告提出："设立国有自然资源资产管理和自然生态监管机构，完善生态环境管理制度，统一行使全民所有自然资源资产所有者职责，统一行使所有国土空间用途管制和生态保护修复职责，统一行使监管城乡各类污染排放和行政执法职责。"2018 年 3 月，十三届全国人大一次会议审议通过《国务院机构改革方案》，正式组建自然资源部。其主要职责是对自然资源开发利用和保护进行监管，建立空间规划体系并监督实施，履行全民所有各类自然资源资产所有者职责，统一调查和确权登记，建立自然资源有偿使用制度，负责测绘和地质勘查行业管理等。不再保留原国土资源部、原国家海洋局、原国家测绘地理信息局。这是以国家治理体系和治理能力现代化为导向，深化自然资源管理体制改革的一场深刻变革，重塑了自然资源管理的新格局，无论是对我国还是对世界而言，这都是自然资源监管体制发展史上的重大突破，是生态文明建设理论和制度的重大创新，标志着我国的自然生态资源监管走进了新时代，具有了新使命和新目标。①

当然，自然资源部的设立并不意味自然资源管理新体制创新的当然实现，它在带来体制创新的同时，也面临着一系列新的挑战和问题：

---

① 参见王峰、余星涤：《从马克思基本原理看新时代自然资源管理》，载《中国自然资源报》2018 年 7 月 5 日。

(1)履行国有自然资源资产所有者职责与履行自然资源监管职责之间的关系。行使所有者职责通常更需要考虑自然资源的经济价值和利用价值,而自然资源监管更需要考虑自然资源的整体功能,特别是生态功能。因此,自然资源部同时行使这两种职权时可能存在身份和利益上的冲突,这一问题若得不到有效解决将损害新体制的实际运行效果。(2)垂直管理体制问题。长期以来,中央和地方在资源管理上的权责利划分不清,主要体现在自然资源管理权限划分不清,自然资源权能划分不清和资源经费管理机制不合理等,自然资源部组建后,这些问题同样存在,仍然需要进一步通过制度解决。(3)自然资源管理与自然生态监管之间的协作问题。一般情况下,自然生态监管以降低生态环境的负外部性为目标,而自然资源管理以维护或提高自然生态的正外部性为目标,两者的管理目标不同,但是管理的客体在许多情况下则存在重叠和交叉,因此,两个部门在具体执法中可能产出冲突,这需要从制度上进一步界定两者的不同职责,划清界限,并建立协调机制,只有这样才能促进整体生态治理目标的实现。(4)自然资源部与其他部门之间的协作问题。在自然资源管理新体制下,还需考虑如何妥善处理"统一管理"与"分权化趋势"之间的关系。即使新设立的自然资源部统一管理自然资源,但是自然资源部仍有一定的职能边界,无法完全撇开其他部门行使管理职责。因此,自然资源管理部门与原有并被保留下来的职能部门之间如何进行工作协调仍然是新体制需要解决的一大难点问题。[①] 只有从理论、制度和立法上合理地应对新挑战和解决新问题,我国自然资源管理新体制才能有效运转,实现党的十九大报告确立的自然资源管理目标和价值。

第二,落实所有者职责的制度改革。由国务院代表行使自然资源国家所有权面临若干的问题,如权责混乱、权益保护不力、所有者不到位等问题,从而导致产权纠纷多发、资源保护乏力、开发利用粗放、生态退化。为此,落实所有者职责成为全民所有自然资源资产产权制度改革的关键。如何在不改变各级政府分级行使行政监管权的情况下,整

---

① 参见叶榅平:《新体制下自然资源管理的制度创新与法治保障》,载《贵州省党校学报》2019 年第 1 期。

合分散的所有者职责,由新组建的自然资源部统一行使全民所有的土地、矿产、森林、草原、湿地、水、海洋等各类自然资源资产所有者职责?对此,2019年《指导意见》提出,由“国务院授权国务院自然资源主管部门具体代表统一行使”全民所有自然资源资产所有者职责;国务院自然资源主管部门成为统一行使自然资源国家所有权的部门,国务院自然资源主管部门可以通过两种清单方式实现全民所有自然资源资产所有权的行使:一是国务院自然资源主管部门行使国家所有权的清单;二是国务院自然资源主管部门委托省级和市(地)级政府代理行使部分自然资源国家所有权的清单。民法上的国家所有权没有对自然资源进行类型化处理,而是坚持了“国家所有权客体无限广泛性”的理论。通过清单列举国家所有权覆盖的自然资源的范围,意味着对清单之外的自然资源,不应当主张行使国家所有权,从而能避免出现与民争利的现象。

对于国家公园内的全民所有自然资源资产所有权制度改革试点,《建立国家公园体制总体方案》要求,统筹考虑生态系统功能重要程度、生态系统效应外溢性、是否跨省级行政区和管理效率等因素,国家公园内全民所有自然资源资产所有权由中央政府和省级政府分级行使。其中,部分国家公园的全民所有自然资源资产所有权由中央政府直接行使,其他的委托省级政府代理行使。条件成熟时,逐步过渡到国家公园内全民所有自然资源资产所有权由中央政府直接行使。2018年《国务院机构改革方案》规定,新组建的国家林业和草原局隶属自然资源部,专门负责由中央政府直接行使所有权的国家公园自然资源资产的管理。

2. 自然资源资产产权制度改革

第一,所有权与监管权分离的理论探索。在20世纪90年代以前,大多数自然资源类的法律都只确立国家所有权,但并未明确行使国家所有权的机关,从而导致国家所有权行使主体缺位。为此,需要明确自然资源国家所有权的行使主体。从20世纪90年代中后期开始,自然资源类立法陆续被修订,修订的主要内容则是明确由国务院行使自然资源的国家所有权。但是,作为明确财产归属的法律,我国原《物权法》在制定过程中,对国家所有权究竟是由全国人大常委会还是国务院来行使以及如何行使,曾经进行过讨论。2007年最终通过的《物权法》立法理由认为,全国人民代表大会通过立法授权国务院代表国家行使国家所有权,以体现全国人民代表大会的性质及其行使职权的特点。政府行使国家所有权,应当依法对人大负责,受人大监督。《民法典》承继了原《物权法》有关自然资源国家所有权行使主体的规定,在第 246 条规定:"法律规定属于国家所有的财产,属于国家所有即全民所有。国有财产由国务院代表国家行使所有权。法律另有规定的,依照其规定。"自此,在法律上自然资源国家所有权行使主体得以明确,长期以来国家所有权主体不明确或缺位的问题得到了解决。

但是,实践中面临的问题是,按照《土地管理法》《矿产资源法》《水法》等单行法,国有自然资源实际由国土、林业、海洋、水利、农业等相关资源管理部门分类管理,这些政府职能部门既是行使自然资源管理权的主体,同时也是行使这些国有自然资源所有权的主体,导致所有权与监管权混同。2013 年,党的十八届三中全会《关于〈中共中央关于全面深化改革若干重大问题的决定〉的说明》中明确指出:"国家对全民所有自然资源资产行使所有权并进行管理和国家对国土范围内自然资源行使监管权是不同的,前者是所有权人意义上的权利,后者是管理者意义上的权力。"自然资源所有权与监管权分离在党的十八大后指导着我国自然资源资产的改革。《总体方案》明确提出"坚持自然资源资产的公有性质,创新产权制度,落实所有权,区分自然资源资产所有者权利和管理者权力"的基本原则。

第二,落实所有者权益的制度改革。

(1)全面推进自然资源有偿使用。自然资源资产有偿使用制度是生态文明制度体系的一项核心制度。改革开放以来,我国全民所有自然资源资产有偿使用制度逐步建立,在促进自然资源保护和合理利用、维护所有者权益方面发挥了积极作用,但由于有偿使用制度不完善、监管力度不足,还存在市场配置资源的决定性作用发挥不充分、所有权人不到位、所有权人权益不落实等突出问题。为此,《总体方案》要求:"全面建立覆盖各类全民所有自然资源资产的有偿出让制度,严禁无偿或低价出让。"2016 年,国务院印发《关于全民所有自然资源资产有偿使用制度改革的指导意见》,要求坚持发挥市场配置资源的决定性作用和更好发挥政府作用,以保护优先、合理利用、维护权益和解决问题为导向,以依法管理、用途管制为前提,以明晰产权、丰富权能为基础,以市场配置、完善规则为重点,以开展试点、健全法制为路径,以创新方式、加强监管为保障,加快建立健全全民所有自然资源资产有偿使用制度,努力提升自然资源保护和合理利用水平,切实维护国家所有者权益,为建设美丽中国提供重要制度保障。2016 年,经国务院同意,原国土资源部会同国家发改委、财政部、住房和城乡建设部、原农业部、中国人民银行、原林业局、原银监会联合印发《关于扩大国有土地有偿使用范围的意见》,要求坚持和完善国有土地全民所有制,坚持和完善国有土地有偿使用制度,使市场在资源配置中起决定性作用和更好发挥政府作用,进一步深化国有土地使用和管理制度改革,扩大国有土地有偿使用范围,促进国有土地资源全面节约集约利用,更好地支撑和保障经济社会持续健康发展。除可按划拨方式供应土地外,鼓励以出让、租赁方式供应土地,支持市、县政府以国有建设用地使用权作价出资或者入股的方式提供土地,使项目拥有完整的土地产权,增加其资产总量和融资能力。作价出资或者入股土地使用权实行与出让土地使用权同权同价管理制度。推动将全民所有自然资源资产有偿使用逐步纳入统一的公共资源交易平台。

(2)探索建立国有农用地有偿使用制度。国务院要求国有农用地的有偿使用应严格限定在农垦改革的范围内。对国有农场、林场(区)、牧场改革中涉及的国有农用地,参照国有企业改制土地资产处置相关规定,采取国有农用地使用权出让、租赁、作价出资(入股)、划拨、授权经营等方式处置。国有农用地使用权可根据取得方式的不同,分别办理国有农用地划拨、出让、租赁、作价出资或者入股、授权经营使用权登记手续。

(3)自然资源资产价格形成机制改革。党的十八届三中全会召开后,自然资源主管部门相继发布了一系列有关自然资源分等定级、价格评估以及全民所有土地资源资产核算标准的政策文件,完善全民所有自然资源资产价格评估方法和管理制度,构建完善价格形成机制。2020 年 4 月,中共中央、国务院发布《关于构建更加完善的要素市场化配置体制机制的意见》提出,要充分发挥市场配置资源的决定性作用,畅通要素流动渠道,保障不同市场主体平等获取生产要素,推动要素配置依据市场规则、市场价格、市场竞争实现效益最大化和效率最优化。同时,也要更好发挥政府作用,健全要素市场运行机制,完善政府调节与监管,做到放活与管好有机结合,提升监管和服务能力,引导各类要素协同向先进生产力集聚。此外,要加强要素价格管理和监督,“推动政府定价机制由制定具体价格水平向制定定价规则转变”。

(4)试点征收水资源税。2016 年,在河北省试点实施水资源税改革。2019 年,全国人大通过《资源税法》。根据《资源税法》第 14 条规定,国务院根据国民经济和社会发展需要,依照该法的原则,对取用地表水或者地下水的单位和个人试点征收水资源税。征收水资源税的,停止征收水资源费。此后,财政部门会同有关部门充分考虑不同地区的水资源状况、取用水的类型和社会发展水平差异,进一步开展水资源税征收改革。

(5)改革自然资源资产收益的收缴方式。自然资源有偿使用是实现和保护自然资源资产权益的基本途径。我国将土地出让金、海岛使用金、水资源费等作为非税收入对待。土地出让金、海岛使用金、水资源费等体现的应该是国家作为自然资源资产所有者应该取得的资产收益,以收费的方式体现国家的自然资源资产收益不仅名不正言不顺,也难以对收费做出符合法律逻辑的解释。2021 年,财政部等《关于将国有土地使用权出让收入、矿产资源专项收入、海域使用金、无居民海岛使用金四项政府非税收入划转税务部门征收有关问题的通知》。自 2021 年 7 月 1 日起,选择在河北、内蒙古、上海、浙江、安徽、青岛、云南省(自治区、直辖市、计划单列市)以省(区、市)为单位开展征管职责划转试点。“土地出让金”等由财政部门划转税务部门征收,有利于提高土地出让收入的征管效率,保障国有自然资源的收益功能得以实现。浙江省以部门联席会议形式推进全民所有自然资源资产有偿使用制度改革。2017 年 11 月,浙江省成立了浙江省全民所有自然资源资产有偿使用制度改革部门联席会议工作制度,由当时的省国土资源厅、省发展改革委、省财政厅、省环保厅、省建设厅、省水利厅、省农业厅、省林业厅、省国资委、省统计局、省海洋与渔业局、省旅游局等 12 个单位组成,负责统筹推进国有土地、水、矿产、国有森林、海域海岛等自然资源的有偿使用制度改革。

3. 保护优先与合理利用制度改革

自然资源资产产权制度是加强生态保护、促进生态文明建设的重要基础性制度。长期以来，由于自然资源监管和保护制度不健全的问题，导致生态退化严重。为此，2016 年，国务院在《关于全民所有自然资源资产有偿使用制度改革的指导意见》中强调，自然资源使用制度要坚持“保护优先、合理利用”的原则，“树立尊重自然、顺应自然、保护自然的理念，坚持保护和发展相统一，在发展中保护、在保护中发展。正确处理资源保护与开发利用的关系，对需要严格保护的自然资源，严禁开发利用；对可开发利用的全民所有自然资源，使用者要遵守用途管制，履行保护和合理利用自然资源的法定义务”。2019 年的《指导意见》提出：“正确处理资源保护与开发利用的关系，既要发挥自然资源资产产权制度在严格保护资源、提升生态功能中的基础作用……”

第一，划定生态保护红线，实行保护优先。对生态功能重要的国有土地，要坚持保护优先。2017 年，中共中央办公厅、国务院办公厅联合印发《关于划定并严守生态保护红线的若干意见》，要求在资源环境承载能力和国土空间开发适宜性评价的基础上，按生态系统服务功能重要性、生态环境敏感性，识别生态保护红线范围。2017 年，原环境保护部办公厅、国家发展和改革委员会办公厅联合发布《生态保护红线划定指南》，要求国家级和省级禁止开发区域应根据生态评估结果最终确定纳入生态保护红线的具体范围。国家级和省级禁止开发区域包括国家公园、自然保护区、森林公园的生态保育区和核心景观区、风景名胜区的核心景区、地质公园的地质遗迹保护区、世界自然遗产的核心区和缓冲区、湿地公园的湿地保育区和恢复重建区、饮用水水源地的一级保护区、水产种质资源保护区的核心区和其他类型禁止开发区的核心保护区域。禁止开发区域以外的重点生态功能区、生态环境敏感区和脆弱区，各地可结合实际情况，根据生态功能重要性，将有必要实施严格保护的各类保护地纳入生态保护红线范围。这类区域主要包括极小种群物种分布的栖息地、国家一级公益林、重要湿地（含滨海湿地）、国家级水土流失重点预防区、沙化土地封禁保护区、野生植物集中分布地、自然岸线、雪山冰川、高原冻土等重要生态保护地。2019 年，中共中央办公厅、国务院办公厅联合印发的《关于在国土空间规划中统筹划定落实三条控制线的指导意见》提出,一些经评估不能确定其价值的,也可以划入生态保护红线;优先将具有重要水源涵养、生物多样性维护、水土保持、防风固沙、海岸防护等功能的生态功能极重要区域,以及生态极敏感脆弱的沙漠化、石漠化海岸侵蚀等区域划入生态保护红线。

第二,自然资源利用纳入国土空间规划。党中央多次强调,“山水林田湖草是一个生命共同体”,中共中央《关于全面深化改革若干重大问题的决定》明确提出,健全自然资源资产产权制度和用途管制制度,对森林、荒地、草原、滩涂等自然生态空间进行统一确权登记,形成归属清晰、权责明确、监管有效的自然资源产权体制。为形成监管有效的自然资源监管制度,生态文明改革方案将自然资源纳入国土空间规划,实施覆盖全域全要素的国土空间用途管制制度。《总体方案》重申,“构建以空间规划为基础、以用途管制为主要手段的国土空间开发保护制度”“着力解决因无序开发、过度开发、分散开发导致的优质耕地和生态空间占用过多、生态破坏、环境污染等问题”,推动形成生产空间集约高效、生活空间宜居适度、生态空间山清水秀的国土空间格局。为规范生态空间用途管制,2017 年原国土资源部会同发展改革委等九个相关部门制定了《自然生态空间用途管制办法(试行)》,编制了《自然生态空间用途管制试点方案》,在福建、江西、贵州、河南、海南、青海 6 省开展试点工作。随后,上海、浙江等地为落实中央政治局精神,开展了自主探索,其目的是提供良好的国土空间环境,涵盖需要保护和合理利用的河流、荒地、戈壁、冰川、高山冻原等,为科学有序统筹布局生态、农业、城镇等功能空间划定并落实生态保护红线、永久基本农田红线和城镇开发边界。

4. 以确权登记为基础的制度改革

自然资源资产产权制度的改革以调查监测和确权登记为基础。《总体方案》提出“建立统一的确权登记系统”“坚持资源公有、物权法定,清晰界定全部国土空间各类自然资源资产的产权主体”“对水流、森林、山岭、草原、荒地、滩涂等所有自然生态空间统一进行确权登记,逐步划清全民所有和集体所有之间的边界,划清全民所有、不同层级政府行使所有权的边界,划清不同集体所有者的边界”。2016 年,七部委联合印发《自然资源统一确权登记试点方案》,提出“所有自然生态空间统一进行确权登记”的试点目标，正式揭开我国为期两年自然资源统一确权登记改革的实践帷幕。随后，自然资源部印发《自然资源确权登记操作指南（试行）》，据此，我国完成了国家公园体制试点区、长江干流（宜宾以下）、淮河干流中游段、根河等5个国家重点林区、太湖等区域的自然资源确权登记。2019年自然资源部联合财政部、生态环境部、水利部、国家林业和草原局印发了《自然资源统一确权登记暂行办法》，标志着我国开始全面实行自然资源统一确权登记制度。按照2019年自然资源部等五部门《自然资源统一确权登记工作方案》的要求，将于2023年完成全国重点区域自然资源确权登记全覆盖的工作目标。《自然资源统一确权登记暂行办法》根据分级行使国家所有权的改革目标，规定了自然资源所有权行使主体、代行主体的登记事项，还赋予自然资源国家所有权以登记能力，规定自然资源国家所有权登记包括所有权主体登记、代表行使主体登记、代理行使主体登记。自然资源统一确权登记制度的全国推行，为全民所有自然资源资产所有权委托代理机制奠定了基础。完成各类自然资源的确权登记工作，是自然资源部统一履行所有者职责并将部分全民所有自然资源资产所有权委托给地方政府代理行使的前提。

5. 以全民所有自然资源资产所有权保护为中心的生态环境损害赔偿制度改革

《民法典》颁布之前，环境损害赔偿法律体系由原《民法总则》、原《侵权责任法》、《环境保护法》与自然资源单行法等法律构成，总体来看，主要侧重规制环境污染导致的人身、财产损害赔偿。除海洋环境保护相关法律对海洋生态环境损害有赔偿规定外，原有法律体系中对生态环境损害的救济规定并不完善。环境资源具有经济、生态及由生态衍生的精神属性，其中生态和精神属性是环境资源满足人类享受在良好环境中生活和审美情趣的基础，环境资源遭到污染或破坏，其使用价值与生态价值应该予以赔偿，环境公益保护与生态环境责任追究制度缺失的问题急需得到解决。

为此，2015年，中共中央办公厅、国务院办公厅印发了《生态环境损害赔偿制度改革试点方案》（已失效），要求2015年至2017年，选择部分省份开展生态环境损害赔偿制度改革试点。从2018年开始，在全国试行生态环境损害赔偿制度。到 2020 年,力争在全国范围内初步构建责任明确、途径畅通、技术规范、保障有力、赔偿到位、修复有效的生态环境损害赔偿制度。

经过两年的试点改革和探索,地方积累了丰富的经验,中共中央、国务院在总结经验的基础上,于 2017 年 12 月正式印发《生态环境损害赔偿制度改革方案》,要求通过在全国范围内试行生态环境损害赔偿制度,进一步明确生态环境损害赔偿范围、责任主体、索赔主体、损害赔偿解决途径等,形成相应的鉴定评估管理和技术体系、资金保障和运行机制,逐步建立生态环境损害的修复和赔偿制度,加快推进生态文明建设。《生态环境损害赔偿制度改革方案》明确要求由自然资源所有权行使主体作为生态环境损害的赔偿权利人。在健全国家自然资源资产管理体制试点区,受委托的省级政府可指定统一行使全民所有自然资源资产所有者职责的部门负责生态环境损害赔偿具体工作;国务院直接行使全民所有自然资源资产所有权的,由受委托代行该所有权的部门作为赔偿权利人开展生态环境损害赔偿工作。

随着改革的推进,为了更好地审理生态环境损害赔偿纠纷,最高人民法院于 2019 年发布《关于审理生态环境损害赔偿案件的若干规定(试行)》,并于 2020 年对其进行了修正,该规定共 23 条,明确了生态环境损害赔偿诉讼案件的受理条件,规定了生态环境损害赔偿协议的司法确认规则,为生态环境损害赔偿制度的全面试行提供了有力司法保障和实践支持。

在总结经验的基础上,2020 年颁布的《民法典》于第 1234 条、第 1235 条规定了生态环境损害赔偿制度,授权满足规定条件的机关和组织运用民事责任手段追究生态环境损害责任。第 1234 条规定了生态环境修复责任(实物修复责任);第 1235 条规定了生态环境损害货币赔偿责任(金钱赔偿责任)。生态环境损害责任包括生态环境实物修复责任和生态环境损害货币赔偿责任。至此,我国生态环境损害赔偿责任制度框架基本形成。

6. 以自然资源资产离任审计为试点的监督制度改革

2015 年 7 月,中央全面深化改革领导小组第十四次会议审议通过《关于开展领导干部自然资源资产离任审计的试点方案》,要求建立领导干部自然资源资产离任审计制度,从2015年开展试点,到2017年全面推开,在严格生态文明制度执行方面形成强有力的制度约束;要健全领导干部资源环境相关决策和监管履职情况的评价标准,把自然资源保护、生态保护红线、耕地保护红线、减污降碳、河湖长制等党中央重大部署贯彻落实情况融入相关评价指标,对资源环境数据造假行为要严肃追责问责。随后,全国各地开始开展试点工作,探索建立领导干部自然资源资产离任审计制度。例如,浙江省领导干部自然资源资产离任审计在市县试点基础上继续推广到全省。2016年,浙江省在杭州市桐庐县、衢州市开化县试点开展自然资源资产离任审计,2017年,在杭州市萧山区和丽水市云和县继续开展自然资源资产审计试点。省审计厅在桐庐县、开化县开展了领导干部自然资源资产离任审计试点,以领导干部任职前后所在地区主要自然资源资产实物量及生态环境质量变化为基础,以其任职期间履行自然资源资产管理和生态环境保护责任情况为主线,重点审计土地资源、水资源、森林资源管理和矿山生态环境治理、大气污染防治等领域,揭示存在问题,依法界定被审计领导干部应承担的责任。在其他市县党政领导干部经济责任审计中,也加大了对自然资源资产管理和生态环境保护情况的审计力度。2017年5月,浙江省委办公厅、省政府办公厅印发《浙江省开展领导干部自然资源资产离任审计试点实施方案》,明确开展领导干部自然资源资产离任审计试点的总体要求、主要任务和工作保障措施,借以推动领导干部切实履行好自然资源资产管理和生态环境保护责任。①

第四节 全民所有自然资源资产所有权委托代理问题的提出

一、所有权委托代理问题提出的背景

如上所述,党的十八大以来,经过一系列改革,全民所有自然资源资

① 参见王新超:《G省领导干部自然资源资产离任审计研究》,广东财经大学2020年硕士学位论文。

产管理体制机制逐步建立和完善,对生态文明建设起到了积极推动作用,但仍存在所有权人不到位、管理权责不明确等问题,资源开发过度、保护乏力、生态退化的形势依然严峻。2015 年,中共中央、国务院印发的《总体方案》提出,分清全民所有中央政府直接行使所有权、全民所有地方政府行使所有权的资源清单和空间范围。2019 年的《指导意见》进一步要求,探索开展全民所有自然资源资产所有权委托代理机制试点,明确委托代理行使所有权的资源清单、管理制度和收益分配机制。我国是单一制国家,根据宪法规定,全民所有自然资源所有权的行使统一于中央政府,即由国务院代表国家行使所有权,这是生产资料公有制在自然资源所有权行使主体上的法律体现。然而,由于全民所有自然资源资产数量巨大、种类繁多、分布广泛,且管理的专业性较强,国务院难以直接对全部的自然资源资产行使占有、使用、收益、处分等权利,需要根据资源的特点,采取不同的管理方式。其中一部分可以由中央政府直接行使,更多的部分则需要委托地方政府代理履行所有者职责。关于所有者职责的履行模式,目前法律上没有具体规定,中央决定开展委托代理试点,通过实践探索,为全面落实统一行使所有者职责、修改完善相关法律法规积累实践经验。① 为此,中共中央办公厅、国务院办公厅于 2022 年 3 月印发《试点方案》,对委托代理试点作出全面部署,要求全国各省同步开展试点,核心任务是明确自然资源部委托省级、市地级政府代理履行全民所有自然资源资产所有者职责的机制。

二、《试点方案》的目标

《试点方案》要求针对土地、矿产、海洋、森林、草原、湿地、水、国家公园等 8 类自然资源开展委托代理试点,试点工作的总体目标是:到 2023 年,在全国范围内,总体建立权责一致、统一行使、分级代理的委托代理机制。在此基础上,摸清资产家底,管理权责明晰、产权主体落实、资产配置有效、收益机制完善、建立初步评价标准。在此基础上,总结经验,推广成果,为全面落实统一行使所有者职责、修改完善相关法律

① 参见陈琛:《促进自然资源资产高效配置　建设生态文明实现永续发展》,载《中国自然资源报》2022 年 3 月 25 日。

法规积累实践经验。在这一目标指引下,《试点方案》提出了更为具体的目标,明确要求针对土地、矿产、海洋、湿地、水等 8 类自然资源开展委托代理机制试点。一是明确所有权行使模式,国务院代表国家行使全民所有自然资源所有权,授权自然资源部统一履行全民所有自然资源资产所有者职责,部分职责由自然资源部直接履行,部分职责由自然资源部委托省级、市地级政府代理履行,法律另有规定的依照其规定。二是编制自然资源清单并明确委托人和代理人权责,自然资源部会同有关部门编制中央政府直接行使所有权的自然资源清单,试点地区编制省级和市地级政府代理履行所有者职责的自然资源清单。三是依据委托代理权责依法行权履职,有关部门、省级和市地级政府按照所有者职责,建立健全所有权管理体系。四是研究探索不同资源种类的委托管理目标和工作重点。五是完善委托代理配套制度,探索建立履行所有者职责的考核机制,建立代理人向委托人报告受托资产管理及职责履行情况的工作机制。围绕上述具体目标,全国各地从 2022 年开始积极开展试点工作,探索委托代理机制的实现方式,推进委托代理机制实现制度化。

三、《试点方案》提出的探索路径

为了推进委托代理机制试点方案的顺利实施,《试点方案》指明了开展试点工作的技术路径,即探索“3 + 8 + 5 + 4”的技术路线,全面支撑全民所有自然资源资产所有权委托代理机制试点工作。首先,需要全面夯实 3 类工作基础:分别梳理政策依据、理论基础和国内外研究实践,明确全民所有自然资源资产所有权委托代理的根源问题。其次,要牢牢把握 8 个工作目标,即明确落实产权主体、摸清家底、行使权利、有效管护、高效配置、保值增值、维护权益和考核评价监督等 8 项工作目标,指引工作方向。再次,深入探索 5 项具体任务,即针对土地、矿产、海洋、森林、草原、湿地、水和国家公园等 8 种自然资源资产,开展明确所有权行使模式、编制自然资源清单、建立健全所有权管理体系、探索不同资源委托管理目标和工作重点、完善委托代理配套制度 5 项具体任务,支撑委托代理机制构建。最后,推动实现 4 大实施成效:最终实现统一行使、分类实施、分级代理和权责对等的工作成效。《试点方案》指明的探索路径不仅为试点工作明确了方向和重点，而且为全民所有自然资源资产所有权委托代理机制的制度建构明确了需要攻克的理论和实践难题。

四、《试点方案》的重要意义

开展所有权委托代理机制是在新发展阶段，党中央、国务院作出的一项重大改革举措和制度性安排，其对于促进自然资源资产高效配置、维护和落实全民所有自然资源资产所有者权益、实现国家治理体系和治理能力现代化具有重要意义。

第一，为进一步深入推进生态文明体制改革明确了目标任务和做出了总体谋划。《试点方案》以问题为导向，指出了所有者职责应当如何行使、如何构建，进一步设想了所有权委托代理的总体设计和改革举措，并确立了路线图和时间表。这一切都体现了党中央从更深层次、更科学的治理机制来解决当前生态保护和自然资源开发利用中存在突出问题的总体谋划。

第二，为实现自然资源"属于国家所有即全民所有"的宪法规定确立了制度框架。以委托代理机制实现全民所有自然资源资产所有权分级代理行使的制度设计，是落实自然资源属于国家所有即全民所有的重要举措。首先，《试点方案》遵循《宪法》《民法典》等法律规定，明确由国务院代表国家行使全民所有自然资源所有权，并授权自然资源部统一履行全民所有自然资源资产所有者职责，保持了全民所有自然资源资产所有权行使主体的唯一性和统一性。其次，《试点方案》切中了全民所有自然资源资产所有权行使实践中因"国家"和"全民"的抽象性和虚置性而导致的所有权行使主体不到位、政府履行所有者职责缺乏有效监督引发的自然资源资产遭受严重流失、浪费和破坏等问题。通过建立委托代理机制，厘清所有者、委托人和代理人之间的法律关系，破解长期困扰全民所有自然资源资产所有权有效行使的制度困境。最后，《试点方案》在明确所有者职责内涵的基础上，要求编制自然资源清单、明确委托人和代理人的职责权限、改革所有者权益分配机制等，为分级代理履行所有者职责指明了制度建设方向。总之，《试点方案》为落实统一行使全民所有自然资源资产所有者职责确立了基本制度框架，将在建立健全自然资源资产产权制度中发挥基础性作用。

第三,为实现全民所有自然资源资产所有者和监管者分离奠定了制度基础。受制于法律的原则性规定和长期以来形成的自然资源管理体制,各级政府事实上同时履行所有者职责和监管者职责,既当“运动员”,又当“裁判员”,所有者权利与监管者权力混淆不清,由此造成全民所有自然资源资产家底不清、政府权力缺乏有效规范、监管责任难以落实等问题。《试点方案》将所有者职责界定为主张所有、行使权利、履行义务、承担责任、落实权益。这是政府基于所有权而应履行的职责,显然不包括基于自然资源监管而应履行的执法监察督察、空间规划、用途管制等行政管理职责。由此,《试点方案》界定了所有权、使用权以及管理权的关系,探索将自然资源资产所有权与使用权分离,创新自然资源资产所有权的多种有效实现形式,努力提升自然资源要素市场化配置水平。《试点方案》为各级政府代理履行所有者职责提出了要求,明确了边界,有利于实现所有者职责与监管者职责的分离。当然,由于这两种职责仍然是由自然资源部和省级、市地级政府分别代理履行,还是容易导致所有者和监管者身份的混淆,因此未来应作进一步改革,从体制上保障履行两种职责的主体适当分离和独立。

第四,为健全自然资源资产产权法律法规体系确立了基本方向。长期以来,对于如何完善全民所有自然资源资产产权法律法规体系存在较大分歧。《试点方案》规定了所有权行使模式、所有者职责、委托人与代理人关系、自然资源清单、代理人履行职责要求等方面,是自然资源管理的重大理论创新。此外,《试点方案》通过编制省级、市级政府代理权责清单,指导各地依据代理权责依法履行职权。

第二章　全民所有自然资源资产所有权委托代理的法理阐释

第一节　所有权委托代理的内涵及特征

一、全民所有自然资源资产概述

全民所有自然资源资产是自然资源资产产权制度改革政策体系下的关键概念。《指导意见》要求率先在福建、江西、贵州、海南等地探索开展全民所有自然资源资产所有权委托代理机制试点,《试点方案》要求针对全民所有的土地、矿产、海洋、森林、草原、湿地、水、国家公园等8类自然资源资产(含自然生态空间)开展所有权委托代理机制试点,并将试点范围拓宽到全国各省(自治区、直辖市)。那么什么是自然资源资产?自然资源资产与自然资源是什么关系?如前所述,在《宪法》《民法典》等现有法律规定中,并没有使用"自然资源资产"的概念,而是直接使用"自然资源"。实际上,"自然资源资产""全民所有自然资源资产"是中央推进自然资源资产产权制度改革过程中提出的新概念,还没有融入现有法律体系中。① 因此,有必要对自然资源、自然资源资产等基础性概念进行辨析,以明确两者之间的关系。

(一)自然资源的概念

自然资源是社会经济的重要物质基础和潜在财富。1972年,联合国环境规划署将自然资源定义为:在一定时间和一定条件下,能产生经

---

① 参见汪志刚:《自然资源资产国家所有权委托代理的法律性质》,载《法学研究》2023年第2期。

济效益,以提高人类当前和未来福利的自然因素和条件。① 由此可见,具备经济效益是衡量自然资源的重要标准。我国学者分别从自然科学、经济、法学、行政管理等不同角度对自然资源进行考量。《〈中共中央关于全面深化改革若干重大问题的决定〉辅导读本》认为:"自然资源是指天然存在、有使用价值、可提高人类当前和未来福利的自然环境因素的总和。"②实际上,自然资源概念是一个伴随人类发展历程而动态变迁的复杂概念,自然资源的范围不断扩充以至于难以对其内涵和外延作出周延的界定,只能通过类型化方法对自然资源进行界定。首先,人类对自然资源的观念认知因社会所处的发展时期而有不同。从宏观角度看,人类对自然资源的认识历经了从纯粹的、不具备经济价值的"自然之物"向"资源性产品"转化的过程,对自然资源概念的讨论从景观说走向资产说、自然物质与自然环境说。③ 以矿产资源为例,人类在不同历史时期所利用的矿产资源是不同的,早在殷商时期,我国人民就有开采铜矿制青铜器的传统,再到春秋战国时期,铁器更是风靡一时。在工业化之后,人类对矿产资源的需求不局限于金属矿产,还延伸至煤、石油、天然气等化石能源矿产。其次,自然资源是天然生成物。既有自然资源概念研究范式中,不论是强调天然状态的状态论,抑或排除人类活动介入的行为论,④二者均肯认自然资源的自然属性。最后,自然资源具备经济价值和生态价值。自然资源的经济价值来源于稀缺性、资源产权和劳动价值三方面,⑤既具有满足权利人自己生存和发展需要的使用价值,也具有满足他人需要的交换价值。自然资源自身所具备的经济价值不容小觑。以海洋为例,《2022 年中国海洋经济统计公报》公布的数据显示,初步核算 2022 年全国海洋生产总值为 94,628 亿元,占国

---

① 参见燕琴、刘纪平、董春等:《地理空间视角下自然资源认知探讨》,载《测绘科学》2022 年第 8 期。

② 本书编写组编著:《〈中共中央关于全面深化改革若干重大问题的决定〉辅导读本》,人民出版社 2013 年版,第 289 页。

③ 参见魏鹏程、郭宗璐:《论法学意境中的自然资源概念》,载《经济研究导刊》2009 年第 27 期。

④ 参见黄锡生、王中政:《论自然资源的法律概念》,载《资源科学》2022 年第 1 期。

⑤ 参见李霞、崔彬:《关于自然资源价值的思考》,载《中国矿业》2006 年第 8 期。

内生产总值的比重为7.8%。[①] 自然资源的生态价值源自自然资源对生态系统的服务功能,体现为美学、文化、科学、教育方面的价值,[②]像森林、草原等自然资源的生态价值、公众享受等公益价值优先于经济价值。[③] 尽管自然资源的生态价值和公益价值非常重要,但如何进行价值核算,目前仍然存在较大争议,进行价值核算也存在较多困难。

关于自然资源的分类,目前尚无统一的权威性定论。根据我国《宪法》第9条和《民法典》物权编的规定,矿藏、水流、森林、山岭、草原、荒地、滩涂等被统称为自然资源,其权属为国家所有或者集体所有,法律对这些自然资源的开发利用设置了管理、保护和合理利用的义务。根据国务院《关于全民所有自然资源资产有偿使用制度改革的指导意见》(国发〔2016〕82号),自然资源主要包括土地资源、水资源、矿产资源、森林资源、草原资源、海域海岛资源等。此外,中共中央《关于全面深化改革若干重大问题的决定》将生态系统和聚居环境纳入自然资源范畴。

(二)自然资源资产的内涵

西方文献中通常把资源性资产称为自然资本,自然资本的概念反映了自然资源稀缺性及人类对可持续发展的重视。西方学者认为,自然资源以及为人类生命起到支持作用的生态环境均是有价值的资产,即自然资本。[④] 2015年我国财政部印发的《政府会计准则——基本准则》,已将自然资源资产纳入政府资产范畴。自然资源资产是具有稀缺性、明确性的产权,并能在今后和未来给所有者带来经济收益或其他福利。也就是说,在会计准则中,自然资源满足稀缺性和产权性的前置条件后,可以成为自然资源资产。当然,也有学者从其他角度来解释自然资源资产的内涵,例如,康纪田以矿产资源权益为切入点,将矿产资源

---

① 参见中华人民共和国自然资源部:《2022年中国海洋经济统计公报》,载中华人民共和国自然资源部网,http://gi.mnr.gov.cn/202304/t20230413_2781419.html。

② 参见康京涛:《自然资源资产产权的法学阐释》,载《湖南农业大学学报(社会科学版)》2015年第1期。

③ 参见程雪阳:《国有自然资源资产产权行使机制的完善》,载《法学研究》2018年第6期。

④ 参见[美]汤姆·蒂坦伯格、[美]琳恩·刘易斯:《环境与自然资源经济学》(第11版),王晓霞等译,中国人民大学出版社2021年版,第64页。

(自然资源)、矿产权(自然资源资产)和矿产品(自然资源产品)的关系解读为森林、树木和木材的关系,矿产资源是众多矿产的组合体,矿产权是从整体性矿产资源中依技术而特定的某一块段矿产,矿产品是人类开发利用矿产资源的成果。[①] 虽然人们对自然资源资产概念的界定存在差异,但是就自然资源资产的稀缺性、有用性、价值性、权属明晰等特征基本形成共识。例如,程雪阳认为,资产"必须是为人类能够稳定控制并且具有经济或生态价值的物品"[②]。王秀卫认为,自然资源资产的基本特征包括但不限于权属明确、稀缺性、有用性。[③] 郭韦杉认为,自然资源资产概念是我国借鉴国际生态领域的自然资本、生态系统资产、环境资产、生态系统服务等相关表述后提出的概念,将一部分具有稀缺性且权利主体确定的自然资源归类为资产,进而对这部分自然资源资产进行保护、开发和利用。[④] 综合上述,笔者认为,自然资源资产是自然资源进入财产法领域后而诞生的新的概念。自然资源资产来自自然资源,属于自然资源的组成部分。《〈中共中央关于全面深化改革若干重大问题的决定〉辅导读本》将自然资源定义为天然存在、有使用价值、可提高人类当前和未来福利的自然环境因素的总和,将自然资源资产界定为具有稀缺性、有用性及产权明确的自然资源。因此,自然资源资产具有自然资源属性,是自然资源的重要组成部分。自然资源资产具有时间性、空间性、天然性、多用性、动态性、基础性等特征。

自然资源转化为自然资源资产需要具备一定条件。在现有经济、技术条件下,并非所有自然资源都能转化为自然资源资产。虽然学者们基于会计学、经济学、自然资源学、法学等理论,从会计核算、国民经济核算等角度进行了探讨,但仍未形成统一权威的认识。《〈中共中央关于全面深化改革若干重大问题的决定〉辅导读本》中关于自然资源资

---

① 参见康纪田:《矿业法论》,中国法制出版社2011年版,第88~91页。

② 参见程雪阳:《国有自然资源资产产权行使机制的完善》,载《法学研究》2018年第6期。

③ 参见王秀卫、李静玉:《全民所有自然资源资产所有权委托代理机制初探》,载《中国矿业大学学报(社会科学版)》2021年第3期。

④ 参见郭韦杉、李国平、王文涛:《自然资源资产核算:概念辨析及核算框架设计》,载《中国人口·资源与环境》2021年第11期。

产的定义属于广义概念，丰富了传统资产的内涵。会计核算和《国民账户体系（2008）》（System of National Accounts 2008，以下简称 SNA－2008）[①]强调某主体（单个或者共同）拥有或控制、能以货币计量、能带来经济效益的经济资产，《环境经济核算体系 2012：中心框架》（System of Environmental-Economic Accounting 2012：Central Framework，以下简称 SEEA－2012）[②]则扩展到环境资产，实物量上包括所有可能为人类提供福利的自然资源，但价值量上仅包含具有经济价值的自然资源。从定义上看，自然资源转化为自然资源资产的条件主要包括以下几点：一是产权明确，包含产权主体明确、产权客体明确和权利内容明确。目前 SNA－2008 主要强调所有权的明确和有效行使。对于难以确定所有权、权属不明、难以有效控制的自然资源不纳入资产范围，比如空气、公海、尚未发现或开采的矿藏和能源储备。二是具有稀缺性。稀缺性通常是相对于人类需求而言的供不应求，与一定时空、有限性、更新速度等有关。有些自然资源本身就具有稀缺性，比如矿产资源；空气、阳光等则不具稀缺性，难以成为资产。三是能否以货币计量并通过市场交易实现价值。狭义上要求资产能货币计量，并能通过市场交易实现经济利益。广义上只要能计量，具有经济、生态、社会等效益均可，不一定

---

① 西方国家 1953 年提出了国民账户体系（System of National Accounts，以下简称 SNA），20 世纪 80 年代末中国开始使用 SNA 衡量宏观经济发展水平。其后，联合国会同欧盟委员会、经济合作与发展组织、国际货币基金组织、世界银行共同编制发布了 SNA－2008。SNA－2008 提供了国家资产负债表的一般格式，在国家资产负债表中共设置非金融资产、金融资产、金融负债和净资产四大类资产，而将自然资源归入非金融资产下，并在其下设置土地、矿产和能源储备、非培育性生物资源、水资源和其他自然资源共 6 类子项。

② 1993 年，联合国统计司建立了与 SNA 相一致的、可系统地核算环境资源存量和资本流量的框架，即综合环境与经济核算体系（System of Integrated Environmental and Economic Accounting，简称 SEEA－1993）。SEEA－1993 是 SNA 的卫星账户体系，主要用于考虑环境因素影响条件下的国民经济核算，是对 SNA 账户体系的补充。2012 年，联合国发布了 SEEA－2012，将环境退化及相关应对措施和评估方法的探讨加入 SEEA－2012 框架，并将其提升为国际统计标准。SEEA－2012 在明确各类自然资源定义和分类的基础上，设置了矿产和能源资产账户、土地资源资产账户、土壤资源资产账户、木材资源资产账户、水生资源资产账户、其他生物资源资产账户和水资源资产账户共七组自然资源资产账户。这些资产账户包含实物量与价值量两大类核算表格，可以将自然资源的形成来源和用途配置以“资产来源＝资产使用”的形式反映出来。

非要通过市场交易带来经济利益。自然资源资产具有一般资产的权属性、收益性、经济性、有偿性等共性，又具有稀缺性、系统性、外部性、生态性等特征，按不同性质功能可分为公益性、准公益性和经营性自然资源资产。①

由此可见，自然资源与自然资源资产虽有一定的关联性，但是二者区别明显：一是两者的范围不同，自然资源明显比自然资源资产范围广泛。二是特定化程度不同，自然资源是完全自然状态的概念，自然资源资产则是基于人类利用自然资源的需要而进行界定的概念，在人类的界定下，自然资源资产具有特定性，作为物权客体的不再是不确定的自然资源，而是具有确定性的自然资源资产，自然资源资产因此能够纳入不动产统一登记制度。② 三是在权利主体范围上有差异。从《宪法》第9条、《民法典》第247条和第250条等有关规定来看，我国法律明确了自然资源属于国家所有或集体所有，但是自然资源资产产权主体范围较广，包括国家、法人、自然人、非法人组织都可以取得某些类型的自然资源资产产权。③

自然资源资产是以自然资源形态存在的固定资产、有形资产，与其他资产相比，其具有以下特殊属性：一是自然性，即自然资源资产主要以自然形态存在；二是基础性，即自然资源资产在国家安全、民族生存、地区发展中起着基础作用；三是排他性，即自然资源资产使用（权）由于其空间不可重叠性而具有排他性；四是有限替代性，自然资源资产难以寻找替代品，即便存在替代性，可替代的空间亦是有限的；五是保值增值性，自然资源资产的保值增值不只是针对经济价值，还包括生态价值和文化价值等多重价值，④保值增值的特性主要体现在土地资产和森林资产上；六是区位性，资产存量因地而异，且非遍

① 参见罗世兴、张萌：《国有自然资源资产报告工作需要处理好的几个关系》，载《中国国土资源经济》2023年第3期。

② 参见程雪阳：《国有自然资源资产产权行使机制的完善》，载《法学研究》2018年第6期。

③ 参见康京涛：《自然资源资产产权的法学阐释》，载《湖南农业大学学报（社会科学版）》2015年第1期。

④ 参见杨世忠：《论自然资源资产的保值与增值》，载《财务研究》2023年第1期。

布同质特征显著。

由于自然资源资产以自然资源为基础,因此也可根据自然资源分类对自然资源资产进行类别划分,比如,按照耗竭程度分为耗竭性自然资源资产和非耗竭性自然资源资产;按照是否可以更新及更新程度可将自然资源资产分为可更新自然资源资产和不可更新自然资源资产;按照自然资源类型可将自然资源资产分为土地、矿产、森林、草原、湿地、水、海洋等自然资源资产;按照是否可移动分为固定自然资源资产和可移动自然资源资产。

(三)全民所有自然资源资产的内涵

从语义学角度分析,全民所有自然资源资产是在自然资源资产概念上增添“全民所有”的限定词,因此需要对“全民所有”作出解释。全民所有概念是一项政治、经济术语,本身不是一项严谨的法律概念。《宪法》第 9 条规定自然资源属于国家所有即全民所有,其规范意蕴在于保护全民中每个个体平等享用自然资源效益的权利,最大化自然资源全民所有中个体正当利益。[①] 基于改革于法有据的原则,全民所有自然资源资产所有权委托代理改革试点同样需要以增进全民利益为价值导向。中央文件特别强调“全民所有”自然资源资产而不是国家所有自然资源资产,对此,自然资源所有者权益司负责人明确指出,全民所有自然资源资产所有权因具有全民性、公共性和公益性而有别于民法物权,是具有显著公权特征的民事权利。[②] 因此,可以将全民所有自然资源资产定义为以国家为权利主体,以自然资源资产为客体,以满足全民利益为价值追求的特定自然资源资产。

(四)全民所有自然资源资产所有权的内涵

1. 自然资源资产产权

自然资源资产产权是产权的下位范畴,它于自然资源经济学,本质上是自然资源资产化和产权化的概念。早在 17 世纪,威廉·配第就提

---

① 参见单平基:《自然资源之上权利的层次性》,载《中国法学》2021 年第 4 期。

② 陈琛:《访谈自然资源所有者权益司负责人:解读全民所有自然资源资产所有权委托代理机制试点》,载中华人民共和国自然资源部 2022 年 3 月 25 日,https://www.mnr.gov.cn/dt/ft/202203/t20220329_2732034.html。

出了“土地为财富之母，劳动为财富之父”的著名论断，这是自然资源资产化和价值论的最早萌芽。[①] 在20世纪90年代，安德森和莱尔提出环境是一种资产，认为围绕环境资源可以建立和界定完善的产权制度，环境资源的所有者可以通过自由市场机制来确保经济与环境的共生。[②] 但是，自然资源兼具经济和生态双重价值，具有公共物品属性，在经济外部性理论下，自然资源资产化必然会产生外部性，特别是负外部性，造成“公地悲剧”。对此，著名的“科斯定理”提出解决外部性问题的关键在于清晰的产权界定。他认为公共资源过度利用以至衰竭的主要原因是放牧地公有或自由进入的产权状态。如果将产权变更，把土地卖给牧场主，即将公共产权变为牧场主的私有产权，他们就会仔细照料自己的土地，在决定今年放多少牲畜时，要考虑对牧草和土地肥力的影响，从而不至于减少未来的收益流。“科斯定理”告诉我们，在存在交易费用的情况下，由于人们对自己经济活动的成本、收益十分关心，如果产权明晰，就可以从自己的努力和合理使用资源中得到明确的可预期的收益，从而促使人们对其拥有的资源进行更有效的配置，同时也有权排斥他人侵扰自己的财产。然而，明晰自然资源资产产权，仅靠市场是做不到的，还需要政府发挥其监管职能。著名经济学家庇古则从生产的私人成本与社会成本的分离中看到市场失灵的表现以及政府干预的潜在可能性。他认为，市场失灵导致的资源配置低效只有通过外部力量，即政府干预加以解决。同时，他认为，政府的干预必须受到合理约束，特别是要受到法律的约束。法律作为政府进行社会管理和干预有效的手段，应当将自然资源资产产权纳入法制化轨道，予以规范化、法治化。[③]

从法学视角来看，自然资源资产产权是指自然资源所有权及其相关的财产权，包括自然资源所有权、使用权、经营管理权等财产权。与

① 参见苏东斌、钟若愚：《劳动价值学说史略》，中国经济出版社2002年版，第2页。

② 参见［美］汤姆·蒂坦伯格、［美］琳恩·刘易斯：《环境与自然资源经济学》（第11版），王晓霞等译，中国人民大学出版社2021年版，第63页。

③ 参见［美］汤姆·蒂坦伯格、［美］琳恩·刘易斯：《环境与自然资源经济学》（第11版），王晓霞等译，中国人民大学出版社2021年版，第64页。

一般产权不同，自然资源资产产权是自然资源资产化后的产权。产权界定是一种法律行为，自然资源产权制度的演进，直接表现为相关法律制度的演进。[①] 在法学上，自然资源资产产权的特殊性主要体现在其客体上，自然资源资产的特征决定了自然资源资产产权的内容具有生态性、空间性和动态性，这些特征在一定程度上影响了自然资源资产价值的核算，也影响着自然资源资产产权规则体系的形成。

2. 全民所有自然资源资产所有权

在自然资源资产概念诞生前，学者们就自然资源国家所有权与自然资源管理权的关系问题意见不一。同一说主张从统一的角度理解所有权与管理权的关系，认为宪法上的自然资源国家所有权的实质是国家权力、是管理权，而非自由财产权。[②] 区别说主张适当区分所有权与管理权，认为自然资源国家所有权和自然资源国家管理权的适用对象有别，前者适用于国家所有权指向的自然资源，后者适用于国家所有的自然资源和集体所有的自然资源。[③] 自然资源资产产权制度改革通过区分所有者权利和监管者权力，将自然资源资产所有权归类为所有者权利，试图明确自然资源资产所有权的私权本性，为市场在自然资源资产配置中起决定性作用奠定基础。从 2013 年党的十八届三中全会中共中央《关于全面深化改革若干重大问题的决定》到 2015 年《总体方案》均将所有者和监管者分开作为自然资源管理体制改革和自然资源资产产权制度改革的主线任务。[④]《关于〈中共中央关于全面深化改革若干重大问题的决定〉的说明》指出，"国家对全民所有自然资源资产行使所有权并进行管理"的权利性质为所有权，值得注意的是，"行使所有

---

① 参见康京涛：《自然资源资产产权的法学阐释》，载《湖南农业大学学报（社会科学版）》2015 年第 1 期。

② 参见徐祥民：《自然资源国家所有权之国家所有制说》，载《法学研究》2013 年第 4 期。

③ 参见邹爱华、储贻燕：《论自然资源国家所有权和自然资源国家管理权》，载《湖北大学学报（哲学社会科学版）》2017 年第 4 期。

④ 参见詹华安、姜欣：《所有权与所有者职责的关系——全民所有自然资源资产所有权委托代理机制法理解析》，载矿业界网 2022 年 8 月 8 日，https://mp.zgkyb.com/m/news/68894。

权并进行管理"表述中的"管理"一词的含义不是行政权意义上的管理，而应当将其理解为私法意义上的国家所有权行使的一种特定方式，即经营和管理，[①]而"国家对国土范围内自然资源行使监管权"是一种管理权。[②] 所有者权利是以民事主体的身份通过财产所有权管理来实现的，管理者权力是以公权力执掌者的身份依据各单行自然资源管理法来约束的。从自然资源资产产权制度改革的指导理念看，自然资源国家所有权与自然资源管理权二致说更加符合中央政策改革方向。因此，全民所有自然资源资产所有权本质上是私法意义上的所有权，尽管因其主体的全民性而具有公共利益因素，但其应当是建立在民法所有权理论基础之上所有权。

二、创新全民所有自然资源资产所有权行权模式的委托代理机制

根据现行法律规定，由国务院代表国家统一行使国家所有权。在实践中，已经形成了名义上由国务院统一代表国家行使所有权、事实上由国务院自然资源主管部门和地方政府分别行使自然资源国家所有权的实现机制。但是这套制度体系在实际运作中导致了由国务院代表国家统一行使所有权的法律规定被消解的现象，自然资源国家所有权在纵向上被分解为各级政府的分级代表行使，在横向上被国务院各职能部门分别代表行使。[③] 这种分散行使模式存在诸多弊端：一是对自然资源的整体性关注不足，[④]其需拆分资源要素并划归不同部门管理，顾此失彼，不利于实现"山水林田湖草沙"的一体保护。[⑤] 二是国家所有权行使和监管权行使不分，政府的行政干预权与市场的资源配置权界限

---

① 参见郭志京：《穿越公私法分界线：自然资源国家所有权委托行使模式》，载《法制与社会发展》2022 年第 1 期。

② 参见《习近平谈治国理政》（第 1 卷），外文出版社 2019 年版，第 85 页。

③ 参见郭志京：《穿越公私法分界线：自然资源国家所有权委托行使模式》，载《法制与社会发展》2022 年第 1 期。

④ 参见杨秋生：《自然资源物权制度构筑的思考》，载《中国矿业》2005 年第 5 期。

⑤ 参见中央编办二司课题组：《关于完善自然资源管理体制的初步思考》，载《中国机构改革与管理》2016 年第 5 期。

模糊。[①] 三是地方政府代表国务院实际行使自然资源国家所有权缺乏法律依据和支撑。[②] 实践中,自然资源国家所有权会走上分级代表行使的原因在于我国自然资源立法滞后于自然资源开发、利用和保护的实践需求。一方面,自然资源相关法规存在“残缺不全”“叠床架屋”“自相矛盾”、陈旧等问题,[③]难以对自然资源开发、利用和保护提供充分的法律规制。另一方面,法律对自然资源国家所有权行使的制度供给不足。我国地大物博,资源种类繁多、数量庞大、分布广袤,现有立法仅规定由国务院代表行国家统一行使自然资源国家所有权,忽视了由国务院直接行使各类自然资源国家所有权不仅不切实际而且制度成本高昂的现实。

在自然资源部组建之前,全民所有自然资源的管理职能至少分散在原环境保护部、原国土资源部、住房和城乡建设部、国资委、水利部、原农业部、原国家林业局、国家能源局及原国家海洋局9家国家部委,由此造成了“种树的只管种树、治水的只管治水、护田的单纯护田,很容易顾此失彼”“各管一摊、相互掣肘”等问题和弊端。为此,党的十九大报告指出,加强对生态文明建设的总体设计和组织领导,设立国有自然资源资产管理和自然生态监管机构,完善生态环境管理制度,统一行使全民所有自然资源资产所有者职责,统一行使所有国土空间用途管制和生态保护修复职责,统一行使监管城乡各类污染排放和行政执法职责。为贯彻落实党的十九大关于深化机构改革的决策部署,十九届中央委员会第三次全体会议研究了深化党和国家机构改革问题,通过了《中共中央关于深化党和国家机构改革的决定》和《深化党和国家机构改革方案》,对自然资源和生态环境管理体制改革进行了部署:要求实行最严格的生态环境保护制度,构建政府为主导、企业为主体、社会组织和公众共同参与的环境治理体系,为生态文明建设提供制度保障。设立国有自然资源资产管理和自然生态监管机构,完善生态环境管理

① 参见王克稳:《自然资源国家所有权的性质反思与制度重构》,载《中外法学》2019年第3期。

② 参见杜群、康京涛:《自然资源国家所有权行使主体改革的设想——设立自然资源“国资委”的初步思考》,载《江西社会科学》2016年第6期。

③ 参见黄锡生、黄淑婷:《法典化视域下自然资源立法的体系化路径》,载《河北法学》2023年第5期。

制度，统一行使全民所有自然资源资产所有者职责，统一行使所有国土空间用途管制和生态保护修复职责，统一行使监管城乡各类污染排放和行政执法职责。强化国土空间规划对各专项规划的指导约束作用，推进“多规合一”，实现土地利用规划、城乡规划等有机融合。随后，十三届全国人大一次会议通过的《国务院机构改革方案》指出，为统一行使全民所有自然资源资产所有者职责，统一行使所有国土空间用途管制和生态保护修复职责，着力解决自然资源所有者不到位、空间规划重叠等问题，实现山水林田湖草整体保护、系统修复、综合治理。该方案还提出，将原国土资源部的职责，国家发展和改革委员会的组织编制主体功能区规划职责，住房和城乡建设部的城乡规划管理职责，水利部的水资源调查和确权登记管理职责，原农业部的草原资源调查和确权登记管理职责，原国家林业局的森林、湿地等资源调查和确权登记管理职责，原国家海洋局的职责，原国家测绘地理信息局的职责整合，组建自然资源部，作为国务院组成部门。自然资源部对外保留原国家海洋局牌子，其主要职责是，对自然资源开发利用和保护进行监管，建立空间规划体系并监督实施，履行全民所有各类自然资源资产所有者职责，统一调查和确权登记，建立自然资源有偿使用制度，负责测绘和地质勘查行业管理等。不再保留原国土资源部、原国家海洋局、原国家测绘地理信息局。本次国务院机构改革和组建自然资源部的重要目标是解决因自然资源资产管理职能分散而形成的“九龙治水”问题。组建自然资源部后，形成了由国务院代表国家行使、国务院授权自然资源部统一行使全民所有自然资源资产所有权的行使机制，在横向上解决了自然资源资产管理职能分散化带来的问题，并为启动自然资源资产管理的纵向体制改革创造了条件。

实际上，自然资源部同样无法直接对全部的全民所有自然资源资产进行管理，即无法直接行使全部的全民所有自然资源资产所有权。这就意味着自然资源部只能对部分全民所有自然资源资产进行直接管理，剩余的全民所有自然资源资产仍然需要由地方各级政府进行管理。那么，在自然资源部与地方政府之间应当建立什么样的法律关系才能实现全民所有自然资源资产由自然资源部“统一行使”的目标呢？全民所有自然资源资产所有权委托代理源自自然资源国家所有权行使模式的探索,其法理逻辑是在"命令服从"的行政组织结构上叠加"平等协商"的民事委托代理关系,进而提高自然资源资产管理效率。[①] 在生态文明法治建设步伐加快的背景下,自然资源国家所有权行使实践中存在的法律规定与实践运行脱节的问题逐步被重视,有关政策性文件开始探索国家所有权行使的合理范式,从梳理改革的政策文件来看,大致经历了从分级行使到委托代理行使的转变。《总体方案》提出探索建立分级行使所有权体制,在对资源种类及其重要性程度类型化基础上,探索实施中央、地方分级行使所有者职责的体制机制,并确定了由中央政府直接行使所有权的部分自然资源资产。而《指导意见》没有继续使用"分级行使"这一概念,而是使用"委托代理行使"这一全新提法,委托代理行使有别于分级行使:一是主体复杂程度不同。分级管理不仅牵涉不同行政级别的主体,而且主体间的权利边界和职责内容较为复杂;全民所有自然资源资产所有权委托代理机制的主体仅包括省级和市地级政府两个地方层级。二是职责行使范围不同。传统分级管理按照行政区划范围确定;所有权委托代理则通过编制资源清单的方式确定,更利于对流域、国家公园等自然资源资产的整体性保护。三是权利授予方式不同。分级管理以所有权和监管权同一说为指导理念,通过法律、政策等授予管理权的方式管理自然资源资产;所有权委托代理机制以"两权分离"为基础,重点在于明晰自然资源资产所有者职责,不涉及行政管理职能。[②]

三、所有权委托代理机制的特征

《试点方案》对委托代理机制作了全面而细致的部署安排。《试点方案》明确要求,针对全民所有的土地、矿产、海洋、森林、草原、湿地、水、国家公园等8类自然资源资产(含自然生态空间)开展所有权委托代理试点。《试点方案》明确所有权行使模式,国务院代表国家行使全

---

① 参见郭志京:《穿越公私法分界线:自然资源国家所有权委托行使模式》,载《法制与社会发展》2022年第1期。

② 参见汪建航、罗培升、刘子瑄:《关于全民所有自然资源资产所有者职责内涵的思考》,载《中国土地》2022年第8期。

民所有自然资源所有权,授权自然资源部统一履行全民所有自然资源资产所有者职责,部分职责由自然资源部直接履行,部分职责由自然资源部委托省级、市地级政府代理履行,法律另有规定的依照其规定。根据《试点方案》的规定,全民所有自然资源资产所有权委托代理机制具有以下特征。

第一,委托代理主体构造的特殊性。作为所有权行使主体的自然资源主管部门担任委托人和被代理人的角色,省级、市(地)级政府的角色定位为受托人、代理人。《试点方案》对全民所有自然资源资产的行使作出了以下安排:"明确所有权行使模式,国务院代表国家行使全民所有自然资源所有权,授权自然资源部统一履行全民所有自然资源资产所有者职责,部分职责由自然资源部直接履行,部分职责由自然资源部委托省级、市地级政府代理履行,法律另有规定的依照其规定。"可见,在国务院作为代表行使主体之下,《试点方案》将行使主体细化为自然资源部,以此解决国务院行使全国范围内自然资源国家所有权的困境。自然资源部可以委托省级、市地级人民政府履行所有者职责,出于减少委托代理行使链条、降低成本及提高效率的考量,县级政府并未被纳入受托人和委托代理人的范围。①

第二,委托代理客体范围的特殊性。对于全民所有自然资源资产所有权委托代理的客体,学界有两种观点,一种观点认为客体是自然资源资产,有学者认为委托代理客体为特定的自然资源资产。比如,孙涵从中央和地方的事权划分角度,对委托代理的客体范围进行了一定程度上的探讨,认为委托代理关系的客体是全民所有自然资源资产。又如,宦吉娥从委托关系的角度,对客体范围进行了界定,认为公益性和保护性层级高的自然资源资产要由自然资源部直接统一行使,经营性和开发性层级高的自然资源资产可以委托省级政府代理行使。② 另一种观点认为客体为自然资源清单,有学者认为委托协议客体为资源清

---

① 参见李冬:《自然资源资产国家所有权委托代理行使的法律表达》,载《中国不动产法研究》2021 年第 2 期。

② 参见张一帆、宦吉娥:《自然资源资产国家所有权委托代理制度建构——基于全民利益视角的契约化构想》,载《中国国土资源经济》2022 年第 5 期。

单。例如,李冬指出《指导意见》提出探索委托代理行使自然资源资产所有权的“资源清单”,“资源清单”在法律层面的规范含义是指委托代理行使的客体。① 笔者认为,从全民所有自然资源所有权委托代理改革的政策出发,所有权委托代理的客体是国务院依法应履行的所有者职责,具体内容包括主张所有、行使权利、履行义务、承担责任、落实权益。委托代理建立在国家所有权的私法定位、所有权与监管权区分的理论基础上,②遵循着行政机关组织结构叠加民法法人的组织结构的逻辑主线,③所有者职责的内容是自然资源资产所有权的行使,而不包括用途管制、执法监察、行业监管等行政权力。④ 值得注意的是,出于维护法律适用权威性的需要,《试点方案》将法律已授权地方政府履行的所有者职责排除在委托代理客体之外。

第三,委托代理内容的特殊性。所有权委托代理的内容是指各主体在全民所有自然资源资产所有权委托代理中形成的权利义务关系,委托人和代理人的权利义务关系主要记载在自然资源清单上。明晰中央与地方所有者职责的前提是建构科学、合理的收益管理和分配机制,这要求改变过去“命令—服从”的权威型关系,合理调整各级代理人的事权范围,通过协商来界定各级代理人的所有者职责,实现权责对等;建立全民所有自然资源资产考核评价和奖惩机制⑤;通过协商的方式合理调整资产收益在央地之间的分配等。《试点方案》在形式上要求建立中央和地方两级的自然资源清单制度,中央政府直接行使所有权的自然资源清单由自然资源部会同有关中央部委编制,试点地区编制省级和市地级政府代理履行所有者职责的自然资源清单。《试点方案》在实

① 参见李冬:《自然资源资产国家所有权委托代理行使的法律表达》,载《中国不动产法研究》2021 年第 2 期。

② 参见郭志京:《穿越公私法分界线:自然资源国家所有权委托行使模式》,载《法制与社会发展》2022 年第 1 期。

③ 参见汪志刚:《自然资源资产国家所有权委托代理的法律性质》,载《法学研究》2023 年第 2 期。

④ 参见谭荣:《全民所有自然资源资产所有权委托代理机制解析》,载《中国土地科学》2022 年第 5 期。

⑤ 参见于振英:《基于公平互惠的全民所有自然资源资产所有权委托代理激励机制分析》,载《当代经济管理》2023 年第 1 期。

质上要求研究探索不同资源种类的委托管理目标和工作重点。根据不同性质的自然资源资产，自然资源部行使公益性和保护行层级较高的自然资源资产，经营性开发性层级高的自然资源资产可以委托省级政府代理行使。① 理论上，委托代理协议的内容应包括明确委托的权利、责任、限制等方面。除了具备一般委托代理的常规内容外，在全民所有自然资源资产所有权行使的委托协议内容中还要明确代理人责任，强化激励和约束机制。② 编制并动态调整自然资源清单，明确具体自然资源资产的所有权行使主体、资产范围、代理人职责、利益分配、监督方式等。针对委托代理的资产范围，一般来说，对于区域属性不强、外部性明显、不可再生性强、资源空心化程度高、与国家战略安全休戚相关的自然资源资产，由中央政府行使所有权。对于区域性强、经济价值突出且主要用于满足地方经济建设的自然资源资产，由地方政府行使所有权，以此激励地方政府对自然资源资产进行保护性利用，而非短视性开发。

第二节　所有权委托代理的法律依据

一、宪法为《试点方案》探索所有权行权模式提供依据

我国《宪法》对自然资源的规定主要集中在第 9 条、第 10 条和第 26 条。这些规定包括两个方面的内容：一是关于自然资源归属的规定。其中，《宪法》第 9 条第 1 款规定，矿藏、水流、森林、山岭、草原、荒地、滩涂等自然资源，都属于国家所有，即全民所有；由法律规定属于集体所有的森林和山岭、草原、荒地、滩涂除外。《宪法》第 10 条第 1 款和第 2 款规定，城市的土地属于国家所有。农村和城市郊区的土地，除由法律规定属于国家所有的以外，属于集体所有；宅基地和自留地、自留山，也

① 参见李冬：《自然资源资产国家所有权委托代理行使的法律表达》，载《中国不动产法研究》2021 年第 2 期。

② 参见孙涵、罗辉、杨萌：《我国矿产资源管理中的委托代理问题研究》，载《理论月刊》2006 年第 2 期。

属于集体所有。二是关于保障自然资源合理利用的法律规定,其中,《宪法》第 9 条第 2 款规定,国家保障自然资源的合理利用,保护珍贵的动物和植物。禁止任何组织或者个人用任何手段侵占或者破坏自然资源。《宪法》第 10 条第 3 款、第 4 款和第 5 款规定,国家为了公共利益的需要,可以依照法律规定对土地实行征收或者征用并给予补偿。任何组织或者个人不得侵占、买卖或者以其他形式非法转让土地。土地的使用权可以依照法律的规定转让。一切使用土地的组织和个人必须合理地利用土地。《宪法》第 26 条规定,国家保护和改善生活环境和生态环境,防治污染和其他公害。国家组织和鼓励植树造林,保护林木。

第一,《试点方案》的目的符合宪法精神和宗旨。从立法目的来看,宪法上的自然资源国家所有应致力于增进自然资源之上负载的全民利益。宪法序言主要对国家的根本制度与根本任务作出规定,而宪法制度及国家任务又以全民利益为基础。① 从体系角度来看,国家兼具宪法上自然资源国家所有权的权利主体和义务主体的角色,致力于实现全民利益。国家作为自然资源权利主体的原因在于"全民"内涵和外延的不确定性,抽象的"全民"无法具体行使自然资源权利,因而有必要寻求利益代表者,因此全民的法权形式为宪法上的国家所有权;国家又是义务主体原因在于国家是全民的代表,全民作为自然资源的权利主体,国家既要对全民所有的自然资源承担不侵犯的不作为义务,又需运用一切可能的手段对全民收益权承担给付的义务。国家的义务主体还可以通过结合宪法基本权利篇章予以佐证,宪法文本没有将自然资源国家所有权放入基本权利,更进一步说明国家作为自然资源国家所有权的义务主体的定位。《试点方案》以习近平新时代中国特色社会主义思想为指导,深入贯彻习近平生态文明思想,以所有者职责为主线,以自然资源清单为依据,以调查监测和确权登记为基础,以落实产权主体为重点,着力摸清自然资源资产家底,依法行使所有者权利,实施有效管护,强化考核监督,为切实落实和维护国家所有者权益、促进自然资源资产高效配置和保值增值、推进生态文明建设提供有

① 参见单平基:《自然资源之上权利的层次性》,载《中国法学》2021 年第 4 期。

力支撑。与此可见,《试点方案》的目标和内容与宪法规定的科学发展观、新发展理念高度契合,与宪法确立的五个文明协调发展的国家根本任务一致。

第二,自然资源"属于国家所有即全民所有"的宪法规定为《试点方案》探索所有权委托代理机制提供了法律依据。宪法对自然资源归属初次配置,确立了"国家所有即全民"的原则,全民通过国家享有自然资源所有权,这是一项传统物权法上的排他性支配权。全民通过国家行使所有权,为全民所有自然资源资产所有权委托代理确立了权利基础。在此基础上,国家可以通过民法上所有权及权能分离理论、法律规定等方式实现所有权,保障"国家所有即全民所有"的宪法规定得到落实。具体而言,国家可以根据民法上自然资源国家所有权,借助权能分离的方式创设自然资源用益物权来行使所有权。《试点方案》提出探索委托代理机制,其制度建设目标就是明确全民所有自然资源所有权主体的法律地位,建立国家所有权的行权模式,并通过委托代理机制建立所有权行使的主体制度体系,落实"国家所有即全民所有"的宪法规定。因此,宪法为《试点方案》探索全民所有自然资源资产所有权行权模式,建立行权主体制度体系提供了法理基础和依据。

第三,宪法为《试点方案》确立委托代理关系的内容提供法律支持。《宪法》第 9 条第 2 款和第 26 条的规定,为国家保障自然资源的合理利用,保护珍贵的动物和植物,以及保护和改善生活环境和生态环境,提供了法律指引。《试点方案》要求建立统一行使、分类实施、分级代理、权责对等的所有权委托代理机制,保障产权主体全面落实,管理权责更加明晰,资产家底基本摸清,资源保护更加有力,资产配置更加高效,收益管理制度更加完善,考核评价标准初步建立,所有者权益得到有效维护,从而形成一批可复制可推广的改革成果,为全面落实统一行使所有者职责、修改完善相关法律法规积累实践经验。这既是对宪法要求国家保护自然资源合理利用的贯彻落实,也是对宪法要求国家平衡资源利用与生态保护关系,保护生态环境义务的具体实施方案探索。

二、民法为探索所有权委托代理机制提供法律依据

民法为《试点方案》探索全民所有自然资源资产所有权委托代理机制提供法律支持,主要体现在以下几个方面。

第一,《民法典》关于自然资源国家所有权的规定为委托代理奠定了法理基础。民法上的自然资源国家所有权是私权不是公权,这一定性为所有权委托代理机制的理论建构提供了提前和奠定了基础。正是基于这一基础,《关于全民所有自然资源资产有偿使用制度改革的指导意见》要求“充分发挥市场配置资源的决定性作用,按照公开、公平、公正和竞争择优的要求,明确全民所有自然资源资产有偿使用准入条件、方式和程序,鼓励竞争性出让,规范协议出让,支持探索多样化有偿使用方式,推动将全民所有自然资源资产有偿使用逐步纳入统一的公共资源交易平台,完善全民所有自然资源资产价格评估方法和管理制度,构建完善价格形成机制,建立健全有偿使用信息公开和服务制度,确保国家所有者权益得到充分有效维护”。在全民所有自然资源资产所有权委托代理改革中,应当坚持全民所有自然资源资产权益在市场机制下实现,确保所有者权益的保值增值。

第二,《民法典》关于“由国务院代表国家行使所有权”的规定为委托代理机制的建构提供了依据。正是基于这一规定,《试点方案》提出由国务院授权自然资源部统一行使自然资源资产所有。自然资源部也正是得到了国务院的授权才可以直接行使所有权或通过委托代理机制履行所有者职责。《试点方案》要求由自然资源资产管理机构集中统一行使全民所有自然资源资产所有者职责,明确所有权人主体地位,解决所有者不到位及碎片化管理的问题;创新自然资源所有权实现形式,全面建立覆盖各类全民所有自然资源资产的有偿使用制度,落实所有权人权益;实现所有者职责和监管者职责相互分离、相互制约,实现对自然资源资产更加严格的保护。在此目标指引下,所有权委托代理机制改革包含了探索不同层级政府代理行使全民所有自然资源资产所有权实现形式,创新自然资源所有权具体实现形式的具体任务。

第三,《民法典》关于委托代理制度的规定为所有权委托代理机制

的建构提供了依据和框架。尽管学界对所有权委托代理的性质有争议，但是民法上的委托代理为所有权委托代理提供了基本的建构思路和框架。民法围绕代理制度形成了相当成熟的规范，因此有类推适用于全民所有自然资源资产所有权委托代理的必要性和可行性。《指导意见》要求"探索建立委托省级和市（地）级政府代理行使自然资源资产所有权的资源清单和监督管理制度，法律授权省级、市（地）级或县级政府代理行使所有权的特定自然资源除外"，此类区分委托代理和法定代理并强调前者受到后者约束的范式为民法所特有。[①] 不过，如果将自然资源资产委托代理理解为代理关系，则需被代理人与每一个代理人签订授权委托协议，在此基础上还要求被代理人与代理人承担共同的民事责任。这意味着作为被代理人的自然资源部有陷入滥诉泥沼的风险，因此不宜简单地将全民所有自然资源资产所有权委托代理理解为一般的委托代理。实际上，《试点方案》中的所有权委托代理具有较多法定代理的特征，因为在法定代理类型中，代理人与被代理人的权利与义务、代理权法律效力、相关纠纷解决以及责任承担，可以根据各种自然资源资产的特点和禀赋，由相关特别立法作出统一的规定。不过全民所有自然资源资产所有权委托代理的制度供给存在较大不足，在界定委托代理法律属性、委托代理收益分配机制和监督管理机制等问题尚有待立法做出相应回应[②]。

全民所有自然资源资产所有权委托代理中，所有权如何委托代理，包括委托的主体、受托的主体、委托的客体、如何委托、转委托、委托协议、各方的权利义务等都需要以民法中的委托代理为基础来进行具体设计，不能背离委托代理的基本原理和框架。在全民所有自然资源资产所有权委托代理机制改革中，由具体代表国务院行使全民所有自然资源资产所有者职责的自然资源部，委托省级人民政府、市（地）级人民政府代理履行所有者职责后，以自然资源清单为基础，作为代理履行主

---

① 参见汪志刚：《自然资源资产国家所有权委托代理的法律性质》，载《法学研究》2023 年第 2 期。

② 参见王秀卫、李静玉：《全民所有自然资源资产所有权委托代理机制初探》，载《中国矿业大学学报（社会科学版）》2021 年第 3 期。

体的省级人民政府、市(地)级人民政府在受托自然资源种类、资源范围、职责范围等要求下,结合资源配置的市场机制和现有资源管理体制等因素,采取多种有偿使用等适宜方式,具体履行所有者职责,实现全民所有自然资源资产所有者权益。省级人民政府、市(地)级人民政府等代理履行主体围绕全民所有自然资源资产所有者权益实现所采取的一系列具体做法、措施,便是全民所有自然资源资产所有权委托代理实现形式。《民法典》及其他民事法律的相关规定为以上委托代理机制的建构提供了依据和遵循。

第四,《民法典》关于所有权行使和保护的相关规定为自然资源部及地方政府通过委托代理关系履行所有者职责提供了法律依据。《试点方案》指出,全民所有自然资源资产所有者职责为主张所有、行使权利、履行义务、承担责任、落实权益。从本质上讲,所有者职责即是所有权权能在全民所有自然资源资产所有权上的体现,所有权委托代理的实现形式,需要结合资源类型设计不同的实现方式。总体而言,自然资源可以分为两类:一类是保护性自然资源,这类自然资源具有很强的公共职能,在一定的经济发展阶段下不应作为商品进行交易,如湿地,应该授权民众可以自由、平等地使用;另一类是经营性自然资源,应该通过市场进行配置,发挥其财产价值。总体而言,所有权委托代理主体主要通过产权市场,以自然资源资产公开市场出让、出租或者抵押、入股、合作经营等方式,让渡自然资源资产所有权的部分权能,实现自然资源资产所有权收益的最大化。由于每种资源类型特点不同,相关的法律法规和行业管理现状也不同,因此作为所有权委托代理的中心环节,在所有权实现的具体方式上,需要结合资源类型和管理特点,分别采取适宜的实现方式。《试点方案》以市场化实现全民所有自然资源资产所有权为导向,本质上是基于《民法典》对自然资源国家所有权的规定,因此,《试点方案》得以实现。

三、自然资源单行法为委托代理机制下所有者职责的履行提供依据

尽管全民所有制自然资源资产所有权是一种私法上的所有权,所有权委托代理机制本质上也是私法上的委托代理,但是全民所有自然资源资产所有权的全民性、自然资源的生态性等属性以及所有权主体

与所有权行使主体的分离性,使得全民所有自然资源资产所有权的行使具有特殊性,不仅需要民法的规范,而且需要特别法,特别是自然资源单行法的规范。在委托代理机制中,委托方和受托方事权财权的划分,所有者职责履行的方式,自然资源保护及合理利用,自然资源用益物权的设置、流转、收益分配,自然资源调查监测、自然资源确权登记等,都需要遵循《土地管理法》《矿产资源法》等自然资源单行法的规定。例如,土地资源实行属地管理,《城市房地产管理法》第 12 条第 1 款规定:"土地使用权出让,由市、县人民政府有计划、有步骤地进行。出让的每幅地块、用途、年限和其他条件,由市、县人民政府土地管理部门会同城市规划、建设、房产管理部门共同拟定方案,按照国务院规定,报经有批准权的人民政府批准后,由市、县人民政府土地管理部门实施。"该法第 15 条规定:"土地使用权出让,应当签订书面出让合同。土地使用权出让合同由市、县人民政府土地管理部门与土地使用者签订。"在委托代理机制下,地方政府履行所有者职责就要根据这些法律的规定履行职责,不能因委托代理关系而违法规定。

第三节 所有权委托代理的法律性质

"委托代理"常在法学、制度经济学和行政管理学意义上使用,在不同学科中的具体含义有所不同。关于全民所有自然资源资产所有权委托代理最早出现在 2019 年出台的《指导意见》,该指导意见提出"探索建立委托省级和市(地)级政府代理行使自然资源资产所有权的资源清单和监督管理制度,法律授权省级、市(地)级或县级政府代理行使所有权的特定自然资源除外",将"委托省级和市(地)级政府代理"与"法律授权省级、市(地)级或县级政府代理"单独列出,并认为前者的适用范围应受到后者限制。在此基础上,《试点方案》明确全民所有自然资源资产所有权行使模式,国务院代表国家行使全民所有自然资源所有权,授权自然资源部统一履行全民所有自然资源资产所有者职责,部分职责由自然资源部直接履行,部分职责由自然资源部委托省级、市地级政府代理履行,法律另有规定的依照其规定。这似乎表明,上述文件和试点工作中的委托代理是一种法律上的代理,“因为其他学科意义上的代理并无委托代理和法定代理之分。既然是一种法律上的代理,自然应将其定性为民事委托代理。这是因为,现行法上,除民法中存在委托代理和法定代理制度外,其他实体法上并无此类代理制度。而且,民事委托代理的定性,还可与《民法典》已明确确认自然资源资产国家所有权的民事权利性质保持体系逻辑上的一致。”①但是,如果直接套用民法上的委托代理来理解全民所有自然资源资产所有权委托代理问题,可能也会面临不少困惑。民法中的委托代理是一项传统的民事法律制度中,一般指“代理人在代理权限内,以被代理人名义实施的民事法律行为,对被代理人发生效力”。按照这一规则,以民法上的委托代理解释全民所有自然资源资产所有权委托代理机制,则会面临行为名义、责任归属及权利瑕疵救济等方面的困惑和挑战。② 在此情况下,如何解释全民所有自然资源资产所有权委托代理的性质问题也就成了学界的争论焦点。

一、所有权委托代理的法律性质之争

(一)行政委托论

行政委托论主张,不应将全民所有自然资源资产所有权委托代理定性为民事代理,而应将其定性为一种行政委托。行政委托论基于自然资源国家所有权的公权性理解,从公法角度审视委托主体和受托主体均为行政机关,将委托客体视为行政职责,进而得出行政委托代理的结论。③ 作为行政机关的自然资源部,通过行政委托方式将行政管理事项委托给其他部门或地方政府。④ 这种观点的立论基础在于认为委托

---

① 汪志刚:《自然资源资产国家所有权委托代理的法律性质》,载《法学研究》2023年第2期。

② 参见邓海峰:《生态文明体制改革中自然资源资产分级行使制度研究》,载《中国法学》2021年第2期。

③ 参见汪志刚:《自然资源资产国家所有权委托代理的法律性质》,载《法学研究》2023年第2期。

④ 参见陈静、郭志京:《自然资源资产国家所有权委托代理机制分析》,载《中国土地》2020年第9期。

的客体是自然资源资产行政管理权，也就是说国家所有权行使被视为是一种行政管理活动。此种观点的合理之处在于认识到了自然资源之上负载着全民公共利益的实现和保障，认为自然资源的使用和管理应该服从公共利益原则，国家应该充分行使管理和监管职责，以保护全民的公共利益。但是，这种观点因存在较大的理论硬伤而受到较大的批评。

笔者认为，将所有权委托代理解释为行政委托，存在较大不足：一是将全自然资源资产所有权看作公权本身存在较多理论悖论；二是如果将委托关系理解为行政委托，意味着委托代理的客体是行政管理权，与“两权分离”的自然资源资产产权制度改革目标相背离；①三是行政法上并不存在行政委托代理制度，管理权在政府上下级之间的配置也无须通过委托代理机制来实现。

(二)民事委托论

民事委托论是民事委托代理论的限缩版。该观点认为，应在将自然资源资产国家所有权作为私权对待的基础上，通过建立委托关系而非代理关系来实现所有权的委托行使，避免因代理制度的适用带来的责任归属难题，即为了规避简单套用委托代理制度引发的行为名义、责任归属等问题，应以委托关系来理解委托代理行使模式，而不能用代理关系进行解释。在这种委托行使模式下，受托方控制自然资源资产不以委托方专门授权为前提，具有降低制度成本的优势。② 有学者进行了更为详尽的分析：首先，地方政府虽然无法根据法律规定成为所有者主体，但是事实上占有国有自然资源并行使所有权。其次，在自然资源部统一代表具体行使的模式下，委托代理关系中的委托人是自然资源部而非国务院。自然资源部作为国务院的成部门，具有民事主体法人的资格，可以以自己的名义独立行使自然资源资产国家所有权，可以独立承担民事责任。

民事委托论立足于自然资源资产所有权的私法定位，因为其优缺

---

① 参见郭志京：《穿越公私法分界线：自然资源国家所有权委托行使模式》，载《法制与社会发展》2022 年第 1 期。

② 参见郭志京：《穿越公私法分界线：自然资源国家所有权委托行使模式》，载《法制与社会发展》2022 年第 1 期。

点并存的特点导致学界对其评价不一。支持者认为,该说存在以下几个方面的合理之处。首先,能够有效区分自然资源资产所有者和监管者的角色,促使两种权限在机构设置上的明确区分和行使。其次,有利于发挥市场在自然资源配置中的决定性作用,通过明晰自然资源资产国家所有权的私权属性,为市场配置自然资源廓清理论障碍,防止行政权不当干涉,确保以市场化方式配置自然资源资产。最后,以确立地方政府所有者职责为抓手,妥善处理自然资源管理中的央地关系。委托代理关系推动央地关系从纵向的权威体制转向横向的协商结构,有助于提高自然资源资产管理效率、降低制度运行成本。① 当然,该说也有不尽如人意的地方,反对者认为该说存在不少理论硬伤。比如,有学者指出,民事委托说存在难以解释委托代理关系的主体特征和公益目的的弊端。② 也有学者进一步指出,委托行使不一定是传统民事委托。③《关于〈中共中央关于全面深化改革若干重大问题的决定〉的说明》中的"行使所有权并进行管理"常被理解为"自然资源资产管理"。综上,传统民法原理很难解释政策性文件中的"委托代理行使",所以反对者认为不宜将委托行使归类为传统的民事委托代理。

(三)公私法融合论

公私法融合论是对上述两种观点的折中,基于对自然资源资产国家所有权双重性质的理解,有学者认为"委托代理机制"兼具公法和私法双重属性和目标,是一种横跨公法和私法双重领域的新型法律关系。这种观点在世界范围内均有一定的市场。在日本,出于提升行政效率和缓解国家财政困境的目的,公私协作作为横跨公、私法范畴的议题,正在冲击着"公法"与"私法"的划分,并在实践中不断焕发生机。④ 我

---

① 参见汪志刚:《自然资源资产国家所有权委托代理的法律性质》,载《法学研究》2023 年第 2 期。

② 参见张一帆、宦吉娥:《自然资源资产国家所有权委托代理制度建构——基于全民利益视角的契约化构想》,载《中国国土资源经济》2022 年第 5 期。

③ 参见郭志京:《穿越公私法分界线:自然资源国家所有权委托行使模式》,载《法制与社会发展》2022 年第 1 期。

④ 参见杜仪方:《公私协作中国家责任理论的新发展——以日本判决为中心的考察》,载《当代法学》2015 年第 3 期。

国也有学者认为全民所有自然资源资产所有权委托代理机制在借鉴民事委托代理制度基础上，有别于行政授权和行政委托，是中国特色社会主义公有制经济的特有产物。①

公私法融合论认为，民事委托论和行政委托论均存在无法以法律理论圆满解释政策性文件中的表述难题，造成解释困境的原因在于这两种观点是对立体的所有权委托代理法律关系的简单投射，是对委托代理行使所有权的断章取义。因此，需要穿越公私法的分界线，以一种崭新的视野看待委托行使法律关系。还有学者进一步认为，国务院与地方政府之间客观上存在分权，地方政府具有独立主体的资格，可以为相对独立的意思表示，并在法定权限内缔结合同。故此，矿产资源所有权委托代理，应修正单一的公法或私法模式，选择体现公私法协作的缔结行政协议的方式行使。② 质疑者则认为公私法融合论或许容易在认识论上达成一致意见，但在提供实践指引上却存在不足，难以真正落实到制度和实践中。③

以上三种主要观点都试图在现有法律体系中寻找到能够直接适用于所有权委托代理机制的资源，并合理解决所有权委托代理与传统委托代理在名义、责任归属、法律关系内容上的不一致造成的理论困境。然而三种观点在解决了一些理论问题的同时也产生了另一些问题，仍然存在不少难以自圆其说的方面。因此，学理上仍有必要对这一问题做进一步研究和讨论。

二、所有权委托代理私法性质的判定

全民所有自然资源资产委托代理定性分歧的根源在于不同学者对委托代理事项“所有者职责”的性质存在分歧。如果被委托行使的“所有者职责”性质为所有权，则没有行政委托或行政授权理论的适用空

---

① 参见王秀卫、李静玉：《全民所有自然资源资产所有权委托代理机制初探》，载《中国矿业大学学报（社会科学版）》2021 年第 3 期。

② 参见林旭霞、纪圣驹：《矿产资源国家所有权委托代理行使机制研究》，载《福建师范大学学报（哲学社会科学版）》2022 年第 2 期。

③ 参见郭志京：《穿越公私法分界线：自然资源国家所有权委托行使模式》，载《法制与社会发展》2022 年第 1 期。

间。如果被委托行使的“所有者职责”为行政权,则难以使适用民法上的委托代理理论进行解释。如果认为“所有者职责”兼具公法和私法属性,是一个包含了权能、权利、责任、义务的综合概念,①则其属于公私法融合论的范畴。因此,要厘清全民所有自然资源资产委托代理法律性质,需要先厘清履行所有者职责的法律性质。

(一)所有者职责的私权属性

根据《试点方案》的规定,全民所有自然资源资产所有者职责的内容为主张所有、行使权利、履行义务、承担责任、落实权益,这些内容可以统一于“所有权行使”范畴之下。第一,主张所有即主张所有权,是所有权最基础性的权能。由于全民所有自然资源资产所有权主体和行使主体的分离,所以要特别强调主张所有,目的就是要求履行所有者主体积极主张所有权,不能怠于管理全民所有自然资源资产。第二,行使权利即行使所有权,包括行使占有、使用、收益、处分权能,这些均是典型的所有权权能。② 第三,履行义务的内容为遵循法律规范的要求,既包括公法性义务,也包括基于诚信原则、市场规则等私法性义务。值得注意的是,即使履行所有者包括需要履行一定的公法性义务,但其定位仍然为私法权利。实际上,履行公法义务并不能成为否定权利私法属性的条件。比如,建设用地使用权的行使同样需要遵守《土地管理法》等有关土地管制的公法规范,但依然不影响建设用地使用权作为他物权的定性。第四,承担责任强调的“当所有权受到侵害时,(所有者职责履行主体、代理履行主体)有权依法请求赔偿或作为原告提起诉讼”,与所有权管理和救济的权能具有一致性。第五,落实权益的主要内容为落实资产管护,实现保值增值,维护所有者权益。本质上是为实现自然资源资产经济利益的最大化,与所有权的收益权能相契合。因此,履行所有者职责本质上就是行使自然资源资产所有权权能。

---

① 参见陈琛:《促进自然资源资产高效配置　建设生态文明实现永续发展》,载《中国自然资源报》2022 年 3 月 25 日,第 1 版。

② 参见汪志刚:《自然资源资产国家所有权委托代理的法律性质》,载《法学研究》2023 年第 2 期。

(二)自然资源行政监管权缺乏适用委托的空间

根据《宪法》第107条的规定,行政监管权本身就是“分级行使”,没有必要委托。现有土地管理法、矿产资源法等自然资源单行法已经明确规定了地方政府对本区域自然资源的行政监管权,比如对违法开采或占用自然资源行为的处罚权,也没有委托的必要性,强行将委托代理套用到行政监管权上会带来诸多难题。一方面,这种观点混淆了所有者和监管者的职责划分,不符合所有权与监管权分离的改革要求,不利于《指导意见》提出的“市场配置、政府监管”原则的落地实现。① 传统的行政管理方式往往存在权责不分、侵权行为、越权行使等问题,难以确保对所有权的尊重和保护。另一方面,行政委托或授权一般不得再转委托,这可能会限制资源的灵活配置和利用。行政管理方式往往具有行政行为的单向性和僵化性,难以适应市场经济的发展和变化,也难以实现资源的高效配置。

综上所述,全民所有自然资源资产所有权委托代理是一种相对新型的资源管理方式。相对于传统的行政管理方式,它侧重于建构科学的产权体系、尊重和保护自然资源资产所有权,更注重市场机制的作用和公有制特点的结合,通过权责明确、责权统一、规范有序的机制,促进资源的优化配置和高效利用,推进全民所有自然资源资产的社会化管理和市场化运作,为国家的可持续发展提供有力支撑。

(三)所有权委托代理的私权定性契合政策指向

只有坚持委托代理所有者职责的私法定位,才能准确理解有关自然资源资产产权制度改革的规范意旨。首先,只有以“自然资源资产所有权”为基础,才能构建符合《总体方案》要求的自然资源资产产权体系。《总体方案》提出自然资源资产所有权的概念,强调它是一种建立在权利主体分级且独立、权利客体特定而明晰基础上的已经实现了物权化与生态化的所有权。② 按照中央文件体现的精神,应当将自然资源

---

① 参见汪志刚:《自然资源资产国家所有权委托代理的法律性质》,载《法学研究》2023年第2期。

② 参见邓海峰:《生态文明体制改革中自然资源资产分级行使制度研究》,载《中国法学》2021年第2期。

资产国家所有权归类为一种民事权利。[①] 其次，只有借助民事委托代理理论框架，才能正确理解全民所有自然资源资产所有权委托代理的方式。《试点方案》确定国务院为自然资源资产所有权的代表主体、自然资源部为授权主体、省市（地）级政府为代理主体。由于行政法中只有委托而无代理，所以全民所有自然资源资产所有权委托代理本质应归类为私法上的委托代理。最后，对全民所有自然资源资产所有权委托代理的私法定性将为地方政府行使所有权提供合法依据并促进地方自然资源资产管理从掠夺性开发走向保护性利用。由国务院统一代表国家行使所有权且地方政府在法律上并无行使国家所有权职责的制度安排，不利于提高地方政府经营、管理全民所有自然资源资产的积极性，反而容易导致地方政府陷入破坏性开发、不当利用自然资源的怪圈，引发生态失衡和环境污染。《指导意见》和《试点方案》按照区分所有者与监管者、妥善处理央地关系两大原则，由自然资源部直接行使所有权或分级授权给省、市（地）级政府行使所有权，明确中央和地方政府之间的权责利关系，进而实现"政企分开"和"自然资源国有资产收益公平分配"两大目标，[②]这一模式有利于明确地方政府权责利关系，促进全民所有自然资源资产保值增值。

三、所有权委托代理是一种特殊的委托代理

既然将所有权委托代理定性为私法制度，就应当在民法框架内对其进行解释。那么，又应当如何用民法上制度资源解释和建构所有权委托代理机制呢？对此，存在三种解决方案：第一种方案为民事委托说，如前所述，该说认为应将全民所有自然资源资产所有权委托代理机制限缩为民事委托，通过建立委托关系而非代理关系来实现所有权的委托行使，避免因代理制度的适用带来的责任归属难题。[③] 第二种方案

---

① 参见汪志刚：《自然资源资产国家所有权委托代理的法律性质》，载《法学研究》2023 年第 2 期。

② 参见程雪阳：《国有自然资源资产产权行使机制的完善》，载《法学研究》2018 年第 6 期。

③ 参见郭志京：《穿越公私法分界线：自然资源国家所有权委托行使模式》，载《法制与社会发展》2022 年第 1 期。

为法定代理说,该说认为根据《民法典》第163条的规定,民事代理包括委托代理和法定代理两种类型。基于委托代理类型所形成的代理关系,需要代理人与被代理人逐个订立授权委托书,而且需要与代理人共同承担民事责任,甚至需要共同应诉。因此,不宜按照这种代理类型来理解和建构《试点方案》所提出的"委托代理"关系。相比而言,法定代理可以适用于全民所有自然资源资产委托代理机制领域,因为在法定代理类型中,代理人与被代理人的权利与义务、代理权法律效力、相关纠纷解决以及责任承担,可以根据各种自然资源资产的特点和禀赋,由法律作出统一的规定。① 第三种方案为综合民事委托和代理说,该说认为委托代理试点顶层设计的核心逻辑是民法逻辑,这种委托代理性质上应属于部分事务委托和部分事务委托代理共同构成的综合民事委托和代理,同时又是由所有权代表行使主体授予代理权形成的以国家为被代理人的代理,依法可与国家所有权代表行使和法定代理行使一样,适用以自身名义代国家实施行为并代国家独立承担法律责任的规则。②

笔者认为,为了克服所有权委托代理机制与传统民法委托代理制度之间的鸿沟,上述三种方案从不同角度提出了解决办法,都具有一定的合理性,也能在一定程度上实现全民所有自然资源资产所有权委托代理机制的理论建构问题。但是,上述方案也存在较大局限性:第一,第一种解决方案将委托代理限缩为民事委托,舍弃了代理,显然不符合《指导意见》《试点方案》的精神和要求,也不符合从自然资源部统一行使到地方政府代理行使的法理逻辑,并且也难以解释和涵盖试点工作中委托代理实践的具体内容。第二,第二种解决方案将《试点方案》中委托代理解释为"法定代理",实际上是将"委托代理"改为了"法定代理",同样不符合《指导意见》《试点方案》的精神和要求,并且法定代理同样存在名义及责任归属问题。第三,第三种解决方案将委托代理分解为部分事务委托和部分事务委托代理,虽然能在一定程度上解决所

---

① 参见程雪阳:《从法律视角谈委托代理机制》,载《中国自然资源报》2022年4月15日。

② 参见汪志刚:《自然资源资产国家所有权委托代理的法律性质》,载《法学研究》2023年第2期。

有权委托代理的理论困惑,但将统一的《试点方案》中的委托代理概念和制度分解为两个部分,采用“头痛医头脚痛医脚”办法,不仅造成委托代理制度的分割,而且导致理论制度建设的复杂化,难以指导所有权委托代理试点工作。并且,这种观点认为,《试点方案》中的委托代理是由所有权代表行使主体授予代理权形成的以国家为被代理人的代理,这也不符合《试点方案》精神。实际上,《指导意见》和《试点方案》都明确由自然资源部统一行使全民所有自然资源资产所有权,自然资源部可以直接行使所有权,也可以委托省级、市(地)级政府行使所有权,因此,本质上是自然资源部将自己应该履行的所有者职责委托给了省、市(地)级政府行使,省市地级政府代理的是自然资源部应当履行的所有者职责。

笔者认为,如前所述,《指导意见》和《试点方案》中提出的全民所有自然资源资产所有权委托代理机制应被定性为民法上的委托代理,在《民法典》规定的委托代理框架中进行理论解释和制度建构。但是由于所有权委托代理的客体是履行全民所有自然资源资产所有者职责,因而具有特殊性,不能拘泥于传统委托代理的名义问题和责任归属问题。实际上,全民所有自然资源资产所有权委托代理的一种特殊形态的民事委托代理,表现在以下几个方面:第一,目的的特殊性。建立全民所有自然资源资产所有权委托代理机制,目的是落实全民所有自然资源资产所有权的主体地位,实现所有权行使主体的具体化,维护全民所有自然资源资产所有者权益。第二,内容的过程性。所有权委托代理机制是全民所有自然资源资产所有权从抽象价值层面到具体落实技术和规范过程,由此也决定了委托代理关系形成、委托事务处理、处理结果报告和所得收益分配的整个过程都被纳入委托代理关系之中。第三,客体的广泛性。所有权委托代理的客体范围更加广泛。传统民事委托代理主要是代理为法律行为。所有权委托代理的客体是行使所有权,即履行所有者职责。履行所有者职责不仅包括实施民事法律行为,而且包括处理一系列资产管理相关的事务。第四,名义和责任归属的特殊性。代理人根据委托人即自然资源部的授权以自己名义履行所有者职责,并对自己履行所有者职责的行为承担责任。这和传统民事委托代理不同,但是由于政府承担的责任特别是赔偿责任本质上最终都是由国家承担的,因此在责任归属问题上,形式上由履行所有者职责的政府承担,本质上仍然是作为全民所有自然资源资产所有权主体的国家承担。总体上看,尽管所有权委托代理存在上述特殊性,但不足以改变其性质。只是在适用规则上需要结合全民所有自然资源资产所有权进行一些变通,随着全民所有自然资源资产产权制度体系的完善,将来我国应在自然资源法中将全民所有自然资源资产所有权委托代理试点工作的成果法制化,建立更所有权委托代理规则体系。

第三章 全民所有自然资源资产所有权委托代理的理论基础

第一节 所有权委托代理的法理逻辑

一、从全民所有到国家所有的法理逻辑

《宪法》第9条第1款是直接规定国家所有即全民所有的法律依据。学界普遍认为,“全民所有”表示全民所有制,但“国家所有”的性质则存在争议,对此学界有两种不同观点。一种观点认为,“国家所有”是指国家所有的一种制度,即“制度说”;另一种观点认为,“国家所有”指宪法赋予国家对自然资源的法律权利,即“法权说”。[①] 学者们采用不同解释方法和论证工具来深入理解“国家所有”的问题,深化了对该问题的理解和认识,但尚未达成共识,仍存在较大分歧,特别是“全民所有”与“国家所有”在法律上的关系如何,至今尚无定论。为解决对自然资源国家所有解释的复杂性,有必要回顾记载“国家所有”的宪法文本和宪法文本演变的历史,以了解立法者的初衷,并进行符合中国宪法背景的解读。

中华人民共和国自成立以来,共颁布了4部宪法,分别是1954年《宪法》、1975年《宪法》、1978年《宪法》和1982年《宪法》(现行《宪法》)。这些宪法是理解“国家所有”的基础资料。在宪法体系设计中,自然资源全民所有条款位于前三部宪法的社会主义全民所有制条款之下。那么,为何1982年《宪法》将自然资源全民所有条款从社会主义全民所有制条款中单独列出来呢?参与立法的学者们表示,考虑到社会主义现代化建设的需要和当时自然资源遭受严重破坏的实际情况,

① 参见瞿灵敏:《如何理解“国家所有”?——基于对宪法第9、10条为研究对象的文献评析》,载《法制与社会发展》2016年第5期。

1982年《宪法》单独强调了全民所有的自然资源。[①] 因此,现行《宪法》将自然资源全民所有条款单独列出,并非有意分离全民所有和全民所有制的关系,在解释上仍需与全民所有制条款保持一致。在表述上,使用"属于"和"即"只是表示事物范围上的差异。因此,"国家所有都属于全民所有"和"都属于国家所有,即全民所有"的表述都暗示国家所有与全民所有的同质性。因此,现行《宪法》第9条第1款的表述"都属于国家所有,即全民所有"表明"国家所有"与"全民所有"在质上是具有一致的所有制和所有权。[②]

具体而言,"全民所有"与"国家所有"一致性的理由主要有:

第一,全民所有与国家所有在意志表达和利益归属上具有一致性。"在宪法层面上国家与全民并存,但却并不对立,恰恰因为全民利益的需要才有国家存在的必要。国家系为每个国民而存在,而不是相反。"[③] 我国是人民民主专政的社会主义国家,全民的意志通过民主程序上升为国家意志,国家在本质上是全民意义上的国家,在自然资源归属上,国家的意志和利益与全民的意志和利益存在相通性和一致性,以国家作为全民所有的财产权主体符合全民所有的本质要求。实际上,除国家之外,没有其他主体可以更好地在"全民所有"上代表全民的意志和利益。国家所有即全民所有是自然资源所承载的利益的公益性与国家所代表的利益的全民性所决定的。

第二,从物权法立法说明解读"国家所有"与"全民所有"具有一致性。在《关于〈中华人民共和国物权法(草案)〉的说明》中,全国人大常委会曾对国家所有及其行使的关系问题作了详细说明:"……全国人民代表大会通过立法授权国务院代表国家行使国家所有权,体现了全国人民代表大会的性质及其行使职权的特点。政府行使国家所有权,应当依法对人大负责,受人大监督……"[④] 物权法草案说明明示或隐含着

---

① 参见肖蔚云:《论宪法》,北京大学出版2004年版,第336页。

② 参见程雪阳:《国家所有权概念史的考察和反思》,载《交大法学》2015年第2期。

③ 单平基:《自然资源国家所有权性质界定》,载《求索》2010年第12期。

④ 《关于〈中华人民共和国物权法(草案)〉的说明——2007年3月8日在第十届全国人民代表大会常务委员会第五次会议上》,载中央政府门户网2007年3月8日,http://www.gov.cn/2007lh/content_545775.htm。

以下几个意义：一是全国人大代表全民享有国有财产所有权。全国人大的立法授权体现了全民在国家所有权行使上的共同意志和利益，本质上是人大直接行使国家所有权的表现。① 二是国务院是接受全国人大的授权而具体行使国家所有权，本质上，全国人大的授权就是代表全民行使所有权的表现，要不是所有权主体，如何能够处置所有权而授权他人行使呢？三是国务院行使国家所有权需要接受全国人大的监督，对全国人大负责，同样界定了国有财产所有权主体和行使主体之间的关系，明确了全国人大代表全民作为国有财产所有权主体的法律地位。四是全民实际上可以通过全国人大这一民主制度行使国家所有权，具体表现为进行自然资源立法、授权国务院具体行使所有权，以及对国家所有权行使进行监督等，因此，"国家所有"和"全民所有"能够在全国人大这一民主制度下实现统一。

第三，从国家所有权行使实践解读"国家所有"与"全民所有"的一致性。从实践来看，在对重大自然资源利用项目进行决策时，国务院需要提请全国人大审议，直接听取全国人大意见，将最终决策权交由全国人大行使。例如，1955 年第一届全国人大第二次会议曾就黄河水利综合利用规划报告进行过热烈讨论，并以表决形式批准国务院的规划报告。这是全国人大历史上第一次审议和批准重大自然资源开发建设项目，②意义重大。又如，全国人大曾就长江三峡工程建设议案进行了多次审议，最终表决通过了三峡工程建设方案。从这些实践来看，代表全民公共利益的全国人大实际上是直接行使重大自然资源利用项目决策权的主体，真正做到了国家所有即全民所有。③

第四，从"全民所有"到"国家所有"是基于立法技术的需要。无论是从形式还是实质角度观察，我国宪法、法律所规定的自然资源国家所有权都是一个整体性和统一性的权利，无论是"全民所有"还是"国家所

---

① 参见叶榅平：《自然资源国家所有权的双重权能结构》，载《法学研究》2016 年第 3 期。

② 参见刘政：《全国人大首次审议和批准重大建设项目》，载《中国人大》2017 年第 12 期。

③ 参见林彦：《自然资源国家所有权的行使主体——以立法为中心的考察》，载《交大法学》2015 年第 2 期。

有”,都是不可分割的。在我国的法律体系中,国有财产属于“全民所有”的立法意旨明确,其概念本身也相当明确,只是具有高度的抽象性,需要通过立法技术将其具体化。“国家所有”正是“全民所有”通过立法技术具体化的结果。实际上,在古今中外的法律体系中,国家始终都是国家财产的所有权主体。在中国特色社会主义法律体系中,国家意志和全民意志具有内在的一致性,由国家作为“全民所有”的权利主体不仅符合全民所有的本质要求,而且符合所有权主体特定性的要求。因此,从“全民所有”到“国家所有”,就是一个从抽象的社会主体到具体的法律主体的表述上的变化,其实质内容没有发生改变。①

综上所述,我国《宪法》的上述规定塑造了自然资源的公有制地位。为实现重要生产资料自然资源的市场化运作,必须在市场经济的基本法中体现,并完成从所有制到所有权的过渡。《宪法》第 9 条第 1 款是一项授权性规定,赋予国家作为民法所有权主体的资格。② 按照这种思路,2007 年的《物权法》和 2020 年的《民法典》都明确规定了自然资源属于“国家所有即全民所有”。这种规定不是简单地重复宪法条文,而是对宪法上关于国家所有的具体落实,即通过民事立法的方式将宪法上的国家所有制转化为私法上的国家所有权。全民具有意义抽象性、概念动态性和外延的不确定性,这意味着“全民”难以被塑造成民法上适格且为实质的所有权主体。③ 与全民不同,国家作为宽泛概念却又下设诸多详明细致的行政机构,据此负有公法与私法意义上的双重身份,其对应具备与之匹配的所有权。另外,在社会主义国家中,国家与全民的联系呈内在联系,表现为一种特殊的互动关系,国家被看作为全民的利益代表。基于上述缘由,国家在民法中被形塑为自然资源的所有者,既由全体人民授权下,代表全民而享有自然资源的国家所有权。委托代理机制试点方案旨在确保委托代理制度与公有制基础一致,并更好

① 参见施志源:《论自然资源国家所有权的法律构成》,载《理论月刊》2015 年第 2 期。

② 参见程雪阳:《中国宪法上国家所有的规范含义》,载《法学研究》2015 年第 4 期。

③ 参见马俊驹:《国家所有权的基本理论和立法结构探讨》,载《中国法学》2011 年第 4 期。

地发挥解决争议和纷争的作用。这也与宪法规定、政策文件和政治学理论相呼应,强调全民所有、国家与民众的委托代理关系以及公平分享国家行使权利所带来的利益。①《试点方案》强调了全民为自然资源资产的真正所有者,这旨在确保委托代理制度始终坚持公有制的基础,并进一步发挥其解决争议和纷争的功能。

现行法律体系在具体构造过程中,对全民的主体地位造成了一定消解,但《试点方案》着重强调"全民",实质上是在政策层面对其主体地位的回归与肯定。虽然"全民"是抽象的概念,无法直接行使所有权,但可以通过立法技术将其从虚拟状态转化为实际状态。与西方政治学观点不同,马克思主义强调,"全民"意味着剥削的基础趋向消除,"公有制"彰显全民利益,国家能够代表全民行使相应的自然资源资产的所有权。与之对应,我国《宪法》率先在立法层面中,实现"全民"至"国家"的第一层次转变。对《宪法》规范进行语义分析,可知全民与国家皆为自然资源资产的所有主体,但所有权主体往往又须考虑实定性等特殊性质以及传统民法原理之中的"一物一权"原则。时下,个别法律依据宪法而设,但在牵涉自然资源的归属内容时却又偏好把国家作为所有权主体,抑或纯粹地搬用宪法相关条款,对全民所有的内容缺乏具体详细的阐述,现有法律体系中全民的主体地位或多或少地被忽视。与之相反,在我国持续开展的自然资源资产的产权制度改革过程中,全民主体地位的政策取向愈加显现与突出。实际研究表明,目前的政策文件中涉及"全民所有"的词汇共计 16 项,出现频率达到 95 次。② 同时,《试点方案》将"全民"置于文件名称,足以管窥其对全民主体地位的重视,同时在该方案内容中强调"全民所有"的具体客体内容、"全民共享"的基本理念,更可验证政策的价值取向。然而,从法政策学的理论与视角出发,政策意义上的"全民"主体应当向法律上的主体进行过渡与转化,法律在克服政策的分散、短期等弊病上有更加稳定、更可

① 参见陈静、郭志京:《自然资源资产国家所有权委托代理机制分析》,载《中国土地》2020 年第 9 期。

② 参见张一帆、宦吉娥:《自然资源资产国家所有权委托代理制度建构——基于全民利益视角的契约化构想》,载《中国国土资源经济》2022 年第 5 期。

持续的制度优势①。特别是在现行法尚未能够充分地为全民主体地位提供支撑的前提下，将全民纳入制度目标的考量范畴，或能为所有权的具体行使、改革的纵向推进提供清晰的方向，进而促使所有权的代表人、代理人在法制阙如、规定不明等境况中，作出符合全体人民利益的正确决策并且保证其价值轨道的不偏不倚。②

二、从国务院"代表行使"到自然资源部"统一行使"的法理逻辑

对于个人和集体而言，国家作为所有权主体，具备虚拟性、抽象性和概念化等特征，为确保自然资源所有权的形成、表达和行使，需要依靠特定的人格化机关的协助。因此，自然资源国家所有权的法权构造问题涉及国家机关代表行使的议题。1986 年的《矿产资源法》并未规定代表国家行使矿产资源所有权的机关。然而，在 1996 年修正时，立法者明确规定矿产资源属于国家所有，在此规定下，只有中央政府才能代表国家行使所有权。因此，该法第 3 条第 1 款首次明确规定国务院代表国家行使矿产资源所有权。随后，1998 年修订的《土地管理法》、2001 年颁布《海域使用管理法》以及 2002 年修订的《水法》等法律都明确规定国务院代表国家行使所有权。2007 年颁布的《物权法》第 45 条第 2 款规定由国务院代表国家行使所有权，而 2020 年颁布的《民法典》第 246 条第 2 款延续了国务院代表国家行使所有权的规定。

但是，国务院能否代表行使所有权在理论探讨中尚有争议。有学者认为，国家所有即全民所有意味着，应当由全国人民代表大会作为行使主体，代表全民行使自然所有权。全国人民代表大会可以通过立法行使自然资源所有权，而国务院仅是全国人民代表大会的执行机关，在法律框架下行使自然资源的使用监管权。然而，这种观点实际上忽视了全国人民代表大会与国务院之间的紧密联系。国务院作为全国人民代表大会授权的具体执行机关，依法行使自然资源国家所有权，并对全

① 参见王克稳：《论自然资源国家所有权的法律创设》，载《苏州大学学报（法学版）》2014 年第 3 期。

② 参见叶榅平：《论自然资源国家所有权行使的基本原则》，载《法治研究》2019 年第 4 期。

国人民代表大会负责、接受监督。全国人民代表大会名义上仍然是自然资源国家所有权的代表。这一安排既符合全国人民代表大会和国务院的职权性质和行使特点,也在若干实践中得到了实际验证。例如,兴建三峡工程方案经全国人民代表大会批准后,由国务院组织实施。①

我国地域广阔且资源丰富,国务院难以径行行使自然资源资产国家所有权。事实上,国有自然资源主要根据自然资源分类管理模式,集中在负有自然资源管理职责的国务院相关组成部门和地方政府相关职能部门。在自然资源部组建之前,在国家层面涉及土地资源、矿产资源、水资源、森林资源、草原资源、海域海岛资源资产管理和监管的国家机构主要有九家,分别是原环境保护部(国务院机构改革后为生态环境部)、原国土资源部、住房和城乡建设部、原国家林业局、原农业部、水利部、国家能源局及原国家海洋局、国资委。这种管理模式直接反映在立法上,就是现有各自然资源单行立法具有明显的部门立法痕迹,在资源管理实践中则变现为将山、水、林、田、湖、草、沙等自然资源构成的生命共同体做条块分割,分别规定,分类管理,出现"只见树木不见森林、只见森林不见山水"的碎片化问题。为统一行使全民所有自然资源资产所有者职责,统一行使所有国土空间用途管制和生态保护修复职责,着力解决自然资源所有者不到位、空间规划重叠等问题,2018 年我国通过了《深化党和国家机构改革方案》,随后 2019 年通过了国务院机构改革方案,将原国土资源部的职责,国家发展和改革委员会的组织编制主体功能区规划职责,住房和城乡建设部的城乡规划管理职责,水利部的水资源调查和确权登记管理职责,原农业部的草原资源调查和确权登记管理职责,原国家林业局的森林、湿地等资源调查和确权登记管理职责,原国家海洋局的职责,原国家测绘地理信息局的职责整合,组建自然资源部,作为国务院组成部门。自然资源部对外保留原国家海洋局牌子。自此,国有自然资源资产管理职责集中统一到自然资源部,国务院授权自然资源部统一行使全民所有自然资源资产所有权也就顺理成章,实现了由国务院代表国家行使所有权到自然资源部统一行使全民

① 参见叶榅平:《自然资源国家所有权行使人大监督的理论逻辑》,载《法学》2018 年第 5 期。

所有自然资源资产所有权的过渡,解决了所有权主体不到位,以及"种树的只管种树、治水的只管治水、护田的单纯护田,很容易顾此失彼""各管一摊、相互掣肘"的问题。由自然资源部统一行使全民所有自然资源资产所有权是从制度上落实自然资源国家所有权主体"统一性"和"唯一性"的实践和表现,是对过去由中央和地方大部分事实上占有国有自然资源、消解"国家"和"全民"作为国有自然资源统一主体实践做法的纠偏。因此,由自然资源部统一行使全民所有自然资源资产所有权更符合宪法规定的国家所有即全民所有的规范宗旨和精神。一方面,从国务院代表行使到自然资源部统一行使,保持了全民所有自然资源资产所有权的统一性,自然资源部是国务院组成部门,它的职能是国务院职能的重要内容,自然资源部行使全民所有自然资源资产所有权必须根据国务院的授权行使,也必须对国务院负责,这并不违反国务院代表国家行使所有权的法治精神,且体现了全民或国家作为所有权主体的唯一性和统一性;另一方面,由自然资源部统一行使所有权,保障了全民所有自然资源资产所有权的实现。

三、由自然资源部统一行使到委托代理行使的法理逻辑

实际上,无论是国务代表行使还是自然资源部统一行使,国务院或自然资源部都无法对全部的全民所有自然资源资产所有权直接行使权利,即国务院或自然资源部事实上无法通过直接占有、使用、收益和处分等方式行使全部国有自然资源资产的所有权。因此,2015 年的《总体方案》提出"分级代理行使"模式的探索,2019 年的《指导意见》则提出了"委托代理行使"模式的探索,到了 2022 年,中央则在总结改革实践和理论探索的基础上,提出《试点方案》。在经济学和法学的视角下,对于"代理行使"的理解存在差异。经济学中的代理关系涉及委托人、代理人、激励和约束机制以及代理后果等内容。法学中的委托代理主要指代理人以被代理人的名义进行民事法律行为,由被代理人承担后果。因此,《总体方案》中的"分级代理行使"在经济学上对应委托代理,在法学层面则对应着代表行使,即地方与中央政府皆为全民在自然资源资产上的权利代理人,共同代表国家具体行使所有权,其中又牵涉忠诚义务、勤勉义务等经济学范畴上时常讨论的问题。《试点方案》则明确

了全民所有自然资源资产所有权行使模式,即国务院代表国家行使全民所有自然资源所有权,授权自然资源部统一履行全民所有自然资源资产所有者职责,部分职责由自然资源部直接履行,部分职责由自然资源部委托省级、市地级政府代理履行,法律另有规定的依照其规定。自然资源部根据国务院的授权可以直接行使所有权,也可以委托地方政府行使所有权。

在委托代理关系中,地方政府根据自然资源部的授权行使全民所有自然资源资产所有权。这一安排首先明确了地方政府行使全民所有自然资源资产所有权的权利来源,地方政府只是根据自然资源部授权履行所有者职责的主体,并不是自然资源的所有者;其次明确了自然资源部与地方政府之间的关系,地方政府必须在自然资源部的授权范围内行使权利,必须遵循和按照委托代理协议的内容行使权利,必须尽代理人的忠实勤勉义务等;最后,由上述两点决定了委托代理机制可以从制度上维持全民所有自然资源资产所有权主体的统一性。至此,全民所有自然资源资产所有权行使实现了从国务院代表行使到授权自然资源部统一行使再到自然资源部直接行使或委托地方政府行使的所有权行使模式转换。

第二节 所有权委托代理的理论前提

一、全民所有自然资源资产所有权的私权属性

《试点方案》要求开展全民所有自然资源资产所有权委托代理试点工作,建立所有权委托代理机制,这是一个具有创新性、新颖性的时代命题。所有权委托代理机制的建构首先需要明确委托代理行使的全民所有自然资源资产所有权内涵及性质,换言之,明确全民所有自然资源资产所有权的性质是理解和建立委托代理机制这一所有权行权模式的理论前提。

虽然 2007 年的《物权法》与 2020 年的《民法典》都将自然资源国家所有权纳入调整范围,但理论中对该自然资源国家所有权性质的争论

却从未停止过,其中主要有公权说、私权说以及公私混合权说。公权说认为,自然资源的国家所有权具有特殊性质和属性,它是国家作为公共机构的行使权力的体现,而非个体民众在民法意义上的私人所有权。国家所有权的行使是基于公共利益和国家管理的需要,旨在保护全体公民的利益和实现国家的目标。因此,国家所有权更倾向于行政和公共领域,涉及国家的治理和公共资源的管理。比如,全体人民作为名义上的所有者,并不具备实际行为主体的地位,也无法自主选择代理人来行使权利,同时也无法通过民事方式来享有相关利益;从宪法公权力的角度来理解,自然资源的国家所有权应被视为一种对个人防御权的解除,即“国家反防御之权”;①对宪法进行制度上的解读,不难察觉我国宪法对自然资源的描述,是将其作为公共财产权并确以对应权利义务。② 私权说认为,国家所有权之性质考虑必要遭受法律约束,因此须对民事规范中牵涉所有权的规定进行充分考量与理解。在此意义上,国家所有权的内容与民事规范有关,并且须限定在民事法律规范的框架之中而不能胡乱地超越与突破,特别是,行政主体不可以恣意创造、增加国家所有权的内容。具体分析,这是因为民事规范意义中的所有权权能系由其客体的经济效用决定,反映了经济生活的科学规律。既然民法科学地概括了各种所有权的权利内涵,那么其适用于国家所有权便具有合理性。因此,国家所有权应受到法律的约束和限制,必须遵循民法关于所有权的一般规定。公私混合权说认为,自然资源国家所有权不仅仅为纯粹的公权或私权,反而为公权与私权之间、宪法与民法之中的混合性权利。对此,其具有双重属性,并形成有所不同的权利结构。这种双重属性使得自然资源国家所有权在规范意义上形成了不同的权利结构,需要在宪法和民法的框架内加以解释和保护。通过宪法和民法的相互衔接,可以确保自然资源国家所有权在公共利益和个人

---

① 参见桂华、贺雪峰:《宅基地管理与物权法的适用限度》,载《法学研究》2014 年第 4 期。

② 参见林来梵:《针对国家享有的财产权——从比较法角度的一个考察》,载《法商研究》2003 年第 1 期。

权利之间的平衡,维护社会的公正和稳定。①

综合三种学说观点来看,尽管不同观点是基于不同学术视野提出的很有见地的理论观点,但是只有将全民所有自然资源所有权界定为私权,所有权委托代理之间的逻辑关系才可能成立并具有实在意义。实际上,全民所有自然资源资产所有权的私权属性是中央一系列关于自然资源资产产权制度改革政策文件的基础、前提和目标。比如,《指导意见》中主张要"坚持物权法定、平等保护。依法明确全民所有自然资源资产所有权的权利行使主体",以及"探索自然资源资产所有者权益的多种有效实现形式";而《试点方案》提出"依法行使所有者权利""切实落实和维护国家所有者权益"等。这些表述都以全民所有自然资源资产所有权的私权属性为前提的。不若如此,则难对上述政策表述进行深刻解读、深入理解。质言之,"物权""所有者权利/职责""物权权能"等概念,本身就是私法属性的概念,与作为监管权的公权存在很大的区别。宪法、民法典等法律规定自然资源属于国家所有即全民所有,不仅是对权利主体的规定,也是对权利性质的确认。

尤其值得注意的是,中央关于自然资源资产产权制度改革的政策文件中,没有使用"自然资源国家所有权"概念,而是使用"全民所有自然资源资产所有权"概念,其客体具体表述为"自然资源资产",而不是"自然资源"。对于区分两个概念的意义只有在私法视角下才能够得到最好的理解。因为"资产"表示具有稀缺、特定、可支配等财产权客体的特征,这些特征法律对物权客体的要求一致。利用"资产"对"所有权"加以限定与表述,能够确切地表达出政策的意图、目的,这也是从政策落实《宪法》《民法典》等法律对自然资源属于国家所有即全民所有的具体化落实。具体而言,《指导意见》《试点方案》等文件所欲明晰的改革方向是以民事所有权为前提,具体化行权主体、特定化行使客体,达到实现《宪法》关于自然资源国家所有即全民所有的规定向《民法典》

① 参见税兵:《自然资源国家所有权双阶构造说》,载《法学研究》2013 年第 4 期;王涌:《自然资源国家所有权三层结构说》,载《法学研究》2013 年第 4 期;张翔:《国家所有权的具体内容有待立法形成》,载《法学研究》2013 年第 4 期。

上的所有权规范的具体落实和适用转化。[①]《指导意见》提出“以落实产权主体为关键,以调查监测和确权登记为基础”的指导思想,是这一意图和目标的直接反映。这表明,资源进行资产化转变后才具有确权登记、委托代理的法律可能性。《指导意见》着重强调确权登记的关键,旨在保证产权主体的正确定位、权益的真实保护。只有通过调查监测和确权登记,才能建立起合法的所有权关系,为委托代理等行为提供合法的基础。这一过程为资源转变为具有明确权益属性的资产,进而为其后续的运营、管理和行使提供了法律依据。因此,私权属性的界定和保障,为委托代理机制试点方案提供了合法性和有效性基础。根据《自然资源统一确权登记暂行办法》第 9 条规定,自然资源登记簿应当记载的事项中,包括“自然资源所有权主体、所有权代表行使主体、所有权代理行使主体、行使方式及权利内容等权属状况”,其将“代表行使主体”与“代理行使主体”并列。2022 年公布的《国家公园法(草案)》(征求意见稿)第 5 条规定,国家公园范围内全民所有自然资源资产所有权由中央人民政府直接行使或者委托省级人民政府代理行使,这是对委托代理法律性质的进一步确认。

虽然私人所有权和国家所有权在宪法上都是所有权,但是基于其保护的对象存在差异,在下位立法中,所有权的具体结构和内容可能不尽一致。就纯粹的个人财产而言,其主要功能在于保障个人的经济和行动自由,因而所有权主要规定和强调的是私法权能。但是,国家所有权是以公有权为基础而成立的权利,下位法对其权利结构和内容的规定涉及全体人民的公共利益,就需要考虑更多的因素,既需要通过私法上的权利配置以保障自然资源资产的使用符合社会主义市场经济的基本逻辑,也需要通过具有自我保障、自我约束和自我矫正功能的公法权能,将其设定在国家所有权制度的基本价值轨道上。因此,自然资源国家所有权确实具有特殊性,但这种特殊性不能改变其所有权的本质属性,这种特殊性主要表现在其权能结构和内容方面,而不是本质属性方面。

总之,从生态文明体制改革涉及的一系列政策文件的具体内容来

---

① 参见程雪阳:《中国宪法上国家所有的规范含义》,载《法学研究》2015 年第 4 期。

看,全民所有自然资源产权制度改革须充分考虑自然资源国家所有权制度的核心概念以及其私法属性。《试点方案》等重要政策文件都强调将资源转化为资产的重要性以及确权登记的必要性。确权登记是确立产权主体、保护产权权益的基础,只有在资源被明确转化为资产后,才能进行委托代理等行为。这样的改革意图旨在确保全民所有自然资源资产所有权正当行使和保护。①《民法典》将所有权定义为"所有权人对自己的不动产或者动产,依法享有占有、使用、收益和处分的权利",恰为该视角的典型表达。全民所有自然资源资产所有权的所有者职责包括"主张所有、行使权利、履行义务、承担责任、落实权益",实际上就是所有权权能在全民所有自然资源资产所有权中的具体化。全民所有自然资源资产所有权的特殊性在于其所有权主体与行使主体的分离以及行使主体的具体化流程,《试点方案》的重要任务恰恰是通过委托代理机制,将全民所有自然资源资产所有权的归属主体由法律在抽象价值层面的宣示性规定向具体技术层面转换落实,从而实现全民所有自然资源资产所有权的制度建构。

二、所有权与监管权分离

区分所有权与监管权既是建立和实施所有权委托代理机制的基础和前提,也是《试点方案》提出的改革任务。若所有权与监管权不分或混淆,委托代理机制便缺乏适用的空间和建构的基础。

(一)所有权与监管权区分问题提出的背景

在全民所有自然资源资产管理实践中,我国长期以来不区分所有权与监管权,形成这一现象的主要原因有:首先,自然资源资产的市场化不深和有偿使用的制度尚未形成,导致作为交易基础的全民所有自然资源资产所有权独立地位的重要性被忽视。其次,自然资源资产所有权行使主体与自然资源监管权行使主体高度重合。从中央到地方的各级政府及其职能部门既是行使全民所有自然资源资产所有权的主

① 参见孙宪忠:《根据民法原理来思考自然资源所有权的制度建设问题》,载《法学研究》2013年第4期。

体,也是行使自然资源性质监管权的主体,两种身份高度重合,身份上的混淆引致职责的混淆,容易导致对所有权与监管权区别的忽视,将全民所有自然资源资产所有权与自然资源监管权混为一谈。最后,自然资源相关立法的部门化倾向造成的不良影响。自然资源的分类管理导致自然资源单行法的最初立法草案基本都是由各类自然资源管理部门拟定,这些法律偏向于自然资源行政管理,对自然资源资产市场配置的关注和规定存在不足,对自然资源资产产权的规定较为简单,这进一步导致了政府以行政监管代替所有权行使的趋势。

在实践中,全民所有自然资源资产所有权行使主体具有特殊性质,不同层级政府作为具体的行使主体,其担负着资产管理、行政监管等众多职能职责,在事实层面中存在同时行使所有权和监管权的情况。这导致两权的混合行使,如以审批、许可等行政方式来实现所有权,使得两权界限不清。政府部门在行使所有权的同时兼任了"运动员"和"裁判员"的角色,行政层面的公权力主导所有权的具体行使,引发出诸多问题,如限制资源的市场化配置和产权的流转,破坏市场经济本来的平等秩序,降低所有权的行使效率,不利于资源的节约和集约利用,等等。这种行使模式下普遍存在政府自我监督的问题,监管权力缺乏有效规范,监管责任难以落实,导致监管失效等。因此,为了实现国家所有权的真正有效行使,必须实现所有权与监管权的分离。

针对所有权与监管权不分等问题,党的十八届三中全会在中共中央《关于全面深化改革若干重大问题的决定》明确指出,要健全国家自然资源资产管埋体制,统一行使全民所有自然资源资产的所有者职责,并完善自然资源监管体制,统一行使所有国土空间用途管制的职责。这一改革思路明确了行使所有者权利和行使行政监管权分开的方向。①此后,《指导意见》《试点方案》等一系列中央重要文件都对所有权与监管权分离问题进行了论述,并明确了所有权与监管权分离的体制机制建设方向和目标,为全民所有自然资源资产所有权委托代理机制试点工作确立了前提和基础。

---

① 参见邱少俊、吕宾:《正确区分"所有者权利"与"监管者权力"——关于履行"两统一"职责的思考》,载《中国自然资源报》2019年5月16日。

(二)所有权与监管权的区别

所有权与监管权分离首先要明确两者的内涵差别。前者是作为所有权人的权利,后者是作为管理者的权力。自然资源资产所有权是指对自然资源资产进行占有、使用、收益和处分的民事权利,而自然资源资产监管权是指对自然资源资产类公共事务进行管理的行政权力,这两者在行使依据、适用范围、行使目标和行使方式等方面完全不同。具体来说:(1)行使依据不同。行使所有权主要依据是私法,特别是《民法典》和自然资源单行法关于自然资源所有权、用益物权、担保物权的相关规定。监管权则具有较明显的公法属性,是公权力的体现,其基本原理是通过行政机关在其职权范围内履行监管职责。因此,监管权的行使主要依据是行政法及自然资源单行法中关于自然资源行政监管的相关规定。(2)适用范围不同。政府行使所有权的是全民所有自然资源资产,不包括集体所有的自然资源资产;监管权涵盖所有自然资源,即政府对所有自然资源都负有监管职责。例如,政府只能划拨或出让国有土地,而不能代替集体经济组织划拨或出让集体土地,因此,划拨和出让国有土地是所有者权利。与此同时,无论是集体土地流转还是国有土地出让都必须遵守用途管制、产权登记、行业准入、资源使用标准的相关规则,因此,政府根据这些规则行使的就是监管者权力。(3)行使目标不同。所有权的行使目标在于促进全民所有自然资源资产的保值增值,保证全民所有者的权益得到实现;监管权的目标是自然资源用途管制、空间规划、生态资源保护等。(4)行使方式不同。所有者通过占有、使用、收益和处分自然资源资产来行使所有权,而管理者通过用途管制、空间规划、行政许可、行政处罚和行政强制等手段对自然资源资产相关方的行为进行监管。

(三)区分所有权与监管权的重要意义

第一,正确区分所有权和监管权是生态文明建设的内在要求。党中央多次强调,健全国有自然资源资产管理体制是健全自然资源资产产权制度的一项重大改革,也是建立系统完备的生态文明体系的内在要求。同时,《总体方案》将自然资源资产产权制度作为生态文明制度体系八项基础性制度中的第一项制度,要求“构建归属清晰、权责明确、监管有效的自然资源资产产权制度”。“权责明确，监管有效”，必须首先正确区分所有权和监管权，只有在此前提下，才能建构基于所有权的管理体制机制和基于监管权的监管体制机制。

第二，正确区分所有权与监管权是所有权委托代理机制建构的基础和前提。根据《宪法》第107条，地方各级人民政府负责管理本行政区域内的行政工作。由此可见，分级行使是行政监管权的常态，是法律规定的行权模式，地方政府和相关部门在中央的统一领导下各自承担责任，不存在所谓的“统一行使”的问题。① 只有全民所有自然资源资产所有权需要实现由中央统一行使。因此，只有区分所有权和监管权，才有探讨委托代理机制适用的问题和空间。《试点方案》将委托代理机制视为全民所有自然资源资产所有权市场化实现方式的具体体现，旨在通过传统私权支持的市场交易机制，更有效地利用全民所有的自然资源资产，提高资源配置效率，并最大化地实现全民所有自然资源资产的保值增值②。这一目标的实现，必须建立在全民所有自然资源资产所有权的私权定位上。

第三，正确区分所有权与监管权是正确履行所有者职责的保障。只有正确区分所有权与监管权，才能正确理解《试点方案》对所有者职责的界定，正确理解“主张所有、行使权利、履行义务、承担责任、落实权益”的重要意义。只有正确区分所有权与监管者，才能在此基础上完善自然资源资产管理体制，落实委托代理机制，正确编制资源清单，推进自然资源资产清查统计、资产处置和收益管理、资产评价和资产管理考核监督等制度建设。

第四，正确区分所有权和监管权是推行有偿使用制度的关键基础。资源有偿使用制度是生态文明制度体系的又一重要基础性制度。推行资源有偿使用制度的根本目的是“提升自然资源保护和合理利用水平，切实维护国家所有者权益，为建设美丽中国提供重要制度保障”。只有

---

① 参见郭志京、蒋仁开、陈静：《论对全民所有自然资源资产行使所有权与监管权的分离》，载《中国土地科学》2022年第12期。

② 参见郭志京：《自然资源国家所有的私法实现路径》，载《法制与社会发展》2020年第5期。

正确区分所有权与监管权，才能将自然资源所有者权益纳入自然资源及其产品价格形成机制，通过市场机制增加国家作为资源所有者的收入，进而实现全民共享。① 如果不能准确区分所有权和监管权，仅仅采取行政监管方式来推行有偿使用制度，不仅无法体现所有者权益，而且无法实现自然资源属于国家所有即全民所有的制度价值。

第三节　所有权委托代理的理论依据

一、委托代理理论为所有权委托代理机制的建构提供理论支持

社会分工和专业化的提高给现代市场经济中的市场参与主体带来了信息不对称的挑战。为了研究如何应对这种情况，1973 年，罗斯（S. Ross）于《美国经济评论》发表的《代理的经济理论：委托人问题》一文，首次提出了“委托—代理”问题。该理论旨在研究委托人如何设计补偿系统以激励代理人为其谋取利益。② 在契约关系中，委托人拥有设计契约模式和制定激励机制的权力，而代理人处于被动地位。由于代理人的支付方式与委托人不同，通常情况下，除非在完全信息情况下签订契约，否则代理人不会采取委托人期望的行动。这是因为双方都面临市场风险的不确定性，委托人无法准确评估代理人的绩效，代理人也无法确定契约终止后的行为结果。因此，在建立委托代理关系时，委托人需考虑如何构建契约关系、提供适当的经济激励和约束机制，同时最大化自身利益，这是委托代理理论的核心。

《试点方案》充分体现了委托代理理论的基本思维。《试点方案》将“委托代理”作为其核心概念，确立了国务院作为全民所有自然资源所有权的代表，授权自然资源部来履行全民所有自然资源资产所有者的职责；自然资源部在接受授权后，可以直接行使全民所有自然资源资

① 参见邱少俊、吕宾：《正确区分“所有者权利”与“监管者权力”——关于履行“两统一”职责的思考》，载《中国自然资源报》2019 年 5 月 16 日。

② Ross & Stephen A., *The economic theory of agency: The principal' sproblem*, The American economic review 63. 2(1973): 134 - 139.

产所有权,也可以根据情况将这种职责委托给地方政府行使。《试点方案》明确规定了委托代理机制的基本要求,即统一行使、分类实施、分级代理、权责对等。这些要求充分体现了委托代理理论的理论思维和基本内涵。地方政府接受委托后,可以所有者身份将自然资源资产产权通过法律规定的方式转让给各类社会主体,通过出让金、税收及其他费用等方式实现所有者权益。以自然资源资产产权转让为例,政府在一定年限内将自然资源的使用权委托给符合法律要求的市场主体,旨在优化自然资源的合理开发利用。在保障委托人的合法权益的前提下,取得使用权的市场主体企业应以环保的方式开发资源,促进资源集约节约利用。这种委托代理的模式体现了委托代理理论在自然资源开发利用方面的理论支持。

总体而言,全民所有自然资源资产所有权委托代理机制主要形成于以下几个阶段:首先,国务院代表国家行使自然资源国家所有权;其次,国务院授权自然资源部统一履行所有者职责;再次,自然资源部直接行使自然资源国家所有权或委托省、市级地方政府行使所有权;最后,省、市级地方政府接受委托后直接行使所有权或通过转委由下级政府行使所有权。这种委托代理关系表现出一般委托代理关系的特征,本质上是委托者与受托者之间建立契约关系,需要通过契约关系明确委托方与代理方的权责利关系,明确代理人行使权利的具体内容和界定权利和责任的边界。在双方利益存在不一致的情况下,必须妥善解决代理成本和收益问题,通过建立合理的契约来激励代理人的行为。为了规范代理行为,需要通过正向激励和负向约束的双重机制,实现委托人与代理人双赢效果,以更好地确保实现全民所有自然资源资产所有权委托代理的目标。

二、产权理论为政府履行所有者职责提供理论支撑

产权作为经济学和法学的基础问题,在我国具有重要的社会价值和推动经济体制以及行政管理体制改革的作用。丹尼尔 · H. 科尔指出,“没有一种财产权体制能在所有情况下都优于其他财产权体制”。①

---

① [美]丹尼尔 · H. 科尔:《污染与所有权:环境保护的所有权制度比较研究》,严厚福、王社坤译,北京大学出版社 2009 年版,第 15 页。

这体现了财产权的多样性和复杂性。在环境保护方面,不同类型的财产权体制具有各自的作用和局限性,如公共财产权、混合财产权、私人财产权和共有财产权等。公共财产权的设立可以实现资源的集中管理和保护,但可能缺乏有效的激励机制和监管措施。混合财产权体制可以在保护环境的同时兼顾经济利益,但需要解决公共和私人权益的协调问题。私人财产权体制可以为个人和企业提供明确的产权保护,激励其积极参与环境保护,但可能忽视公共利益和资源的共享问题。共有财产权体制强调社会共同管理和利益分享,但需要解决共同决策和资源分配的难题。因此,在环境保护中,需要综合考虑不同财产权体制的特点和局限性,结合具体情况采取合适的政策措施,以实现经济发展和环境保护的平衡。在理论上,自然资产的"全民所有"恰恰是我们国家的一种"制度优势",我国应当从制度落实上利用好这种优势,从资源利用和环境优化的双重福利效应角度开展决策和制度设计,设立国有自然资源资产管理和自然生态监管机构,以实现"全民所有"财产权理论的制度实践。

在产权理论之下,政府作为全民所有自然资源资产管理者,应该遵循资产管理理论的原则,全面了解和管理资产,并积极应用《试点方案》中提出的行权模式来实现全民所有自然资源资产的保值增值和有效管理,以最大限度地维护国家和社会的资产利益。① 首先,资产管理理论强调,出色的资产管理者需要全面而准确地了解资产的存量、占有、使用和流转等基本情况。其次,要重点确保资产的安全性,特别是防止侵害、滥用和流失等行为,以保护资产及其权益。最后,资产管理者应努力实现资产的保值增值,通过法律、经济和技术手段来维护和提升资产的经济价值。实际上,《试点方案》对委托代理关系中委托人与受托人在全民自然资源资产管理上的要求,都符合财产权理论和资产管理人理论。② 例如,《试点方案》强调要摸清自然资源资产的情况、实施有效

---

① 参见史忠良、刘劲松:《产权理论与国有资产管理》,载《首都经济贸易大学学报》2006年第1期。

② 参见谷树忠:《资产治理理论提供坚实支撑》,载《自然资源报》2022年4月15日。

的管理和保护措施、加强考核和监督，以及实现资产的保值增值等，这些规定都体现了资产管理理论的要求。同时，不同产权主体之间存在利益冲突和博弈的情况。因此，在界定产权的同时，还需要建立有效的监管和调节机制，以平衡不同产权主体之间的利益关系，确保自然资源的合理利用和保护。这样的机制可以解决产权主体之间的利益冲突，并确保资源利用和保护的协调，[①]这对于平衡不同利益主体之间的关系，确保资源的合理利用具有重要意义。

---

① 参见蔡春、毕铭悦：《关于自然资源资产离任审计的理论思考》，载《审计研究》2014年第5期。

第四章　全民所有自然资源所有权委托代理的法律关系构造

第一节　所有权委托代理法律关系的主体

自然资源的所有权和资产产权都强调法律所规定的资源归属关系以及实际经济利益。自然资源产权包括国家、集体或个人对某种自然资源的占有、使用、收益和处分等权利,其中包括所有权和用益物权,即自然资源的所有权人或用益物权人。根据法律的权限范围,自然资源的所有权人或用益物权人可以根据个人意愿行使开发利用和保护资源的权利,前提是不损害第三方的利益。我国基于现行法律和政策建立了自然资源资产所有权委托代理机制,该制度旨在实现统一代表、分级行使的目标。

一、自然资源部与省级、市(地)级人民政府之间的委托代理关系

在中央层面由国务院代表国家行使全民自然资源资产所有权,再由国务院授权自然资源部统一行使全民所有自然资源资产所有权,自然资源部接受授权后可以直接行使或委托给省级、市(地)级人民政府行使全民所有自然资源资产所有权;政府人民政府实际上需要再将接受委托的全民所有自然资源资产所有权授权给自然资源管理部门行使。由此形成了人民政府履行全民所有自然资源资产所有者职责的关系链条。在这一关系链条中,委托代理机制为自然资源的管理提供了一种有效的组织方式,促进了自然资源资产的有效管理和保护,加强了中央和地方政府之间的协调合作,实现了自然资源资产管理的顺利进行。自然资源部可以采取两种委托代理的方式来履行自然资源资产所有者的职责:一种方式是自然资源部直接委托省级人民政府代理履行

职责,另一种方式是自然资源部直接委托市(地)级人民政府代理履行职责。双方以委托代理协议或自然资源清单来明确履行所有者职责内容及双方之间的权利、义务和责任,并且具备在中央、地方以及其他部门之间进行转移的能力。这种委托代理关系的建立和运作,为自然资源的管理提供了一种有效的组织方式,使各级政府能够更好地履行自然资源资产所有者的职责。

在央地关系中,我国自然资源部与省级、市(地)级地方人民政府之间存在一层委托代理关系①。自然资源管理是一个涵盖自然资源保护、资产经济价值核算和资源利益共享等多个方面的复杂任务。考虑到自然资源具有地域性属性,采用属地管理模式是更准确、更有效率和更具可操作性的资源管理。换言之,相较于中央集中管理的模式,属地管理能够更加精细化地处理自然资源资产管理事务,提高管理效率,避免管理僵化问题等。因此,国务院需要委托合适的代理人来直接管理全民所有的自然资源资产。地方人民政府作为直接负责自然资源管理的行政机构,与自然资源部建立委托代理的关系,能够更好地实现这一目标。根据《试点方案》要求,自然资源部可以委托省级、市(地)级地方政府行使所有者职责,因此,省级和市(地)级地方政府可以在委托代理关系中充当全民所有自然资源资产所有权代理人的角色。根据委托代理理论,委托代理关系链条不宜过长,若委托代理链条过长,容易产生信息不对称、监督成本上升、代理人积极性下降,从而导致代理效率低下等问题,因此,为了确保委托代理关系的良好运行,《试点方案》将代理主体限定在省级和市(地)级人民政府。同时,根据"反公地悲剧"理论模型,对于稀缺资源的设置多层产权会导致资源低效利用,不符合可持续利用的原则;因此,在全民自然资源资产所有权委托代理中,也不宜形成过多的主体层级结构,将代理主体限定为省级或市(地)级人民政府有利于形成相对简单的委托代理关系,有利于提高代理效率,并形

① 参见孟婕等:《我国自然资源资产所有权委托代理关系研究》,载《自然资源情报》2023 年第 7 期。

成有效的监督机制。①

自然资源部委托省级、市(地)级政府代理履行的全民所有自然资源资产所有者职责,并不是公法意义上的行政监管权,而是一种所有者权利。所有权与监管权是不同的,前者需要权利人与其他市场或社会主体在平等协商、自由交易的基础上行使,后者则可以通过依法下达行政命令、进行行政处罚、实行行政强制等方式来实施。在委托代理关系中,省级和市(地)级人民政府作为自然资源所在区域的管理者,接受自然资源部委托行使所有权。一方面,在委托代理关系中,省级、市(地)级政府不是全民所有自然资源资产的所有权主体,保证了全民所有自然资源资产所有权主体的全民性和统一性。另一方面,省级、市(地)级政府代理履行的所有者职责被限制在自然资源部的委托授权范围内,省级、市(地)级地方政府需要根据委托授权的范围和方式履行所有者职责。由此,既解决了地方政府行使全民所有自然资源资产所有权缺乏明确的法律依据问题,又维护了全民所有自然资源资产所有权主体的唯一性和统一性,在调动省级、市(地)级地方政府积极性的同时,也形成了对其履行所有者职责的约束。在委托代理机制下,自然资源部委托省级、市(地)级人民政府来履行部分自然资源资产所有者的职责,有助于更好地管理和保护我国丰富的自然资源。通过地方政府的属地管理,能够更贴近实际情况、更有效地进行自然资源管理工作。地方政府作为地域的代理人,能够更好地理解和应对本地区的自然资源管理需求,因此能够更灵活地制定和实施相关政策和措施,以最大限度地保护和利用自然资源。同时,这种委托代理关系也强调了地方政府在自然资源管理中的责任和义务。作为委托代理人,地方政府承担着管理自然资源、保护生态环境、促进经济发展等职责。地方政府需要在自然资源管理过程中,遵循科学合理的原则,依法行使职权,确保资源的可持续利用和社会的可持续发展。

① 参见胡梦婷:《全民所有自然资源资产所有权委托代理制度研究》,江西理工大学2021年博士学位论文。

二、地方人民政府与地方自然资源管理部门的授权关系

在地方政府层面，接受自然资源部委托的省级、市（地）级地方人民政府同样需要授权地方自然资源管理部门来具体履行所有者职责；地方政府组建自然资源管理部门并明确其职责权限非常重要。原因如下：第一，地方自然资源管理部门拥有关于自然资源权属、分类、总量和用途等详尽的信息，因此能够更直接、更具针对性地管理自然资源资产，有助于促进自然资源的高效合理利用。自然资源管理部门通过收集、整理和更新自然资源信息，制定相应的管理政策和措施，提供技术支持和指导，可以更好地推动自然资源的开发利用和保护工作。第二，地方自然资源管理部门具备丰富的专业知识和管理经验，能够根据地方实际情况制定灵活的政策和措施，适应不同地区的资源特点和需求，能够将自然资源管理与经济发展、生态建设和社会稳定相结合，推动可持续发展的目标实现。第三，地方自然资源资产管理部门还积极参与制定和实施自然资源规划，能够确保资源开发利用与资源保护协调发展。第四，地方自然资源资产管理部门负责自然资源资产监管，能够防止非法开发和滥用自然资源，保护所有者的合法权益，促进资源的可持续利用。因此，地方自然资源管理部门在全民所有自然资源资产所有权委托代理机制中具有基础性的重要作用。

三、履行所有者职责的体制保障

在自然资源资产产权制度改革过程中，有学者认为，在实现"两权分离"的目标下，应该借鉴国有资产监督管理委员会建设和运作经验，建立"全民自然资源资产监督管理委员会"，专门负责全民所有自然资源资产管理工作。① 该建议的提出是基于对生态文明建设和当前改革

① 有学者认为，为了区分所有者职责与监管者职责，应当组建类似于国资委的专门性机构负责全民所有自然资源资产管理，履行所有者职责。参见邓海峰：《生态文明体制改革中自然资源资产分级行使制度研究》，载《中国法学》2021 年第 2 期；常纪文：《国有自然资源资产管理体制改革的建议与思考》，载《中国环境管理》2019 年第 1 期；杜群、康京涛：《自然资源国家所有权行使主体改革的设想——设立自然资源"国资委"的初步思考》，载《江西社会科学》2016 年第 6 期。

目标的考虑,同时关注国家所有权的公共性以及分散行使国家所有权可能引发的问题,具有一定的积极意义。然而,十三届全国人大一次会议通过的国务院机构改革方案中未采纳该方案,而是通过组建自然资源部统一行使全民自然资源资产所有权和履行自然资源监管之职责。新组建的自然资源部的主要职责包括:对自然资源开发利用和保护进行监管,建立空间规划体系并监督实施,履行全民所有各类自然资源资产所有者职责,统一调查和确权登记,建立自然资源有偿使用制度,负责测绘和地质勘查行业管理等。由此可见,自然资源部实际上既负责履行全民自然资源资产所有者职责,又负责履行自然资源监管职责,集双重身份于一身。这虽然在一定程度上解决了全民所有自然资源资产管理职责过于分散引发的诸多问题,但是同时也导致了自然资源部权力集中,集履行所有者职责与履行监管者职责于一身,容易导致权力膨胀,也容易混淆所有权与监管权的边界。那么,在体制机制上如何实现所有者职责与监管者职责分离,仍然是今后改革中面临的重要问题。从实践来看,所有者职责与监管者职责分离的真正难点并不在于无法区分所有权和监管权,而在于履行所有者职责与监管者职责主体高度吻合,即政府及其组成部门既是履行所有者职责的主体又是履行监管者职责的主体,这种管理体制的设置极易导致两种身份的混淆,政府既是"运动员"又当"裁判员",很难实现产权制度改革的目标。因此,为了实现真正促进所有者职责与监管者职责的区分,还需要进一步深化体制改革,建立有利于促进两种职责实现合理区分的体制机制。

从中共中央、国务院2023年印发的《党和国家机构改革方案》来看,目前似乎没有专门设立全民所有自然资源资产管理机构的构想。不过,自然资源部内部已经专门新设立了"自然资源所有者权益司",明确其责任是履行全民自然资源资产所有者的职责。在没有专门建立全民所有自然资源资产管理机构的情况下,在自然资源部内部设置专门的自然资源所有者权益司有利于在一定程度上明确区分所有者职责与监管者职责,有利于从机制上维持所有者职责与监管者职责边界、避免两者混淆。此外,对于中央直接行使所有权的自然资源,目前也设立了专门负责国家公园管理的相对独立的管理部门,也在一定程度上有利于促进所有者职责与监管者职责的适当分离。例如,为深化国家公园管理体制改革，东北虎豹国家主题公园和三江源国家公园设立国营自然资产管理机构为实现两权分离提供了重要支持。① 对于自然资源部委托地方政府代理行使所有权的自然资源资产，委托关系成立后，所有权的具体行使同样要坚持“统一行使”原则，既应按自然资源部的授权行使所有权，同时，还应当适当区分履行所有者职责与监管者职责的机构，保障履行所有者职责部门的相对独立性。因此，各地应根据本地实际情况设立独立的统一行使全民所有自然资源资产所有权的部门。

笔者认为，从行使主体上分别设置履行所有者职责的机构与履行监管者职责的机构是实现“两权”分离的制度基础和保障，应当在时机成熟时将所有者职责从自然资源管理部门剥离出来，并设置专门的自然资源资产管理机构行使。在未来可能的政府机构改革中，可以进一步探索设立一个独立于监管机构、统一代表行使国家所有权的主体的可能性，以真正实现“两权分离”的目标。② 总之，在所有权与监管权行使主体不可分离的情况下，仅通过区别对待所有权与监管权行使的方式还是很难实现所有者职责与监管者职责的真正分离的。因此，除了从体制上保障履行所有者职责与监管者职责主体的分离，更重要的是从行使机制上保障真正的“两权”分离。③

第二节　所有权委托代理法律关系的客体

根据《试点方案》，全民所有自然资源所有权委托代理法律关系的客体是履行所有者职责，即自然资源部将履行全民所有自然资源资产所有者职责委托给省级或市(地)级人民政府行使，省级或市(地)级人民政府在自然资源部授权范围内履行所有者职责。《试点方案》列举了

---

① 参见郭志京、蒋仁开、陈静：《论对全民所有自然资源资产行使所有权与监管权的分离》，载《中国土地科学》2022 年第 12 期。

② 参见郭志京：《穿越公私法分界线：自然资源国家所有权委托行使模式》，载《法制与社会发展》2022 年第 1 期。

③ 参见郭志京、蒋仁开、陈静：《论对全民所有自然资源资产行使所有权与监管权的分离》，载《中国土地科学》2022 年第 12 期。

所有者职责的内容包括主张所有、行使权利、履行义务、承担责任、落实权益。由此可见,《试点方案》对所有者职责的表述与所有权权能不完全一致。一般认为,所有权权能包括占有、使用、收益和处分四项权能。既然是代理行使所有权,应该就是代理行使所有权权能。那么,《试点方案》中的所有者职责是否是所有权权能的不同表述?抑或与所有权权能具有实质性的差别概念?笔者认为,尽管所有者职责的表述与民法传统理论中的所有权权能表述不完全一致,但其本质和核心仍然是关于所有权内容的具体化。具体而言,主张所有是任何所有权人都当然具有的权利,是所有权本身具备的权能。在私人所有权的情况下,所有人自然会积极主张所有,只是在全民的情况下,所有权主体需要通过代表人或代理人行使,而代表人或代理人常常会怠于履行所有者职责,因而需要特别将主张所有的权能明确列出;行使权利即是行使所有权占有、使用、收益和处分权能自不待言;就履行义务和承担责任而言,所有权人行使所有权时必须履行相应的义务和责任,这是现代所有权的普遍观念和常态,并不因所有权是个人所有权或全民所有权而有差别;落实权益是国家所有权的权利主体共享所有权收益的重要方式,也是全民所有的目的所在。由此可见,委托代理的客体是履行所有者职责,而所有者职责本质上就是行使全民所有自然资源资产所有权。正因如此,一旦委托代理导致权利行使的职责发生转移或部分转移,相应地,主张所有、履行义务、承担责任、落实权益的职责也应同时发生转移,无须再次进行委托。① 不过,需注意的是,在一般法理上,权利可以被主体自行选择放弃行使。然而,在委托代理关系中,地方人民政府在接受委托后,就负有代理人的信义义务,需要根据委托代理关系勤勉尽责,不能放弃或怠于履行职责。因此,在中央文件中引入所有者职责的概念,将所有权权能的行使视为所有者职责的履行,正是基于这一原因。所有者职责的表述强调了代理人积极行使权利的重要性,是委托代理关系的本质和内容的反映。这就意味着委托代理人行使的不仅是一种权

① 参见汪志刚:《自然资源资产国家所有权委托代理的法律性质》,载《法学研究》2023年第2期。

利，更是履行代职责，因此必须对委托人的利益负责。①

一、主张所有是履行所有者职责的基本内容

"主张所有"的任务是对所有自然资源进行统一调查、监测和评估，以确保资源的合理利用和有效管理。② "主张所有"还将对资源的分布、用途和价值进行详细的统计和核算，以确保资源的有效利用，即采取科学的方法，对自然资源进行确权登记，使每个公民都能够清楚地了解自己的权益；权属主体、权力承担主体、权力执行主体和权利义务等都涉及所有权中对物管理权能的行使。尽管《民法典》在定义所有权时没有明确规定对物管理权能，但学术界普遍认同该权能的存在。目前，我国自然资源资产管理通常由各级地方政府代表国家行使所有权，这种行使具有一定的特殊性、广泛性和不特定性。作为所有权主体，国家无法直接实现对自然资源资产的占有，必须通过特定的形式进行宣示性占有，这可以通过自然资源调查监测、确权登记、清查统计等方式实现。这些措施的目的是明确资源的类别，划定资源的边界，掌握资产的具体情况，确认权属关系，并进行相应的登记和颁证。③ 在这个过程中，履行所有者职责的主体必须积极行使上述职责，以上述方式主张所有权；同时还强调必须对自然资源资产进行全面清查、确立产权准则并明确归属，并在此基础上建立完善的调查监测、清查统计和确权登记等制度体系，提高资源管理的透明度和效率，保护所有者和公众的利益。同时，通过主张所有明确所有者职责履行的边界有助于促进各方的合作与协调，实现资源管理的协调与平衡。

在中央层面，自然资源部应制定全民所有自然资源资产的调查和核算标准，以确保全面、准确地了解自然资源的数量、质量、价值、分布和变动情况。同时，应开展全民所有自然资源资产的调查和统计核算，

---

① 参见汪志刚：《自然资源资产国家所有权委托代理的法律性质》，载《法学研究》2023 年第 2 期。

② 参见李景豹：《论恢复性司法在环境资源案件中的应用》，吉林大学 2022 年博士学位论文。

③ 参见汪建航、罗培升、刘子瑄：《关于全民所有自然资源资产所有者职责内涵的思考》，载《中国土地》2022 年第 8 期。

并建立相应的资产账户,以便实时动态地掌握全民所有自然资源资产的情况。地方政府则具体负责组织编制自然资源资产负债表,将各类自然资源资产的情况进行清晰记录,其中包括掌握自然资源资产的数量、质量、价值、分布和变动情况,以及所有权人、所有者职责履行主体、代理履行主体等相关信息。通过进行自然资源的确权登记,可以在登记簿上记录全体公民对自然资源资产的产权主体,可以明确所有权人的身份,确定所有者职责履行的主体和代理履行的主体,同时明确权利和义务的内容。① 通过以上措施,可以确保全民所有自然资源资产的所有权得到明确,并明确各方的责任和义务。这样做有助于加强对自然资源的管理和保护,推动自然资源的可持续利用。通过准确了解和记录自然资源资产的情况,政府和社会各界能够更好地制定相关政策和措施,促进资源的合理配置和利用。

此外,国家经济安全、国防安全和生态安全对于自然资源的重要性不言而喻。在确保这些安全的前提下,中央政府直接行使自然资源资产所有权,权利涵盖以下方面:直接拥有并管理战略性矿产资源,这些资源对于国家的经济和国防具有重要意义;直接持有并管理兵团的土地,这些土地在经济发展和安全稳定方面扮演着重要角色;直接拥有并管理国有重点林区,这些林区对于生态系统的功能和生态安全至关重要;直接行使湿地草地的所有权,这些地区的生态功能对于生态平衡和环境保护至关重要;直接持有并管理大江、大河、大湖和跨境河流,这些水资源对于国家安全和跨区域合作至关重要;直接行使珍稀野生动植物物种的所有权,这些物种的保护对于维护生态多样性和生物安全至关重要;直接持有并管理跨行政区的国家公园,这些公园的保护和管理对于保护自然资源和促进可持续发展具有重要意义。与此同时,中央政府行使自然资源资产的所有权,并将资产增值收益上交国库,由公共财政统一支配。这样做可以实现自然资源资产收益的全民共享,确保公平和可持续发展。

① 参见汪志刚:《自然资源资产国家所有权委托代理的法律性质》,载《法学研究》2023 年第 2 期。

二、行使权利是履行所有者职责的核心

"行使权利"的宗旨在于确保全民拥有自然资源资产的物质性权能[①],这一权能可以通过占有、使用、收益、处分以及其他法律法规规定的方式实现。

与一般所有权的行使相同,行使全民有者自然资源资产所有权必须遵循诚实信用原则和公序良俗原则,不得违反法律的强制性规定。鉴于各个地区资源的独特性及为了更好地保护资源,应该根据资源的经营性、公共性、重要性、区域性等多种因素,采取多种措施,如设立专门的执行机构,负责监督资源的管理,还应该把资源的产权制度建立起来,从而更好地保护资源,此外,也应该考虑如何让资源的权利得到更好的保障,从而更好地保障人民的合法权利,保护资源的安全,保护环境的健康发展。为了更好地发挥权力的作用,我们还应该加强对权力的监督,并采取措施来改善权力的运作。例如,根据相关规范,清晰地界定各种权力的边界,并采取措施来保护这些权力。同时,还应该探索更加公正、合规的权力运作模式,以便让更多的人可以参与到要素市场中来。[②]

三、履行义务与承担责任是履行所有者职责的基本要求

履行义务与承担责任是履行所有者职责的重要内容和基本要求。所有权人行使所有权时必须履行相应的义务和承担相应的责任,这是现代所有权的普遍观念,并不因所有权是个人所有权或全民所有权而有差别。从委托代理的角度来看,除了一些具有权利行使性质的职责需要委托给代理人行使外,其他职责并不需要作为委托的客体,而可以附随于终端所有权行使权能的委托,由受托人承担。履行义务是明确权责利边界的关键,代理人行使全民所有自然资源资产所有权时,需要

---

① 参见陈琛:《促进自然资源资产高效配置建设生态文明实现永续发展》,载《中国自然资源报》2022 年 3 月 25 日,第 1 版。

② 参见汪建航、罗培升、刘子瑄:《关于全民所有自然资源资产所有者职责内涵的思考》,载《中国土地》2022 年第 8 期。

符合国土空间规划、用途管制要求、节约资源和保护生态环境的要求。同时,要遵守诚实信用原则和市场规则,在资源配置中充分发挥市场的决定性作用,并履行相关法律和民事约定的义务。[①] 这些义务主要源于现代所有权理论及现代法律对所有权人行使所有权的要求。在全民所有的情况下,这些义务和责任也符合全民的共同意志和共同利益,履行所有者职责的自然资源部和省市级地方人民政府都应按照法律规定履行这些义务。在考虑到自然资源资产的公共性和外部性,履行所有者职责的主体需要在明确产权归属和权利内容的基础上,依据规划利用自然资源资产,维护公共利益,保护生态安全。例如,青海省已根据国家相关要求全面停止了各自然保护区的勘查开发,以保护青海作为“三江之源”和“中华水塔”的生态环境。[②] 因此,从理论上讲,法律上规定的这些义务和责任实际上可以通过委托代理关系来明确,委托代理关系一旦成立,代理人在接受委托行使所有权的同时,也就应当根据法律的规定履行相应的义务和责任。

此外,在自然资源资产管理过程中,履行所有者主体需要通过宏观和微观层面的协同努力,积极履行相关的义务,确保自然资源的合理利用、保护和可持续发展。自然资源部在宏观层面承担确保全民所有自然资源资产的物权权能实现的重要角色,[③]其职责包括:制定统一的登记标准、登记制度和登记办法,确保全民所有自然资源资产的登记信息准确无误;建立统一的登记平台,实现登记信息的统一记录、数据标准的一致性和数据的共享,确保全民所有自然资源资产的权益得到准确记录和保护;根据用途管制制度制定全民所有自然资源资产的开发利用和保护规划等。这些规划应考虑到不同资源种类和在生态、经济、国防等方面的重要程度,明确资源的数量和空间分布范围;资源清单中还应列入全民所有自然资源资产委托代理行使所有权的资源。这样做的

① 参见汪建航、罗培升、刘子瑄:《关于全民所有自然资源资产所有者职责内涵的思考》,载《中国土地》2022 年第 8 期。

② 参见王瑜、王丽华:《水润三江源绿满祁连山——青海省践行绿色勘查开发纪实》,载《青海国土经略》2017 年第 4 期。

③ 依据《民法典》第 242 条等条文的规定,自然资源资产国家所有权的权能,一般并不包括转让和抛弃所有权的权能。

目的是明确委托代理行使所有权的范围和限制,确保资源的合理利用和保护。在微观层面,地方政府及其自然资源管理部门在处置和配置全民所有自然资源资产时,需符合国土空间规划、用途管制要求以及节约资源和保护生态环境的要求。同时,地方政府和管理部门还需作出依法行政许可,组织实施全民所有自然资源资产的出让、转让和租赁管理。在资源配置过程中,要遵循公平诚信原则和市场规则,充分发挥市场在资源配置中的决定性作用,并切实履行法律规定和民事双方约定的责任。

此外,就委托代理关系本身而言,根据权责对等的原则,无论是自然资源部作为直接行使主体,还是省级和市(地)级人民政府作为代理履行主体,都应勤勉尽责地履行代表或代理职责,根据法律规定或委托代理关系承担相应的义务和责任,对所有权主体或委托人负责,以保障自然资源资产的可持续利用和发展。代理人应按期向委托人报告所有者职责履行情况,委托人应定期向人大常委会报告全民所有自然资源资产管理情况。①

四、落实权益是履行所有者职责的落脚点

落实权益是全民所有自然资源资产所有权的权利主体共享所有权收益的重要保障,也是全民所有自然资源资产所有权行使的目的所在。在委托代理关系中,基于履行所有者职责,委托人或代理人应当采取措施,加强对自然资源的保护、监督,以免被非法侵犯或损害,同时,也应当积极开展科学的、高效的使用,促进自然资源经济的发展,以期达到财富的最大化。在实现全民所有自然资源资产所有权收益最大化的同时,"落实权益"还意味着要建立一套完善的收益管理和分配机制,以确保全体人民都能够充分享受到全民所有自然资源资产所有权所获得的收益。通过公平、公正的方式分配全民所有自然资源资产所有权收益,

---

① 参见叶榅平:《自然资源国家所有权行使人大监督的理论逻辑》,载《法学》2018年第5期。

是履行所有者职责的重要内容。[①] 因此,为确保充分实现全民自然资源资产收益,应加强机制建设,落实所有者权益,其中包括:第一,自然资源部应改进征缴和激励机制,包括组织全民自然资源资产的出售、租赁等方式,确保公平合理的收益分配。第二,基于"收支两条线"的管理原则,合理划分中央和地方之间的收益比例,以优化资金使用结构,确保资金的有效利用。第三,自然资源部还应制定全民自然资源资产的处置办法,建立以有偿使用为核心的资产处置制度,以维护全民所有者的权益。第四,建立考核评价制度,组织进行评估、评价和考核工作,对代理人进行监督和考核。当代理人超越职权或缺乏履职时,可以暂停其代理资格,并依法追究相关责任。第五,地方政府及其自然资源管理部门应将全民自然资源资产的调查、规划和管护工作置于首要位置,促进资产收益的全民共享。第六,除了实施中央对地方的生态补偿制度,还应建立地区之间的生态补偿制度,以确保自然资源的合理利用和生态环境的保护。

第三节　所有权委托代理法律关系的内容

围绕落实"主张所有、行使权利、履行义务、承担责任、落实权益"等所有者职责,我国已开始了统一行使、分类实施、分级代理、权责对等的全民所有自然资源资产所有权委托代理实践,通过纵向的分级委托与横向协作两种类型实现纵向放权与横向扩权,不断优化资产管理职能。纵向分级委托代理机制是通过权力下放,解决中央与地方在全民所有自然资源资产管理上的事权财权问题,最大限度地保护自然资源资产、落实全民所有自然资源资产所有者职责;横向协作则是注重协调机制的建立,加强部门间横向联系,解决全民所有自然资源资产管理机构职能交叉的问题。《试点方案》推动全民所有自然资源资产所有权委托代理机制试点工作,本质上就是要求通过委托代理机制落实全民所有自

① 参见于振英:《基于公平互惠的全民所有自然资源资产所有权委托代理激励机制分析》,载《当代经济管理》2023 年第 1 期。

然资源资产管理事务中的事权财权关系,从制度上解决央地权责利不清的问题。

一、委托代理关系中的央地财权事权问题

委托代理法律关系的内容是委托方与代理方在委托代理中的权利义务,即作为委托方的自然资源部与省级、市(地)级人民政府之间关系的内容;本质上就是中央与地方在全民自然资源资产所有权行使过程中的权利与义务配置。具体而言,其涉及全民所有自然资源资产所有权行使过程中权、责、利在中央与地方之间的配置。长期以来,由于中央与地方之间在自然资源资产管理中的权责利不对等、不匹配,导致地方缺乏履行所有者职责的积极性,《试点方案》通过委托代理关系厘清中央与地方关系的同时,试图借助委托代理关系调整中央与地方之间的权责利关系,压实地方政府承担的所有者职责,明确其权责利关系,从而促进中央与地方在全民所有自然资源资产管理上的良性互动,保障全民所有自然资源资产保值增值。

(一)委托代理需要解决的财权事权问题

在全民所有自然资源资产管理中,中央与地方事权和财权不匹配主要体现在以下两方面:一是财权事权配置不清晰不合理。长期以来,在我国资源管理实践中,中央与地方互相掣肘、互相拉扯的现象时有发生,为此,需要通过委托代理关系重新划分中央与地方的自然资源资产管理权。二是资产收益分配不合理。目前,中央与地方在全民所有自然资源资产管理方面的权责利不对等,总体上地方负担重而权益少。在此情况下,地方政府为了获取更多的财政支出,往往会在保护生态环境方面做出让步,这进一步加剧了生态空间的持续占用和破坏。例如,在重要的生态功能区中,国有公益林的管护费用主要由地方政府承担,而中央财政拨款的支出相对较少。以福建省为例,地方财政每亩支付17元,而中央财政仅支付5元。根据《自然保护区条例》的规定,自然保护区所需经费由所在地县级以上的地方政府进行具体安排,国家只向国家级自然保护区提供对应的补助性资金。然而,由于经济利益的驱动,个别自然资源资产的实际控制者往往过于关注其经济价值,忽视了

其生态价值和社会价值,导致部分自然保护区内出现矿产采伐、地产开发等营利性、商业性活动,严重破坏了生态环境。① 因此,匹配中央与地方的财权事权、保证利益合理分配、解决利益冲突成为完善全民所有自然资源资产所有权委托代理机制的应有之义。

(二)通过委托代理机制解决央地财权事权的合理配置

为了解决上述问题,需要对事权和财权进行合理的划分,确保中央和地方政府在自然资源资产管理和保护方面承担相应的责任,理顺中央与地方收入划分和完善转移支付制度,实现自然资源资产委托代理的合理性和可持续性。《指导意见》提出完善全民所有自然资源资产收益管理制度,合理调整中央和地方收益分配比例和支出结构。在开发自然资源过程中,央地政府间的利益倾向和视野均存在差异,那么在自然资源的配置上,就容易引发利益之争。因此,匹配中央与地方的财权事权、保证利益合理分配、解决利益冲突就成为完善全民所有自然资源资产所有权委托代理机制的应有之义。当然,财权事权相匹配是依据各级政府对事权的保障能力,并不是要每一级政府都完全相同。作为利益博弈的各方,基于自然资源资产收益的利益使然,相互之间必然会发生矛盾,因此要兼顾各方利益。对此,可以根据情况相应提高省级、市级地方政府的财政分配比例,以充足的财权作为政府承担一定事权的保障;还要完善委托代理机制,只有合理划分央地财权事权,保证委托人与代理人利益的合理分配,才能充分调动地方政府履行职能的积极性。具体而言,在委托代理机制下,特别需要通过明确委托代理关系的内容重新调整央地关系,对权责利做出合理适当的安排。

第一,合理配置事权。具体而言,应当在自然资源清单中,对中央与地方事权做出安排,明确地方政府管理权限。上收该由上级政府负责的事权,以解决下级政府能力不足、负不起责的问题;有些权力比如宏观调控权应设置为中央专有权力,不能下放给地方;矿产资源领域的对外合作、矿产资源战略储备等事权,都是影响国家大局且地方无能力

---

① 参见马永欢等:《构建全民所有自然资源资产管理体制新格局》,载《中国软科学》2018 年第 11 期。

行使的权力，不能层层分解。特别要注意下放自然资源资产处置权，使地方政府在履行所有者职责中具备必要的自主权限。通过下放自然资源资产处置权，地方政府能够更好地管理和决策，符合当地实际情况和发展需求。同时，中央政府可以依法监督和指导地方政府的自然资源资产处置活动，确保整个责权利体系的协调运行。也应注意，财权事权相匹配是依据各级政府对事权的保障能力，并不是要每一级政府都完全相同。作为利益博弈的各方，基于自然资源资产收益的利益使然，相互之间必然会发生矛盾，因此要兼顾各方利益；可以根据情况相应提高省级、市（地）级地方政府的财政分配比例，以充足的财权作为政府承担一定事权的保障，还要完善委托代理机制，只有合理划分央地财权事权，保证委托人与代理人利益的合理分配，才能充分调动地方政府履行职能的积极性。①

原则上，公益性全民所有自然资源资产所有权应当由自然资源部直接行使。例如，国防用地、战略性矿产、具有重大经济和生态功能的大江大河、国有重点林区，具有重要生态功能的湿地、草地、大湖和跨境河流、珍稀野生动植物种，以及国家级自然保护区、跨行政区的国家公园等，这些自然资源资产是保障国防、经济及生态安全的基石，其所有者职责应当由自然资源部统一行使。市场性和经营性强的全民所有自然资源资产所有权可分级委托给地方政府行使。自然资源部可以根据法律授权、委托代理协议或自然资源清单等方式将部分全民自然资源资产所有权委托给省级、市（地）级人民政府代理人，由代理人行使所有权职责。委托代理机制有助于提高全民所有自然资源资产管理效率，促进自然资源资产合理利用，提高资源利用效率，从而充分实现全民所有自然资源资产所有权的制度价值。②

第二，合理分配成本与收益。以编制自然资源资产清单为基础，合理划分央地财权事权、明确代理人行使所有权的具体权能和需要承担

① 参见马永欢、吴初国：《推进全民所有自然资源资产分级行使所有权改革》，载《学习时报》2019 年 6 月 17 日。

② 参见张帆等：《全民所有自然资源资产委托代理初探》，载《中国国土资源经济》2023 年第 10 期。

的责任义务、平衡界定共同利益与各自利益。对于自然资源资产的调查、保护、修复等事权财权,该由中央政府承担的事权应当上收,并承担相应的财政支出,属于地方政府的事权应当下放,并承担相应的财政支出。还要根据具体的情况进行相应的匹配,保证合理性,对于应由央地共同承担的,根据受益范围和影响程度等因素来划分支出责任和支出比重。① 在收益管理和分配上,要确保各级政府在资源利益分配中的合理权益。为确保责权利相统一,应建立科学合理的责权利体系,以实现自然资源资产保护事权与财政支出相对等。② 这样可以确保各级政府在自然资源管理中担负起应有的责任。

第三,保障收益共享。在匹配中央和地方财权事权的基础上,应根据财政职能进行收益再分配,确保自然资源资产收益实现全民共享。我们需要深刻理解全民所有自然资源资产的普遍性及其意义,确保资产收益的归属和上缴。国务院应履行代表国家行使所有权的职责,地方政府应根据分级代理的要求,充当代理行使国家所有权的角色;明确权责,避免出现越权、滥权等不当行为。③ 在委托代理机制下,应规范自然资源资产收益的征缴管理,并设立中央自然资源资产管理机构,负责制定征收标准规范、政策法规、分配方案、分配比例和激励措施。地方资产管理部门应全额征收自然资源资产收益,并将其上交国库,以确保国家权益不流失,同时保障全民所有者的合法权益。同时,为优化资产收益分配管理,应优化支出结构,兼顾资产的全民所有性和特殊分布性质。初次分配自然资源资产收益时,应保留一定比例的收益给市县级人民政府,以调动其积极性,并确保全额征缴的落实。在此基础上,进行资产收益的再次分配。除了用于自然资源资产调查、评价、规划和保

① 参见马永欢、吴初国:《推进全民所有自然资源资产分级行使所有权改革》,载《学习时报》2019 年 6 月 17 日。

② 参见程雪阳:《国有自然资源资产产权行使机制的完善》,载《法学研究》2018 年第 6 期。

③ 参见谭荣:《全民所有自然资源资产所有权委托代理机制解析》,载《中国土地科学》2022 年第 5 期。

护的地方财政支出，剩余收益可用于征地安置等公共事业支出①。这样的全民所有的自然资源资产收益分配机制既能体现资产的全民所有性质，又能照顾到资源产地的特殊情况。通过这种分配方式，能够调动各级政府对自然资源资产收益的积极性，促进资源产地的发展，并确保资产收益的合理利用和公共事业的支持。

二、委托代理关系中权利义务的确定

在委托代理关系视角下，无论是央地关系还是横向部门之间的关系，本质上都是一种契约关系，在这种关系中，自然资源部是委托方，省级、市（地）级政府是受托方，需要通过委托代理关系明确双方的权利义务。就所有者职责的履行而言，双方的权利义务关系总体上包括以下几个方面。

（一）委托人的权利义务

在全民所有自然资源资产所有权委托代理机制试点中，自然资源部是委托人，其在委托代理法律关系中是委托方和授权方，在将履行所有者职责以委托代理合同或自然资源清单等方式委托给其省级、市（地）级地方政府之后，其核心的法律地位便是受托人的监督者，其应以公众受益为目的，以相关法律和委托代理合同作为依据，对省级、市（地）级人民政府等受托人履行所有者职责予以监督。在委托代理关系中，委托人的权利主要有三项：一是知情权。自然资源部作为委托人，也是委托代理协议的当事人，对受托人履行所有者职责的情况享有知情权。因此，自然资源部有权调查受托人履行所有者职责的情况，有权查阅、抄录、复制相关账目文件等，并要求作为受托人的地方政府对履职情况做出说明。二是救济权。自然资源部作为委托人享有救济性的权利，包括撤销权、损害赔偿请求权等。如果作为受托人的地方政府背离委托代理的目的，或违反管理职责等导致全民所有自然资源资产受到损失，委托人有权申请法院撤销该处分行为，并要求地方政府恢复原

---

① 参见马永欢、吴初国等：《完善全民所有自然资源资产管理体制研究》，载《中国科学院院刊》2019 年第 1 期。

状或予以赔偿。三是解除委托代理关系的权利。如果作为受托人的地方政府在履行所有者职责的过程中出现违背公共利益处分全民所有自然资源资产,或者存在重大过失的,作为委托人自然资源部有权解除委托代理关系,撤销授权,将全民所有自然资源资产所有权收回,由自己履行所有者职责,或重新与其他地方政府建立委托代理关系,授权其他地方政府履行所有者职责。

(二)受托人的权利义务

在全民所有者委托代理关系中,受托人的范围包括省级、市(地)级人民政府。受托人在委托代理关系中的权利义务主要有:一是在履行所有者职责的权限范围内,制定相应的全民所有自然资源资产管理规则。政府应积极履行所有者职责,制定履行所有者职责和资产管理规则,建立所有权与监管权分离体制,依法所有权与土地使用权分离,推动各种自然资源资产使用权、用益物权竞争性出让,完善自然资源资产出让、租赁、作价出资(入股)、特许经营等政策,对自然资源资产使用权扩权赋能、激发活力,健全自然资源资产国家所有权权利体系。二是履行所有者职责。受托人应"履行诚实、信用、谨慎、有效管理的义务",发挥自然资源的经济、生态等多元价值,积极履行所有者职责。省级、市(地)级地方政府不得为了其自身或少数人的私人利益进行占有、使用或处分全民所有自然资源资产,换言之,作为受托人的地方政府只能为全民所有自然资源资产所有者的利益行使所有权。在履行全民所有自然资源资产所有者职责过程中,各级政府应当充分尊重自然资源资产价值规律、竞争规律和供求规律等经济规律,发挥市场在自然资源资产配置中的决定性作用,实现要素价格市场决定、流动自主有序、配置高效公平的高标准自然资源市场体系。三是管护职责。作为受托人的地方政府在履行所有者职责过程中,如果其受托管理的全民所有自然资源资产遭受他人侵害,应积极履行管护义务,积极寻求权利救济,有效管护全民所有自然资源资产。此外,政府还应通过宏观调控等政府公共管理手段更好地发挥政府的作用,以解决"市场失灵"问题。四是接受监督的义务。一方面,作为受托人的省级、市(地)级人民政府,应向委托人自然资源部报告所有者职责履行的情况,接受自然资源部的监督。另一方面，地方政府在履行所有者职责过程中，应接受地方人大监督，保存资产管理记录，定期向地方同级人民代表大会报告占有、使用、处分全民所有自然资源资产的情况。此外，受托人还应当接受人大代表监督和公众监督。在权利方面，地方政府在履行所有者职责时享有对全民所有自然资源资产管理的权利，并基于此有权获得相应财权事权及收益分享①。

在所有权委托代理机制中，受托方的私法权利主要表现为设置自然资源用益物权、审批用益物权流转、获得产权收益。相应地，受托人未妥善履行所有者职责，导致全民所有自然资源资产及权益受损的，受托人应当及时采取补救措施，根据自身过错程度赔偿委托方的损失。自然资源部作为委托方则不得干涉受托方行使自然资源资产所有权，并负有保障受托方按照法定或约定的分成比例分享资产收益的义务。

在委托代理机制中，地方政府作为受托方行使全民所有自然资源资产所有权，应当在委托授权的范围内行使权利，不得超越代理权，一旦超越代理权，则可能产生对于第三人的法律责任，此种情形下，委托方应视具体情形追认或撤销超越代理权的行为。以矿业权许可为例，在第三方对于地方政府越权并不知情的情形下，委托方可在确认第三人具备行政许可所应具备的实质要件的条件下，追认地方政府颁发的行政许可，使之有效。在司法实践当中，最高人民法院亦有承认有权机关对于无权机关越权发放的矿业权许可，可通过准予其续期的方式使之合法的判例。② 若委托方自然资源部撤销地方政府的许可行为，则作为受托方的地方政府对于受有损害的第三人的损失应承担赔偿责任。

---

① 参见李兴宇、吴昭军、张倩：《全民所有自然资源所有权委托代理的法律分析——以信托为视角》，载《中国土地科学》2023 年第 8 期。

② 参见林旭霞、纪圣驹：《矿产资源国家所有权委托代理行使机制研究》，载《福建师范大学学报（哲学社会科学版）》2022 年第 2 期。

第五章　全民所有自然资源资产所有权委托代理的实现机制：自然资源清单制度

第一节　自然资源清单的概念及性质

改革开放以来，我国自然资源管理工作取得显著成就的同时，还存在资源约束趋紧和利用粗放并存的问题，为此我国高度重视自然资源领域的改革推进工作。2013 年，党的十八届三中全会提出了“探索编制我国的自然资源资产负债表”的设想。随后中共中央、国务院办公厅选择在浙江省湖州市等五个地区开展试编工作，各试点地区积累了丰富的经验。2018 年，作为自然资源统一主管机关的自然资源部成立，自然资源管理体制初步实现从“多头管理”向“集中管理”的转变。2019 年的《指导意见》要求开展自然资源资产价值研究，深入推进我国自然资源资产产权制度改革，建立科学的资产评价管理体制、机制。2022 年，两办印发的《试点方案》要求编制自然资源清单并明确委托人和代理人权责，自然资源部会同有关部门编制中央政府直接行使所有权的自然资源清单，试点地区编制省级和市地级政府代理履行所有者职责的自然资源清单。由此可见，编制自然资源清单是自然资源资产产权制度改革的一项试点任务，但目前理论研究和实践探索刚刚起步，且缺乏相关技术规范，因此，如何科学编制自然资源清单，并通过编制资源清单厘清各级所有者职责履职主体间的责权利边界成为当务之急。

一、自然资源清单的概念

《试点方案》要求编制分级履行所有者职责的自然资源清单，明确委托人和代理人权责，有效落实所有者职责。因此，自然资源清单是实现所有权委托代理、落实委托代理关系的重要方式，在自然资源清单中，要明确委托代理关系的主体、客体、内容等要素，明确委托代理双方的权责利关系。简单来说，自然资源清单是在现有法律框架内，通过制定表格清单的形式明确中央政府和地方政府针对不同种类的全民所有自然资源资产的所有者职责，以期构建与自然资源资产类型相适应的所有者职责体系。[①] 自然资源清单是基于资源类型划分的所有者职责清单，不是自然资源分类，更不是政府部门履职的权力清单。自然资源清单是对委托代理关系的确定，在清单上记载的应当包括委托代理的基本要素，特别是委托代理对象，即履行所有者职责。

（一）自然资源清单是所有者职责清单

虽然冠以"自然资源清单"之名，但其编制目的不是对自然资源进行分类，即自然资源清单的内容不是自然资源类型，而是所有者职责。2015 年 9 月 21 日中共中央和国务院印发的《总体方案》对编制自然资源清单作了宏观指引，要求"中央政府主要对石油天然气、贵重稀有矿产资源、重点国有林区、大江大河大湖和跨境河流、生态功能重要的湿地草原、海域滩涂、珍稀野生动植物种和部分国家公园等直接行使所有权"。《试点方案》明确提出"编制自然资源清单并明确委托人和代理人权责"，可见自然资源清单是要根据自然资源本身的重要性建立与特定类型自然资源相适应的所有者职责体系，明确不同所有权主体应当履行的职责。一般认为，对于国防需求高、生态属性强或者国家战略重要的自然资源资产，应由自然资源部直接行使国家所有权；对于经济属性强或者对地方产业发展重要的自然资源资产，可以委托给省级、市（地）级政府行使国家所有权。[②] 全民所有自然资源清单本质是针对不同资源类型来划分所有者职责的清单，其编制的逻辑基础是所有者职责明晰与资源类型的匹配，而不是自然资源的分类。[③]

---

① 参见李政等：《全民所有自然资源资产所有者职责资源清单——编制理论与思路刍议》，载《中国国土资源经济》2023 年第 3 期。

② 参见王涛、辛冰、殷悦：《全民所有自然资源资产管理体制研究》，载《海洋经济》2023 年第 1 期。

③ 参见龙开胜、周小丹：《浅议全民所有自然资源资产所有权资源清单》，载《中国土地》2022 年第 6 期。

（二）自然资源清单是代理人履行职责清单

自然资源清单是代理人履行所有者职责的清单，不是赋予权力的清单。自然资源清单是需要明确代理人应当履行的所有者职责，即要明确自然资源部授权的范围及具体内容，通过自然资源清单保障地方政府恰当履行所有者职责，实现自然资源资产保值增值，而不是赋予代理人监管自然资源资产的行政权力。如前所述，所有者职责是所有权的行使，由此引申出来的代理人职责应当属于私法范畴，故不应当将代理人职责理解为公法属性。因此，作为代理人的地方政府在履行所有者职责时，应通过出让合同或协议等民事手段达成自然资源资产配置、处置和收益，利益实现等事宜，不能随意采用行政强制或行政处罚等措施来维护权益，任何部门都不应借清单编制契机创设新的行政权力事项。①

二、自然资源清单的性质

（一）有关自然资源清单性质的理论争论

准确认定自然资源清单的法律性质是对其加以完善的前提，然而学界对于自然资源清单的性质问题莫衷一是。民事委托代理说主张将自然资源清单定性为民事委托代理，持有这种观点的学者居多。比如，汪志刚从《试点方案》的规范内容入手，分析了委托代理行使的主体和委托代理行使的客体，认为从民事角度理解自然资源清单更符合现行立法和政策文件所体现的精神。② 龙开胜认为资源清单的目的在于实现自然资源资产保值增值，因此履行相关职责的代理人应以合同或协议等民事手段处理自然资源资产处置、配置和利益实现等事宜③。行政分工说认为应当从公共管理视角解析全民所有自然资源资产所有权委

---

① 参见龙开胜、周小丹：《浅议全民所有自然资源资产所有权资源清单》，载《中国土地》2022 年第 6 期。

② 参见汪志刚：《自然资源资产国家所有权委托代理的法律性质》，载《法学研究》2023 年第 2 期。

③ 参见龙开胜、周小丹：《浅议全民所有自然资源资产所有权资源清单》，载《中国土地》2022 年第 6 期。

托代理机制,自然资源清单性质为权力清单,是针对行政权的分工。比如,谭荣认为自然资源清单以清单方式列举不同级别政府及部门的职责与权限,《试点方案》选择了"7 + 1"类自然资源资产分配方式并分工给中央、省级和市地级政府。①

(二)自然资源清单的委托协议性质

从落实中央所确定的"自然资源所有者和监管者分开"改革目标出发,将自然资源清单定性为一种民事委托代理协议更为符合自然资源资产改革政策文件的精神。一是自然资源资产所有权与一般所有权无异,这体现在二者均适用物权法定和物权平等保护原则上。《指导意见》明确提到,自然资源资产所有权同样需要遵循物权法定原则和权利平等原则,这两大原则同样适用于一般民事物权。二是自然资源清单的内容是对所有者职责的安排,即所有权行使的安排,这一安排彰显着一定的意思自治的精神。《指导意见》强调要在符合现有立法的基础上,研究建立中央行使所有者职责的资源清单与由省级和市(地)级政府代理行使所有者职责的资源清单。围绕具有私权属性的自然资源资产所有权行使的安排不宜超出私法范畴,应定性为民事委托代理协议,并且《指导意见》还划定了自然资源清单的意思自治范围,即排除法律授权给地方政府代理行使所有权的特定资源。只有将资源清单放置于民事委托代理协议下,才能对《指导意见》规范意蕴作正确理解。

三、自然资源清单的价值意义

在委托代理关系中,自然资源清单具有重要意义,主要体现在以下几个方面。

第一,可以进一步明确全民所有自然资源的范围,顺应自然资源精细化管理的趋势。根据我国现有的法律规定,全民所有自然资源资产范围实际上是不清晰的,通过民事物权管理自然资源的方式容易忽视不同类型自然资源在管理需求上的差异,阻碍自然资源管理效率的提

---

① 参见谭荣:《全民所有自然资源资产所有权委托代理机制解析》,载《中国土地科学》2022 年第 5 期。

高。根据《民法典》物权编第五章有关国家所有权的规定,民法规定的国家所有权并没有使用类型化方法,体现的是“国家所有权客体无限广泛性的理论”①,这种不区分自然资源类型并一律归入国家专有财产并由国务院作为统一代表主体行使所有权的规定,对资源分布的区位性、用途多样性、价值多元性的现实关照不足。与“胡子眉毛一把抓”的现有自然资源国家所有权行使相比,自然资源清单在自然资源资产类型化基础上在中央、省级、地市级三级政府间进行所有者职责的配置,对自然资源的开发、利用和保护的精细化程度更高。因此,自然资源清单关注到了自然资源管理的复杂性问题,在对自然资源进行类型化梳理基础上划分所有者职责,彰显着精细化管理的价值导向。《总体方案》提出对全民所有自然资源资产进行类型化处理,按照资源类别及资源对社会的重要性程度等标准进行分类。《试点方案》要求“研究探索不同资源种类的委托管理目标和工作重点……到 2023 年,基本建立统一行使、分类实施、分级代理、权责对等的所有权委托代理机制”。要求编制自然资源清单应依据自然资源资产的经济价值、生态重要性、可替代性、区位特征,以及自然资源资产开发的负外部性和社会关联性等特征,差异化设定委托代理目标和工作重点,精准施治。② 由此可见,自然资源清单在自然资源资产分类和自然资源资产管理分级的改革上大有可为。

第二,合理配置央地事权的需要。中央与地方的关系通常是形容国家体制纵向上的权力与资源配置关系,③央地关系在中央集权和地方分权之中变化发展。中央集权的目的在于维护行政层级节制和权威统

---

① 邓海峰:《生态文明体制改革中自然资源资产分级行使制度研究》,载《中国法学》2021 年第 2 期。

② 参见《院士专家谈|〈全民所有自然资源资产所有权委托代理机制试点方案〉之二》,载微信公众号“自然资源部”2022 年 4 月 21 日,https://mp. weixin. qq. com/s/kEkVmUmsYOHQCsmBX16DZQ。

③ 参见景跃进等主编:《当代中国政府与政治》,中国人民大学出版社 2016 年版,第 185 页。

一,地方分权的意图在于提高地方参与社会治理的积极性。[①] 通过合理配置中央权力和地方权力,能够提升行政效率,继而改善国家治理效能。现行自然资源国家所有权立法侧重于对中央政府赋权,对地方政府赋权不足,地方政府承担相当宽泛的行政管理职责,这违背了权责对等的原则,因此难以调动地方参与管理的积极性。对自然资源国家所有权作私法层面的理解已在学界达成了共识,[②]立法者在所有权行使制度设计上倾向于维护中央权威,体现在《民法典》第246条上,其仅规定国务院作为所有权的代表主体,没有赋予地方政府权利主体的地位,地方政府被严重地边缘化。但是根据各自然资源单行法的规定,地方政府负有管理各类自然资源的职责。实际占有自然资源的地方政府负担管理自然资源的义务却不享有收益分配的权利;地方政府在缺乏激励机制的情况下,容易产生"重开发、轻保护"倾向,片面追求自然资源的经济价值,忽视其生态价值和社会价值。[③] 立法者应当注意妥善处理自然资源资产管理过程中的央地关系,需要发挥中央和地方两个积极性,而不能有所偏颇。[④] 自然资源自清单制度的实施有助于提高地方政府参与自然资源开发、保护事业的积极性,理顺中央与地方的关系。《总体方案》要求通过编制资源清单的方式,理顺中央政府所有者职责和地方政府所有者职责。《指导意见》对资源清单的编制作出短期和中长期规划。资源清单的编制应当统筹考虑各级政府及其职能部门间的职责关系,[⑤]这意味着自然资源赋权地方被提上日程。

第三,推动政府职能转变的重要力量。党的十八大以来,我国通过"放管服"改革加速了政府职能转变进程,"放管服"改革由三个方面构

---

① 参见王资峰:《中国流域水环境管理体制研究》,中国人民大学2010年博士学位论文。

② 参见金海统:《资源权论》,法律出版社2010年版,第182页。

③ 参见中央编办二司课题组:《关于完善自然资源管理体制的初步思考》,载《中国机构改革与管理》2016年第5期。

④ 参见林彦:《自然资源国家所有权的行使主体——以立法为中心的考察》,载《交大法学》2015年第2期。

⑤ 参见龙开胜、周小丹:《浅议全民所有自然资源资产所有权资源清单》,载《中国土地》2022年第6期。

成:“放”是指简政放权,要求政府调和政府和市场、政府与社会间的关系,既要发挥市场在资源配置中的决定性作用,还要给社会留有自治空间。“管”是指运用制度等间接管理方式实现政府管理职能,避免过分依赖行政权力的运行。“服”是指改进政府对社会提供公共服务的能力,提高公共产品的数量与质量。① 自然资源国家所有权行使存在的所有者和监管者同一的问题,是阻碍政府职能转变的重要壁垒。虽然2018年政府机构改革中成立了自然资源部,期冀其履行全民所有自然资源资产的所有者职责。但是,在现有立法未修订的情况下,自然资源部仍是所有者和监管者混同的部门,与改革要求相去甚远。以矿业权为例,矿业权出让是矿产资源国家所有权行使的结果,根据自然资源部2023年1月3日发布的《关于印发矿业权出让交易规则的通知》的规定,自然资源部主管矿业权出让意味着自然资源部是事实层面矿产资源国家所有权的行使主体。但根据《矿产资源开采登记管理办法》第3条规定,国务院地质矿产主管部门,即自然资源部同时担任着颁发采矿许可证的监管主体身份。自然资源部如何在区分“自然资源资产所有者权利和管理者权力”的基础上统一行使国有自然资源资产所有者职责,这一问题仍有待探索。②

自然资源清单制度的实施通过明晰所有者职责和监管者职责将有效促进政府职能转变进程。一方面,自然资源清单是代理人职责履行清单,不是权力赋予清单,这有助于推动政府职能从管理者本位转向服务对象本位。自然资源清单将防止所有者职责被监管者职责俘获,理顺政府与市场、政府与社会的关系。另一方面,自然资源清单凸显私权行使的规范要求,将促进政府职能运作方式从注重权力的直接管理方式转向注重制度化、法制化、网络化的间接管理方式。《试点方案》针对自然资源资产所有权救济途径的规定中,并未列入“行政救济”的规定,

---

① 参见何颖、李思然:《“放管服”改革:政府职能转变的创新》,载《中国行政管理》2022年第2期。

② 参见程雪阳:《国有自然资源资产产权行使机制的完善》,载《法学研究》2018年第6期。

而规定了“所有权救济职责”，[①]这体现了权力行使方式的转变。

第二节　自然资源清单编制的原则性要求

法律原则有别于法律规则，具有指导性、概括性和稳定性的特点。[②]编制自然资源清单的要求是自然资源清单编制所应当遵循的原则性规范，其指引着清单创制、清单适用和强化社会监督等多个环节。在清单创制过程中，中央层面的资源清单和地方层面的资源清单应当遵循统一的编制原则以确保体系化的清单制度的建立。在清单适用阶段，清单编制的原则性规范在清单内容存在疏漏之处进行漏洞填补。在社会监督阶段，清单的原则性规范有助于增进公众对自然资源清单的理解，公众不必细究自然资源清单的具体内容，仅需了解自然资源清单的价值追求，这有助于降低公众的监督成本。自然资源清单编制应当遵循的原则包括以下几个方面。

一、合理划分央地事权财权原则

自然资源清单的编制，本质上是中央与地方之间在所有者职责上财权事权划分的体现。随着自然资源部和省市地级政府自然资源清单的分别编制，也就明确了由自然资源部直接履行所有者职责的全民所有自然资源资产的范围，同时也明确了委托给省级、市（地）级地方政府履行所有者职责的全民所有自然资源资产范围。自然资源部和省级、市（地）级地方政府根据自然资源清单履行所有者职责，也就明确了在全民自然资源资产管理中的事权财权关系。具体而言，在自然资源清单编制中，需要明确以下几个问题：一是明确央地履行所有者职责的自然资源范围，合理配置全民所有自然资源资产管理职责。按照《试点方案》要求，自然资源部和省级、市（地）级政府分别编制履行所有者职责

---

① 参见汪志刚：《自然资源资产国家所有权委托代理的法律性质》，载《法学研究》2023年第2期。

② 参见公丕祥主编：《法理学》（第2版），复旦大学出版社2008年版，第247～248页。

的自然资源清单，该清单实际上也就明确了央地各级政府管理的全民所有自然资源资产范围。因此，随着清单的编制，也就大体上明确了央地事权财权配置的依据和基础。总体而言，自然资源部直接行使关涉生态安全和国家安全的自然资源资产所有权，包括但不限于军事用地、国家机关用地、战略性关键矿产资源、国家公园、以长江黄河为典型的大江大河等等。① 综合评价生态、经济、国防等维度，对于经济属性较强、公益属性较弱的自然资源资产，其所有权可以委托给地方政府代理行使。② 自然资源清单通过提升公益性自然资源资产行使主体的行政层级来彰显国家利益优先维护的立场。对于其他自然资源，自然资源部可以委托省级、市(地)级政府履行全民所有自然资源资产所有者职责。二是明确央地履行所有者职责的具体内容。特别是对自然资源部委托地方政府履行所有者职责的，应在省级、市(地)级自然资源清单中明确地方政府履行所有者职责的具体内容。三是合理配置央地履行所有者职责的权、责、利。在委托代理关系中，需要综合考虑资源禀赋、生态性与经济性关系、中央与地方政府事权财权等因素，合理设定委托代理的权责利关系，维持央地事权财权平衡，保障改革顺利进行。四是在央地之间合理分配全民所有自然资源资产收益，保障收益实现全民共享。在委托代理中要特别重视在央地之间合理分配所有者权益权能，体现全民所有自然资源资产所有权主体的“全民性”，保障收益实现全民共享。

二、严格依法编制原则

在编制自然资源清单过程中，应以《土地管理法》《矿产资源法》《森林法》《草原法》《水法》等自然资源法律法规作为基本的编制依据和基础。自然资源清单的编制应当符合法律的规定，不仅强调自然资源清单编制要以法律为依据，而且强调法律效力要优先于清单的规定。

---

① 参见张玉梅、柴志春、王涛：《全民所有自然资源资产所有权资源清单编制及管理初探》，载《中国土地》2020 年第 10 期。

② 参见王涛、辛冰、殷悦：《全民所有自然资源资产管理体制研究》，载《海洋经济》2023 年第 1 期。

一方面,有关自然资源立法是编制自然资源清单的法律基石。作为新事物的自然资源清单不仅要立足于自然资源管理实践的需要,更要符合现行立法的规定,清单编制不宜突破既有行政管理体制。① 资源清单编制应当以现有自然资源单行法为依据,同时与立法规范内容保持衔接②。另一方面,法律对自然资源资产管理作出特别规定时,应以法律规定优先适用,不能以资源清单编制改变法律的规定。根据《试点方案》规定,只有在法律允许的范围内,自然资源部才可以委托省级、市(地)级政府代理履行所有者职责。因此,为了保障试点工作顺利推进,有必要根据改革实践的发展对自然资源单行法进行必要修改,以满足改革实践发展对法治发展的需求。特别要对自然资源的类型化划分、自然资源部的职权、有偿使用、收益分配等进行完善。在完善相关法律规定的基础上,应制定自然资源清单编制技术规范,明确编制主体权责、编制程序、编制要求、清单内容、清单法律效力、清单调整程序等内容,保障自然资源清单编制工作有章可循。

三、明确所有者职责原则

自然资源清单是委托代理机制下所有者职责的清单,是考核代理人是否忠实勤勉地履行代理职责、为委托人利益服务的依据,可以作为全民所有自然资源资产管理考核评价机制构建的重要内容。由于各级政府既要履行监管者职责,又要行使所有者职责,容易导致所有权与监管权归属不清、权责不清、监管失效。因此,自然资源清单不能简单地理解为是对全民所有自然资源资产在中央和地方政府之间的分配,其是通过清单的编制,明确符合法律规定、分类科学、符合逻辑、切合实际的所有权权能体系,有利于正确区分所有权与监管权。因此,自然资源清单内容应涵盖资产类型、资产范围和名录、履行所有者主体、履行所有者职责的内容、清单确立的依据以及地方政府职责分工等,做到合法

① 参见李政等:《全民所有自然资源资产所有者职责资源清单——编制理论与思路刍议》,载《中国国土资源经济》2023 年第 3 期。

② 参见张玉梅、柴志春、王涛:《全民所有自然资源资产所有权资源清单编制及管理初探》,载《中国土地》2020 年第 10 期。

化、合理化和科学化,任何部门不得借自然资源清单编制创设新的行政权力事项。①

四、动态调整、适时更新原则

自然资源具有不可知性,这种不可知性也使自然资源资产管理呈现出动态性特征。一方面自然资源处于动态变化之中;自然资源是一个相互联系并依照一定规律演进的共同体,而人类目前仅掌握这一共同体演化的部分规律,尚未完全认知其完整的变化规律,换言之,自然资源处于动态变化中,自然资源清单应适时根据实际情况进行适当调整,保障资源清单与自然资源实际状况相符。另一方面人类对自然资源的认识也处于变化之中;人类对自然资源资产的认知受到人自身条件的限制。不同人对同一自然资源资产可能作出相反的评价,这导致建立整体性资源管理体制困难重重。为克服人类对自然资源资产不完全认知的障碍,有必要建立动态的资源管理体制,即通过动态监测,准确把握资源分布情况,从而精准施治。自然资源清单的编纂需要在定期审视自然资源资产国家所有权行使的基础上,在不同层级政府和不同职能部门之间调整所有者职责的分配。② 对此,《试点方案》按照分批推进的思路,没有要求针对全部自然资源资产编制资源清单,而是有针对性地选择了“7+1”类自然资源资产来编制中央和地方两级的自然资源清单。随着试点工作的不断推进,对于尚未纳入试点的自然资源资产,未来也可能需要纳入至资源清单,最终实现资源清单对资源名录的全覆盖。③ 此外,委托代理关系可能需要根据实际情况进行调整和变更,委托代理关系的调整和变更也可能需要对自然资源清单进行相应的调整。自然资源部和地方政府在行使所有权过程中,可以根据实践情况,不断总结经验,找到最合适的委托代理模式,调整委托代理关系

---

① 参见李政等:《全民所有自然资源资产所有者职责资源清单——编制理论与思路刍议》,载《中国国土资源经济》2023 年第 3 期。

② 参见龙开胜、周小丹:《浅议全民所有自然资源资产所有权资源清单》,载《中国土地》2022 年第 6 期。

③ 参见张玉梅、柴志春、王涛:《全民所有自然资源资产所有权资源清单编制及管理初探》,载《中国土地》2020 年第 10 期。

的具体内容,并通过自然资源清单确定下来,在保障委托代理关系稳定的同时,促使委托代理双方的权责利更加明确,更具有可执行性。因此,自然资源清单应伴随实践发展而进行动态调整。[①]

第三节　自然资源清单的内容

自然资源清单的编制应当根据法律规定、委托代理和合同约定,依法明确全民所有自然资源资产所有权的权利行使主体,落实所有者职责,明确各级代理机构的权利、责任和义务。

一、自然资源清单的主体

《试点方案》主要解决全民所有自然资源资产管理中的"所有权人不到位、管理权责不明确"等问题,要求通过委托代理机制明确所有权行使的具体权利主体,落实所有者职责。《宪法》规定自然资源属于"国家所有,即全民所有",国家作为法律上的主体代表全民行使自然资源资产所有权。但国家仍然具有高度的抽象性,因而,法律规定由国务院代表国家行使所有权。《试点方案》提出,建立所有权委托代理机制,进一步明确国务院代表国家行使所有权,国务院授权自然资源部统一履行全民所有自然资源资产所有者职责,自然资源部可以委托省级、市(地)级政府代理履行所有者职责。按照这样的制度逻辑,各层级全民所有自然资源资产所有权主体由此形成,破解了在全民所有自然资源资产管理过程中"所有者不到位"的问题。上述权利主体通过委托代理机制建立法律关系,在委托代理机制下具体行使全民所有自然资源资产所有权,并以自然资源清单为依据确定各自履行所有者职责的权限。在此基础上,省级、市(地)级政府也可将权限范围内的所有者职责通过授权或委托的方式交由自然资源主管部门或机构行使。总之,自然资源清单的主体包括国务院、自然资源部、省级、市(地)级政府。国务院

---

① 参见谭荣:《全民所有自然资源资产所有权委托代理机制解析》,载《中国土地科学》2022 年第 5 期。

是全民所有自然资源所有权的代表主体,自然资源部统一行使全民所有自然资源资产国家所有权,部分职责可以由自然资源部委托省级、市(地)级政府代理履行,法律另有规定的依照其规定。在中央层面,自然资源部应会同有关部门编制自然资源部直接行使所有权的自然资源清单,在地方层面,试点地区应编制省级和市(地)级政府代理履行所有者职责的自然资源清单。

二、作为所有权客体的自然资源

全民所有自然资源是所有权的权利客体,也自然资源清单需要编制的重要内容。自然资源是指天然存在、有经济价值或生态价值、可提高人类当前和未来福祉的自然环境因素的综合。《宪法》《民法典》及自然资源单行法等对自然资源类型进行了界定。如,《宪法》第 9 条列举规定了矿藏、水流、森林、山岭、草原、荒地、滩涂等 7 类自然资源。自然资源资产是指自然资源资产化后的概念,具有稀缺性、产权明晰、可量化等基本特征。《试点方案》明确针对全民所有的土地、矿产、海洋、森林、草原、湿地、水、国家公园等 8 类自然资源资产(含自然生态空间)开展所有权委托代理试点。因此,自然资源清单应针对包括土地、矿产、海洋、森林、草原、湿地、水、国家公园等 8 种类型自然资源进行清单编制。《试点方案》所以选择这 8 类自然资源作为试点,原因在于这 8 类是最典型的自然资源,具有重要战略、经济、生态意义,事关全民公共利益和福祉,因此有必要先行编制资源清单,明确所有者权益,落实所有者职责。而且,这 8 类自然资源也是长期以来实践中管理的重点资源,法律规范比较完善,数据基础比较好,编制资源清单相对而言也具备较好条件,通过先行试点能够做好清单编制工作,也可以为其他资源清单的编制提供可复制的经验。

具体而言,应根据各类自然资源禀赋,合理划分和确定自然资源部与地方政府履行所有者职责的自然资源范围:(1)土地资源。土地资源是最重要的自然资源,对中央和地方来说其都是管理的重点。应评估土地资源在生态、经济和国防等方面的价值水平并统筹考虑土地管理现状,以下土地资源资产应当归类为中央事权:第一,出于维护国防安全、服务国家外交和战略需求的军事国防用地;第二,供中央国家机关和事业单位使用的国有土地;第三,国有企业的功能性用地,这一部分土地主要供关系到国民经济命脉的重点行业和关键领域使用,包括军工国防产业、自然垄断产业等;第四,关系生态安全和国家粮仓安全的农业用地;第五,生态效益突出的区域用地,包括自然保护地用地、江河湖海用地、湿地等;第六,分布战略性关键矿产资源的矿脉、矿床用地;第七,具有远期价值的未开发用地;第八,生态、社会、经济效益突出的其他用地,比如国家重大经济和基础性公益建设用地和用海、公共海域等。除上述所列情形外,其余土地资源资产由地方代理行使所有权并编制资源清单。① (2)矿产资源。在对矿产资源进行类型化处理的基础上,按照矿产资源的重要程度分别归入中央政府自然资源清单和地方政府清单。自然资源资产委托代理试点政策文件已对矿产资源的重要性作出一定的安排。《总体方案》规定,石油、天然气和贵重金属属于重要矿产资源。自然资源部发布的《关于推进矿产资源管理改革若干事项的意见(试行)》(已失效)明确了重要战略性矿产资源的范围包括石油、烃类天然气、页岩气、天然气水合物、放射性矿产、钨、稀土、锡、锑、钼、钴、锂、钾盐、晶质石墨等 14 种矿产。除了上述所列应由自然资源部直接行使所有权外,其余矿产资源可以委托给省市级地方政府履行所有者职责,由省级、市级政府根据自然资源部的授权编制地方资源清单。(3)海洋资源。海洋资源清单的编制建立在海洋资源分类的基础上,根据海洋资源的用途、重要性程度,合理确定应由自然资源部直接行使所有权和需要委托省市级政府行使所有权的海洋资源类别和范围,在此基础上合理编制自然资源清单。需要纳入中央资源资产清单的重要海洋资源资产包括以下三个方面:第一,分布在海域内的自然保护区的核心区和缓冲区;第二,海洋特别保护区重点保护区和预留区;第三,用于公益性事业的围填海开发活动空间。其余海洋资源资产委托地方政府负责资源清单的编制工作。(4)森林资源。出于强化林木资源管理的目的,我国在东北、内蒙古等森林资源集中分布地的九大省区设立了国有林业局。值得注意的是,黑龙江、吉林、内蒙古境内的国

---

① 参见张玉梅、柴志春、王涛:《全民所有自然资源资产所有权资源清单编制及管理初探》,载《中国土地》2020 年第 10 期。

有林区是重点国有林区，这些重点国有林区的管理应当纳入中央事权范围，由中央负责编制资源清单。其余森林资源资产清单编制工作由地方政府负责。(5)草原资源。根据《总体方案》的要求，贵重稀有的矿产资源、重点国有林区、生态功能重要的湿地草原、海域滩涂等由中央政府直接行使所有权。因此，可将呼伦贝尔草原草甸生态功能区、科尔沁草原生态功能区、若尔盖草原湿地生态功能区等国家重点草原生态功能区交由中央直接行使所有权，其余委托地方代理行使所有权的资源清单编制工作。(6)湿地资源。湿地具有蓄水调洪、控制土壤侵蚀、保护海岸线、保护生物多样性等功能。根据现行湿地分类标准，结合湿地分布区域与功能，中央政府应该对三江平原湿地、黄河三角洲湿地、长江中下游湖泊湿地、东南沿海红树林、皖江湖泊湿地以及黑龙江扎龙国际湿地自然保护区、青海湖国际湿地自然保护区、东洞庭湖国际湿地自然保护区等7大国际重要湿地直接行使所有权，其余委托地方代理行使所有权的资源清单编制工作。(7)水资源。由中央直接行使所有权资源清单应包括长江、黄河、淮河、松花江、辽河、海河、珠江、太湖等大江大河大湖，以及鸭绿江、图们江、黑龙江、额尔齐斯河、伊犁河、狮泉河、雅鲁藏布江、怒江、澜沧江、红河等重要跨境河流，其余委托地方代理行使所有权的资源清单编制工作。(8)国家公园。根据两办于2017年9月27日印发的《建立国家公园体制总体方案》和《指导意见》的规定，国家公园实行中央管理和省级政府管理并行的体制，中央政府和地方政府协作分工。但是，从国家公园生态保护第一、国家代表性和全民公益性的定位出发，应当明确国家公园管理属于中央事权。从长远角度看，国家公园范围内自然资源资产所有权应当由自然资源部直接行使，不应将其委托给地方政府管理。①

三、所有者职责的内容

如前所述，所有者职责就是行使全民所有者自然资源资产所有权。《民法典》第240条指出："所有权人对自己的不动产或者动产，依法享

---

① 参见张玉梅、柴志春、王涛：《全民所有自然资源资产所有权资源清单编制及管理初探》，载《中国土地》2020年第10期。

有占有、使用、收益和处分的权利。"所有权权利具体包括占有权、使用权、收益权和处分权。其中,处分权是核心权利,收益权是基本权利。《试点方案》将"所有者职责"具体化为"主张所有、行使权利、履行义务、承担责任、落实权益"五方面。所有者职责是全民所有自然资源资产所有权委托代理过程中创造的代理主体从权属、权利、义务、责任、权益五方面享有的权利和义务的总体概括。其中,行使权利主要是实现全民所有自然资源资产所有权物权权能。自然资源清单的内容主要是在不同主体间分配"7+1"类自然资源资产的所有者职责,具体分配以"中央保留"原则为指导,地方政府仅能根据自然资源部的委托代理,对可以由地方政府行使所有权的全民所有自然资源资产行使所有权。在自然资源清单中,应根据自然资源部与地方政府的委托代理关系,明确各级政府履行所有者职责的具体内容,并在清单中明确央地之间的事权财产关系,保障各级政府能够根据清单履行好所有者职责,实现全民所有自然资源资产保值增值。总之,自然资源清单内容应涵盖资产类型、资产范围和名录、履行所有者主体、履行所有者职责的内容、清单确立的依据以及地方政府职责分工等内容,编制清单时应做到合法化、合理化和科学化,任何部门不得借自然资源清单编制创设新的行政权力事项。

第四节　自然资源清单的效力

编制全民所有自然资源清单是所有权委托代理机制试点工作的重要组成部分。通过明晰中央统一行使的自然资源清单和地方代理行使的自然资源清单,可以明确履行所有者职责的具体主体。① 换言之,自然资源清单旨在将全民所有自然资源资产所有权在不同层级政府之间进行合理配置,因此,自然资源清单的效力问题至关重要,关系到委托人和受托人之间的权利义务关系是否得以建立以及如何维持。如果自

① 参见郭贯成、崔久富、李学增:《全民所有自然资源资产"三权分置"产权体系研究——基于委托代理理论的视角》,载《自然资源学报》2021 年第 10 期。

然资源清单不具效力，那么委托人和受托人之间的权利义务关系就会变得不明确和不稳定，从而可能导致一系列的法律纠纷和资产损失，影响委托代理机制的有效运行。

一、清单的内部约束力

自然资源清单所记载的事项对委托人和受托人均有法律约束力，这是自然资源清单的内部效力。自然资源清单编制是委托代理机制试点的核心任务，关系到委托代理机制试点工作的成败，因此，委托代理双方必须按照列入清单的事项和内容履行所有者职责。[①]《试点方案》中"承担责任"的核心要义之一是所有者职责履行主体、代理履行主体违反法律规定或双方约定，需依法承担法律责任。[②] 实际上，自然资源清单要在实践中起到明确委托代理关系的作用，前提是其具备法律约束力，这也是《试点方案》履行所有者职责中"履行义务"的应有之义。自然资源部自然资源所有者权益司负责人认为所有者及其代理人有切实履行法律规定和双方约定义务的责任，[③]自然资源清单就是明确委托代理双方义务和责任的体现。换言之，自然资源清单的内部效力意味着，自然资源清单本质上是确立委托代理关系的协议，具有法律约束力，委托方和受托方都要严格遵守清单的约定，按照清单确定的资源范围、履职主体、所有者职责内容等来行使权利和履行义务。代理人未按自然资源清单忠实勤勉地履行所有者职责，需依法承担法律责任，这是所有者职责中"承担责任"的法律要求。此外，政府间纵向自然资源清单的权利与责任的匹配有助于协调纵向行政管理层级间各主体的关系，[④]促使代理人负责任地行使所有权，若代理行使所有权主体对列入

---

① 参见谭荣：《全民所有自然资源资产所有权委托代理机制解析》，载《中国土地科学》2022 年第 5 期。

② 参见陈琛：《促进自然资源资产高效配置建设生态文明实现永续发展》，载《中国自然资源报》2022 年第 1 期。

③ 参见陈琛：《促进自然资源资产高效配置建设生态文明实现永续发展——〈全民所有自然资源资产所有权委托代理机制试点方案〉解读》2022 年第 4 期。

④ 参见于振英：《基于公平互惠的全民所有自然资源资产所有权委托代理激励机制分析》，载《当代经济管理》2023 年第 1 期。

清单的事项推进不力，将对部门工作绩效评价产生不利影响，①以此鞭策地方政府遵守代理行权的规则和秩序。

二、清单的外部约束力

从法律关系角度而言，自然资源清单不仅在委托人和代理人之间有内部效力，还对外产生外部效力，这体现在代理人以自己的名义对外行使所有权并独立担责，代理关系外部的法律主体不得要求委托人承担责任。有别于民事委托代理，全民所有自然资源资产委托代理是对分级行使自然资源资产所有权的制度设计，代理人以自己名义行使所有权，并独自承担代理不当带来的第三人外部追诉和委托机关内部问责的责任。② 因此，资产清单不仅对委托人和代理人产生内部效力，还对外部第三人产生影响而具备外部效力。

从内容和功能而言，自然资源清单确定了地方政府及其职能部门行使所有者职责的范围和边界，因而也构成了所有者职责履行主体与其他部门之间在全民所有自然资源资产管理上的权利划分，因而也是处理相关部门之间、上下级之间关于全民所有自然资源资产管理纠纷的依据。因此，为了强化对全民所有自然资源资产保护和利用过程的监管，需要做到权利运行可查询、历史权责可追溯，对于权益管理中的历史性问题也要做到历史台账可查询、可追溯，避免所有权行使主体之间新矛盾的产生。因此，自然资源清单应该自动核查全民所有与集体所有、中央与地方政府、不同类型自然资源资产之间权利空间范围的交叉重叠等问题。

此外，自然资源清单也会对相关部门产生影响。自然资源清单的编制需要与相关数据、信息及自然资源空间规划等保持一致。例如，自然资源清单与数据底图应实现联动。自然资源清单要划清各级各类所有者职责履职主体之间的责权利边界，其实现的载体为各类国有自然

---

① 参见谭荣：《全民所有自然资源资产所有权委托代理机制解析》，载《中国土地科学》2022 年第 5 期。

② 参见张一帆、宦吉娥：《自然资源资产国家所有权委托代理制度建构——基于全民利益视角的契约化构想》，载《中国国土资源经济》2022 年第 5 期。

资源资产。因此,要将资产清查统计数据和资源清单名录空间范围相匹配,做到“一表明权责、一图摸家底、图表互联动”,从而使所有者职责履职主体通过地图和清单交互查询、联动显示的方式落实所有者权益。①

第五节　自然资源清单的动态管理

一、自然资源清单动态管理的重要意义

自然资源清单不是一成不变的,需要根据法律政策、管理实践、委托代理关系等情况进行动态管理。第一,自然资源清单涵盖的资源类型需要动态管理。《试点方案》主要针对土地、矿产、海洋、森林、草原、湿地、水、国家公园等8类自然资源资产(含自然生态空间)开始委托代理试点。按照《试点方案》要求,除本地区没有或者资源量非常小的资源种类外,省级清单要实现自然资源种类全覆盖,市地级可以针对重点探索的特定自然资源编制清单。由此可见,目前中央、省级清单需要对《试点方案》列举的8类自然资源种类实现全覆盖,市地级自然资源清单可以根据实际情况进行重点自然资源种类清单的编制。第二,自然资源清单需要根据国情的变化而进行相应的调整。随着试点工作的推进,将来形成了可复制可推广的经验后,自然资源清单制度必然要推广适用到8类主要自然资源之外的资源,实现全部自然资源类型的覆盖。此外,随着我国国家安全、经济发展战略发展,各类自然资源在国防、经济、生态等方面的重要程度也将会发生变化,自然资源清单需要根据国情的变化而进行种类增加、减少,清单范围扩大、缩小,履职主体和所有者职责新增、取消和变更等多种形式的动态调整。第三,随着政策法规的逐步完善或调整,自然资源清单也应相应地进行动态调整。自然资源清单编制需要有法律依据,要严格遵循职责法定、范围法定的原则。

① 参见李政等:《全民所有自然资源资产所有者职责资源清单——编制理论与思路刍议》,载《中国国土资源经济》2023年第3期。

因此,自然资源清单的内容必然会受到法律规范变动和调整的影响。第四,随着委托代理机制的逐渐成熟和完善,自然资源清单需要根据实践的发展而进行调整。目前,委托代理机制还在试点探索阶段,各地虽然出台了不少政策文件,也在积极编制资源清单,但是理论和实践对一些重要问题仍然存在争论,例如,所有者职责与监管者职责在实践中如何划分,如何在清单中体现两者之间的区别?所有者职责的具体内容如何体现?各级政府在全民自然资源资产管理中需要管什么,如何管?如何在自然清单中体现自然资源价值、配置央地事权财权?对这些问题各地试点地区的回答及做法并不一致。随着实践的深入,理论共识的达成,政策法规的完善,这些问题将会得到更好的解决,自然资源清单也应当随着这些问题解决方案的发展而发展。

二、自然资源清单动态管理的原则

自然资源清单虽然需要根据政策法规、委托代理机制实践发展及国情变化进行动态管理,但动态管理同样需要遵循法定的程序和步骤,根据法定职责进行动态管理。具体而言,主要需遵循以下几个原则。

一是安全性原则。自然资源清单涉及自然资源管理事权财权的央地配置,随着守住耕地红线保障粮食安全、能源革命、建设海洋强国、重视解决好水资源安全问题等重大资源安全问题日益突出,为建设更高水平的平安中国,应当主动谋划通过自然资源清单动态调整及时应对国家安全问题,维护国家经济安全、生态安全、资源安全。部分资源因落实位于国家级试验区/新区的国家重大战略工程,或在现有管理、现有资产处置配置规则下,不能充分实现资产价值最大化,建议根据各级职能部门管理能力、资源管理层级和管理目标调整履职主体,上收或下放管理职责,由相应层级主体代理履行所有者职责。

二是法定性原则。《指导意见》《试点方案》等自然资源资产产权制度改革文件提出要统筹"立改废释纂",及时梳理总结与当前自然资源法治建设要求不相适应的法律规定,避免与法律法规冲突和矛盾,增强自然资源立法的系统性、整体性、协同性。自然资源清单编制需要有法可依,有章可循,资源清单应与法治要求保持一致。因此,资源清单也需要根据法律的变化进行调整。具体而言:首先应当允许"试点在先,立法在后”。考虑到立法滞后性,《试点方案》允许先通过委托代理方式探索履行所有者职责和编制自然资源清单,为立法和法律修改先行探索,为完善自然资源法治奠定基础。其次,委托代理关系中履行所有者职责主体和所有者职责内容的动态管理应根据法律的修改而进行调整。根据法律适用规则,应按照最新立法和效力级别高的法律法规,落实具体承担所有者职责的代理履职主体。最后,自然资源清单中资源范围调整应伴随法律的变化而作相应的调整,按照资源属性类似度列入对应资源类型的清单范围,出现现行法规规定之外的新类型自然资源时,单列清单范围。总体而言,从目前来看,还需要进一步完善法律法规体系,加强自然资源清单动态调整理论和实践论证,探索建立第三方专业评估机制,完善自然资源清单动态调整政策法规、标准、流程,制定自然资源清单动态管理办法、动态调整办法等法律法规文件,推进自然资源清单编制工作的法制化和规范化。①

三是重要性原则。自然资源清单的编制和调整,需要考虑到各类自然资源经济价值、生态价值、战略价值的不同,将公益性强、战略重要程度高的自然资源资产管理权上收,由自然资源部直接行使所有权或委托给省级政府代理履行所有者职责;将经营性强、市场化程度高的自然资源资产管理权下放,可以考虑由省级政府或市地级政府代理履行所有者职责;将需要探索创新做法、推进条块化管理、减轻中央财政负担的自然资源资产管理下放,由执行力、能动性和灵活性更强的地方政府履行所有者职责。因此,随着国家战略、经济结构调整,自然资源变化等,自然资源的价值或重要性也会随之发生变化,自然资源清单的编制需要结合国情进行编制和管理。②

四是适应性原则。自然资源清单的编制和管理不能离开现实情况的变化。特别是地方编制自然资源清单,要根据职责的变动进行调整。具体而言,第一,地方清单要随中央清单内容变化或清单结构变化进行

① 参见沈娟等:《自然资源清单动态调整机制思考与建议》,载《中国国土资源经济》2023 年第 7 期。

② 参见沈娟等:《自然资源清单动态调整机制思考与建议》,载《中国国土资源经济》2023 年第 7 期。

相应调整。第二,要根据试点考核、评估等结果进行调整。第三,要随着具体业务推进进行调整,如涉及边界不清、省际市际争议的资源,随着统一调查或专项调查推进解决争议后,调整清单资源范围。第四,随机构改革和职能变化被动调整,自然资源清单中具体代理履职主体是国家、省、市各相关部门,随着机构改革带来的部门及其职能新设、取消、合并、划转等,对应机构的权责事项也势必产生变化,引起自然资源清单履职主体和所有者职责的调整。

五是信息化原则。全民所有自然资源资产类型丰富,数量庞大,从中央到地方,所有者职责履职主体数量众多,具体委托代理关系中的所有者职责内容不一,依据也存在差异,因此,清单的内容及体系都非常复杂,若以传统管理方式,很难做到立即可查、动态更新、权责追溯、表述一致。应加强信息化建设,借助信息化手段实现自然资源清单的编制,夯实资产清查数据库基础,理顺所有权委托代理关系链条,建立起相互依赖、配套衔接、图表联动的电子清单,进一步支撑常态化的资产管理监督考核制度。①

三、自然资源清单调整的程序

自然资源清单编制不是一劳永逸的事情,需要根据实践的不断推进而进行不断调整和完善。资源清单编制应结合地方实际、试点实践,实行分批编制模式,首先要重点针对《试点方案》明确列举的 8 类自然资源开展清单编制工作,自然资源部需要对 8 类自然资源编制清单,地方政府可以根据实际,重点对重要并有条件编制清单的自然资源开展编制工作,在不断积累经验的基础上,逐步编制各类自然资源清单,即采用“成熟一批、编制一批”的原则。对于自然资源清单的调整,需要制定调整程序。② 因此,应明确自然资源清单管理程序:一是要从申请、审核、听证、调整、备案方面明确清单管及调整的权责利关系,严肃清单管

---

① 参见李政等:《全民所有自然资源资产所有者职责资源清单——编制理论与思路刍议》,载《中国国土资源经济》2023 年第 3 期。

② 参见沈娟等:《自然资源清单动态调整机制思考与建议》,载《中国国土资源经济》2023 年第 7 期。

理和调整工作。二是建立管理台账制。为了保证资源清单调整的严重性,应对建立自然资源清单动态调整管理台账,记录调整时间、调整内容、确认调整的依据和调整前后该项职责履行情况及取得成效等,将清单动态调整后相关资源的所有者履行情况及成效及时反馈给对应委托人和代理人。三是建立多元沟通协调机制。为了保障资源清单的科学性,应通过定期交流、座谈研讨等方式,加强履行所有者职责主体与相关部门的协调沟通,广泛听取各部门意见和建议,实时评估清单实施过程中存在的问题,适时开展清单动态调整。四是探索建立第三方工作评估机制,由第三方专业机构评估自然资源清单动态管理,及时发现资源清单管理和调整中存在的问题,提升资源清单管理和调整的科学性,保障清单管理和编制工作适时地与政策法规、实践发展保持一致。

第六章 全民所有自然资源资产所有权委托代理的基础性制度

第一节 自然资源资产统一调查监测制度

一、统一调查监测制度的意义及面临的挑战

(一)统一调查监测制度的意义

自然资源资产产权制度是加强生态保护、促进生态文明建设的重要基础性制度。《指导意见》指出“自然资源资产底数不清、所有者不到位、权责不明晰、权益不落实、监管保护制度不健全等问题”是当前自然资源资产产权制度改革面临的主要问题。明确各类自然资源资产权属边界,全面掌握各类自然资源资产的数量、坐落、用途、使用情况等,是切实履行所有者职责、维护所有者权益的重要制度基础。可以说,自然资源资产底数不清是产生其他问题的最根本原因。但是具体的自然资源资产“底数”包括哪些方面与内容,目前存在较大争议,中央出台的政策文件也没有对此作统一说明。笔者认为,为了履行“主张所有、行使权利、履行义务、承担责任、落实权益”的所有者职责,不仅需要摸清各类全民所有自然资源资产的实物量和价值量,而且需要掌握自然资源资产“在哪里,谁在使用,使用得怎么样”等情况,还需要全面摸清各类全民所有自然资源资产的产权状况,为全民所有自然资源资产储备管理、使用规划编制、配置、保护提供依据,最终实现保值增值等合理利用国有自然资源资产的目标。因此,自然资源统一调查监测具有重要意义,其是为了摸清各类全民所有自然资源资产底数,最终形成资产底图的一项基础性工作,也是全民所有自然资源资产所有权委托代理机制试点方案的重要内容。按照自然资源部履行“统一行使全民所有自然

资源资产所有者职责，统一行使所有国土空间用途管制和生态保护修复职责”的要求，摸清“底数”就是摸清第一个“统一”的基本情况及与第二个“统一”的衔接情况，“底数”具体包括：全民所有自然资源资产所有权权属、数量、质量、用途、分布等实物量属性信息，资产的价格与价值，所有者职责履职主体、使用权状况，以及资产涉及违法违规、与“三区三线”是否一致等管理情况。①

长久以来，我国对自然资源实行分头管理，致使调查监测工作存在调查部门分散、概念不统一、内容有交叉和指标相互矛盾等问题，难以满足“山水林田湖草沙”整体保护、系统修复和综合治理的需求。2013年11月，党的十八届三中全会提出加强国有资产管理和治理，推进公开和透明的国有资产管理。随后，2016年12月，国务院发布的《关于全民所有自然资源资产有偿使用制度改革的指导意见》在国家层面第一次提出开展全民所有自然资源资产核查的要求：“以各类自然资源调查评价和统计监测为基础，推进全民所有自然资源资产清查核算，研究完善相关指标体系、标准规范和技术规程。”2019年4月的《指导意见》要求，“研究建立自然资源资产核算评价制度，开展实物量统计，探索价值量核算”。2019年9月，自然资源部办公厅发布第一批全民所有自然资源资产清查试点通知，在河北、江西、湖南、青海、宁夏等5省(自治区)启动了第一批全民所有自然资源资产清查试点工作，主要围绕建立制度、汇集补充数据、开展经济价值估算、建立成果数据库等四方面展开。至此，拉开了全民所有自然资源资产清查工作的大幕，开始全面核算全民所有自然资源资产价值。从2020年1月开始，为了有效履行自然资源资产所有者职责、国土空间用途管制和生态保护修复职责，自然资源部相继印发《自然资源调查监测体系构建总体方案》《自然资源调查监测标准体系(试行)》《自然资源调查监测质量管理导则(试行)》《自然资源调查监测技术体系总体设计方案(试行)》等文件，从不同方面对自然资源统一调查监测工作进行部署。2021年2月，自然资源部办公厅下发《关于开展全民所有自然资源资产清查第二批试点工作的通知》，

---

① 参见秦静等：《全民所有自然资源资产清查存在困难与政策建议》，载《中国国土资源经济》2023年第3期。

要求进一步完善资产清查价格体系。

（二）统一调查监测制度面临的挑战

党的十八大之后，自然资源统一调查监测评价工作在生态文明建设的总体布局下取得了巨大的进步和成果：一是通过调查让自然资源管理部门对我国各类自然资源家底进行了全面准确的了解；二是在这项调查监测工作的开展过程中，大量的专业从事调查监测工作的技术人员得到培养；三是推动了测绘行业和技术的发展进步。然而，迈进生态文明时代，前文中提到的自然资源部“两统一”职责，在管理实施的过程中，如何与自然资源统一调查监测这一关键环节进行融合，仍是有待思考的重要问题，目前的自然资源统一调查监测评价制度仍面临挑战。

第一，调查监测主体分散，存在部门博弈问题。我国自然资源调查主体分散、标准不一，往往会导致出现部门利益博弈思想。例如，在管理信息系统的开发过程中，大部分部门主要从专业角度和部门利益出发，很少考虑到部门之间的数据交流和共享，甚至依靠自身所掌握数据的优势，形成一定的技术壁垒。即便是自然资源部已印发的《自然资源调查监测体系构建总体方案》，从组织原则和工作分工上看，部分指标和内容的调查监测，依然还是由相关部门自行组织，还没有真正达到“六统一”的预期目标，即统一总体设计和工作规划、统一制度和机制建设、统一标准制定和指标设定、统一组织实施和质量管控、统一数据成果管理应用、统一信息发布和共享服务。此外，该方案主要是依据自然资源部的管理职责编制，因此调查监测重点也相应集中在土地、矿产、水、森林、湿地、草原、海洋等 7 种自然资源，阳光、空气、风等其他自然资源的调查监测条件目前尚不成熟，未来如何开展还将面临艰难的部门利益博弈过程。①

第二，调查监测的连续性不足。从历史角度考察我国自然资源调查监测实践，针对不同资源的调查监测采取的是间断实施的模式。比如，全国国土调查大约每 10 年开展一次。同时，调查监测结果的碎片

---

① 参见沈志意等：《全民所有自然资源资产清查长沙试点的实践与思考》，载《国土资源导刊》2022 年第 2 期。

化现象突出。由于监测调查并未统一调查方法、标准等参数，导致不同资源的不同调查结果、相同资源的前后调查结果之间的对比分析不足。

第三，调查监测数据的可靠性、可比性、完整性不足。一是分头管理导致数据多源、时点不一，标准不统一。我国自然资源法律体系的构建为自然资源的开发、利用、保护和管理提供了相当的法律保障，但目前依然存在体系不完整、系统性不强等问题，各自然资源单行法之间的冲突也大量存在。例如，《土地管理法》《森林法》《草原法》《水法》等法律法规在土地资源、森林资源、草原资源、水资源的调查和确权登记管理方面并不衔接，调查责任主体分散，调查技术标准不一，调整范围互有交叉，导致同一空间资源同时受到多部自然资源法律的调整和约束，有关法律主体无所适从。部门立法导致我国自然资源实行分头管理，由于不同部门开展自然资源调查评价监测的目的各异，同一类自然资源调查依据、分类标准、基础不统一，在对象、范围、内容等方面存在重复和交叉，"标准不一、数出多门"成为困扰自然资源管理的一大难题。这造成调查评价监测成果难以形成自然资源"一张图"，在实际管理中容易出现自然资源资产底数不清、所有者不到位、权责不明晰等问题，进而导致产权纠纷多发、资源保护乏力、开发利用粗放，难以实现山水林田湖草沙系统治理。清查核算数据时点不统一，会导致数据遗漏、属性现势性不足，导致核算结果不可信。① 二是专题数据滞后、属性不全。森林资源管理一张图与国土调查关于林地的分类标准不一致，全国湿地资源调查与监测技术规程将全国湿地划分为 5 大类 28 种类型，与《技术指南》要求的国土调查湿地二级分类不一致。三是价值数据不健全。建设用地有完整的国有土地基准地价体系，农用地尚未建立基准地价体系，森林资源中的林地、草原资源的草地价格均以国有农用地基准地价为参考进行调整后确定，导致生态价值估算在当前的现有数据中无法实现。②

---

① 参见黄灵海：《自然资源统一调查评价监测体系的构建》，载《中国土地》2020 年第 5 期。

② 参见沈志意等：《全民所有自然资源资产清查长沙试点的实践与思考》，载《国土资源导刊》2022 年第 2 期。

第四,调查监测的静态化难以满足履行所有者职责的实践需求。目前我国的自然资源调查监测还处在静态形态,而这种静态的调查监测难以跟不上自然资源开发利用及制度改革发展的步伐,很容易产生调查监测结果与实际状况脱节①,难以服务于自然资源资产动态的管理实践需求。

二、统一调查监测制度建设的总体要求

2020年自然资源部发布的《自然资源调查监测体系构建总体方案》要求,根据自然资源产生、发育、演化和利用的全过程,以立体空间位置作为组织和联系所有自然资源体(由单一自然资源分布所围成的立体空间)的基本纽带,以基础测绘成果为框架,以数字高程模型为基底,以高分辨率遥感影像为背景,按照三维空间位置,对各类自然资源信息进行分层分类,科学组织各个自然资源体有序分布在地球表面(如土壤等)、地表以上(如森林、草原等)及地表以下(如矿产等),形成一个完整的支撑生产、生活、生态的自然资源立体时空模型。该方案系统布局自然资源调查监测工作,明确开展自然资源调查、监测、数据库建设、分析评价和成果应用五项工作内容。(1)自然资源调查分为基础调查和专项调查,二者相互关联、互为补充,共同描述自然资源总体情况,立体反映自然资源综合特征。(2)自然资源监测掌握自然资源动态变化情况,实现数据的持续更新。(3)建立自然资源调查监测数据库,集成管理各项调查监测成果。(4)开展自然资源分析评价,综合分析和客观评价自然资源的基本状况与保护开发利用情况。(5)依托国土空间基础信息平台,推动调查监测成果共享应用。同时着眼调查监测体系构建的系统性、整体性和重构性要求,明确从法规制度、标准、技术以及质量管理四个方面推进业务体系建设。工作组织上坚持"六统一"的原则。

由此可见,构建自然资源统一调查监测体系是对原有各项自然资源调查监测的系统重构,需要从以下三个方面考虑:一是坚持目标导

---

① 参见杨尧等:《管理视角下自然资源统一调查监测模式》,载《自然资源学报》2023年第3期。

向。以服务生态文明建设和支撑自然资源管理为目标,从科学性和系统性入手,遵循自然资源演替规律和生态系统内在机理,对地表、地上和地下的各类自然资源科学组织,分层分类进行管理。在地表覆盖的基础上,叠加各类管理信息,形成真实反映自然资源利用状况的准确数据,满足自然资源管理的需要。二是强化问题导向。首先是针对存在的自然资源调查监测数出多门的问题,对各项调查监测进行统一规划和顶层设计;其次是解决自然资源统一调查和专业管理的关系,如海岸带、滨海湿地和沿海滩涂,在不同部门管理中采用不同名称,实际范围上存在交叉,就需要统一开展调查;再次是解决自然资源在同一区位重叠的问题,设置了自然资源立体时空模型来进行描述和表达;最后是解决统一的顶层标准问题,确保自然资源调查在顶层掌控、不重不漏。三是突出结果导向。注重调查制度、方法与技术手段的综合运用,集成现代遥感、测绘等高技术手段,突出调查成果的信息化表达和综合展示,保证成果真实准确可靠。在工作组织上,要坚持统一的总体设计和规划,对各级、各专业的调查监测工作,分工实施,最后成果要总归口,进行统一汇交和集成,形成完整的调查监测结果。①

具体而言,为实现调查监测从碎片化、不可持续转向整体性、可持续,需要从以下几个方面着手:一是以效能原则为导向整合各类监测资源。② 监测资源的整合要处理好"守旧"与"创新"的关系,"守旧"在于发挥各部门在过去实践中所积累的优势,"创新"在于面向新的监测需求优化既有监测体系、结构。二是建立有关调查监测的国家标准,明确自然资源调查监测的共性指标和个性指标。通过区分共性指标和个性指标将促进数据的标准化、规范化,进而有助于消除不同资源间、采集数据和历史数据间的数据壁垒。三是深化数据分析工作,强化数据分析的广度和深度。政府决策应当建立在充分分析监测数据的基础上,以强化决策结果的科学性。

---

① 参见自然资源部自然资源调查监测司:《以强化成果管理导向推进自然资源统一调查监测》,载《中国土地》2023 年第 2 期。

② 参见王建恒:《寻山水林田湖草监测之道——新时代自然资源统一调查监测制度体系建设探究》,载《资源导刊》2020 年第 2 期。

在委托代理机制下，自然资源调查监测制度可以更具有灵活性：第一，委托代理机制可以引入市场机制，提高调查效率。政府自主调查需要投入大量的人力、物力和财力，而委托代理机制可以将调查任务委托给专业的调查机构，更加高效地完成调查任务。第二，委托代理机制可以提高调查的准确性和可信度。委托代理机构一般都具备较高的专业素质和技术水平，可以更加科学、严谨地完成调查任务，保证调查数据的准确性和可信度。第三，委托代理机制可以降低政府调查成本。政府自主调查需要投入大量的人力、物力和财力，而委托代理机制可以通过市场机制实现成本的优化和降低，减轻政府的财政负担。

但是调查制度的建立也可能面对新的挑战：第一，委托代理机制可能存在利益冲突和风险。委托代理机构可能存在利益冲突，例如受到调查对象或其他利益相关方的影响，导致调查结果不够客观和真实。同时，委托代理机构的能力和诚信水平也可能存在风险，需要政府对其进行有效的监管和约束。第二，委托代理机制可能导致政府监管难度加大。委托代理机构可能难以受到政府的有效监管，特别是对于一些涉及敏感信息的调查任务，政府需要更加谨慎地选择委托代理机构，并加强对其的监管和管理。第三，委托代理机制可能存在调查数据保护难题。委托代理机构收集到的调查数据可能包含涉密信息或敏感信息，这需要政府对其进行保护，避免泄露和滥用。

三、统一调查监测制度的基本要素

自然资源统一调查监测制度是对自然资源进行定期勘查、监测、评估、预测和预警的制度，其基本要素包括勘查、调查、监测指标、对象、方法、技术和结果分析及应用等。具体而言，调查监测指标应该具有科学性、全面性和可比性；调查监测对象应该包括自然资源的各个方面，如水资源、土地资源、森林资源、矿产资源等；调查监测方法应该根据调查监测对象的不同特点，采用相应的调查监测方法，如遥感监测、现场调查、实验室分析等；调查监测技术应该具有先进性、精确性和可靠性；调查监测结果的分析和应用应该能够反映自然资源的现状、变化和趋势，并为自然资源的保护和管理提供科学依据。从实践来看，统一调查监测的基本要素包括以下几个方面。

第一,统一调查监测的主体。统一调查监测应当在自然资源监管部门的领导和指导下开展。在委托代理机制下,中央和地方要根据自然资源清单,积极履行所有者职责,对职责范围内的自然资源积极开展统一调查监测工作。由于统一调查监测具有高度的专业性,自然资源部和地方政府都可以将职责范围内的具体调查监测工作委托给具有相应资质和能力的机构进行;具体进行调查监测的可以是政府机构、科研机构、专业调查监测机构等。调查监测机构应该具有科学的调查监测方案、规范的调查监测流程、精确的调查监测数据和可靠的调查监测报告。具体而言,调查监测机构应该具备以下条件:(1)资质认证。调查监测机构需要具备相应的资质认证,如ISO9001质量管理体系认证、ISO14001环境管理体系认证等。(2)专业技术。调查监测机构需要拥有专业的技术团队,包括专业的调查监测人员、技术人员和数据分析人员。(3)监测设备。调查监测机构需要配备先进的调查监测设备和仪器,如遥感设备、GPS定位仪、水质分析仪等。(4)责任能力。调查监测机构需要具备责任担当意识,能够遵循科学原则和法律法规,确保调查监测数据的准确性和可靠性,有能力对调查监测结果的可靠性承担相应的责任。(5)保密措施。调查监测机构需要具备保密意识,能够严格保护调查监测数据的安全性和保密性。①

第二,统一调查监测的对象。统一调查监测应基于落实委托代理机制、科学管理自然资源资产的视角,坚持先易后难、循序渐进的原则,采用《试点方案》提出的"7+1"分类体系,即7种单门类自然资源资产[土地、矿产、海洋、森林、草原(地)、湿地、水]和1类自然资源要素集合体(自然保护地)。不同的自然资源具有不同的特点和利用方式,因此在调查监测时需要根据具体情况制定相应的调查监测方案和标准。例如,土地资源是指自然生态系统与人类社会相互作用的产物,包括农田、林地、草地、城市用地等。对于土地资源的调查监测可以了解土地的位置、数量、利用状态、质量等情况,及时发现土地的变化和问题,为土地的保护和管理提供科学依据。水资源是指地球上可利用的水资源,包括地下水、河流、湖泊、水库等。对于水资源的调查监测可以了解

① 参见自然资源部2020年印发的《自然资源调查监测体系构建总体方案》。

水资源的环境、数量、质量、生态等情况，及时发现水环境变化、水资源质量变化、水资源数量变化及水污染等问题，为水资源的保护和管理提供科学依据。矿产资源是指地球上的各种矿物质，包括金属矿、非金属矿等。对于矿产资源的调查监测可以了解矿产所处地理位置、环境状况、储量、品质、开采情况等情况，及时发现矿产资源环境、资源开采、资源枯竭、环境污染等情况和问题，为矿产资源的合理开发和利用提供科学依据。无论哪类自然资源，在确定调查监测对象时，都应考虑资源的重要性、易受到人类活动影响的程度等因素，根据自然资源清单确定的范围，从服务于自然资源管理和实现全民所有自然资源资产所有权的角度明确调查监测的对象。①

第三，统一调查监测的方法。统一调查监测包括调查和监测两个部分。从方法上看，调查和监测的方法有所不同：调查重在对自然资源现状的把握，监测重在对自然资源变动情况的把握。调查监测方法随人类对资源的认识能力、科学技术发展而变化。在现阶段，自然资源调查的方法包括田野调查、实地勘探、遥感技术、地理信息系统等多种手段。田野调查是指在现场对自然资源进行观察、测量和采样等方式进行的调查；实地勘探是通过钻探、测量等方式对矿产资源进行深入的调查；遥感技术则是利用卫星、飞机等远距离手段对大范围的自然资源进行监测；地理信息系统则是将遥感和地图等信息进行集成和分析，从而得出自然资源的空间分布和特征。自然资源监测方法应该是科学的、规范的、可靠的。实践中应根据不同的监测对象和指标，采用不同的监测方法。在自然资源监测制度中应包含下列常见的自然资源监测方法。例如，土地资源监测方法有：（1）遥感技术，利用卫星遥感技术、航空遥感技术等手段，获取土地利用和覆盖的信息。（2）GPS 定位，使用 GPS 接收机定位土地的位置，精确测量土地的坐标和面积。（3）样地调查，在不同类型的土地上设置样地，进行土壤剖面和植被调查，分析土地的性质和植被状况。（4）土壤采样，采集土壤样品进行分析，评估土

① 参见燕琴等：《自然资源调查监测分析评价框架设计及关键技术》，载《地理信息世界》2022 年第 5 期；冯文利等：《以“业务引领 + 科技赋能”驱动自然资源调查监测发展》，载《中国土地》2023 年第 8 期。

地的肥力和化学成分。(5)地形测量,利用地形测量仪器测量土地的高程、坡度、坡向等指标。[①] 水资源监测方法有:(1)水样采集,在不同地点和时间采集水样进行分析,评估水的质量和污染程度。(2)水文测量,利用水文测量仪器测量水位、流量等指标。(3)声呐测量,利用声呐探测水下物体的位置和形态。(4)水下摄像,使用水下摄像设备观察水下环境和生态系统。(5)气象观测,观测大气环境,分析气象因素对水资源的影响。[②] 矿产资源监测方法有:(1)地质勘探,使用地质勘探技术,如地震勘探、重力勘探等,探测矿产资源的存在和分布情况。(2)采样分析,采集矿石和矿渣等样品进行化学分析,评估矿产资源的品质和储量。(3)遥感技术,利用遥感技术观测矿区的覆盖情况、土地利用情况等,对矿产资源进行监测。[③] 以上是一些常见的自然资源监测方法,当然还有其他的方法,具体的选择需要根据实际情况和监测目的来确定。在使用监测方法时,需要注意其科学性、规范性和可靠性,确保监测数据的准确性和可比性。同时,还需要不断地创新监测方法,应用新技术、新手段,提高监测效率和水平。[④]

第四,统一调查监测的标准。因调查和监测的目的和方法不同,自然资源调查监测标准同样分为调查标准和监测指标。自然资源调查标准是指根据国家和地方规定的标准,对自然资源进行调查和评估的规定。各种自然资源调查都需要遵循相应的标准,以保证调查数据的准确性和可比性。自然资源监测的指标应该是具有代表性和敏感性的,能够反映资源现状和变化趋势的参数。例如,土地资源监测指标包括土地面积、土地利用类型、土地覆盖度、土壤养分含量、土地沙化等;水资源监测指标包括水位、水量、水质、水生态等。监测指标往往与监测

---

① 参见江娜等:《自然资源调查监测体系地类融合方法研究》,载《工程勘察》2022年第8期。

② 参见祁信舒、董文清、闵天:《自然资源调查监测中的地理国情监测分类研究》,载《地理空间信息》2020年第5期。

③ 参见张玉贤等:《自然资源调查监测技术设计标准化现状对比分析》,载《中国标准化》2023年第1期。

④ 参见燕琴等:《自然资源调查监测分析评价框架设计及关键技术》,载《地理信息世界》2022年第5期。

对象相对应。土地资源的监测指标包括土地面积、土地类型、土地利用率、土地沙化率、耕地保有量、化肥使用量、土壤有机质含量、土地退化指数等;水资源的监测指标包括水位、水温、流量、水质、营养盐含量、pH值、重金属含量、生物指标(如藻类密度、浮游动物数量等)、水源地保护区面积等;矿产资源的监测指标包括矿产储量、矿石品位、开采率、矿物利用效率等;生物资源的监测指标包括物种多样性指数、物种数量、种群密度、生物地理分布等。①

第五,统一调查监测数据共享及使用。自然资源调查监测的结果将得出大量的数据和信息,这些数据包括自然资源的数量、质量、分布、利用、变化趋势等方面的信息。这些数据为履行所有者职责提供了基础数据支撑,可以作为制定自然资源保护、开发、利用和管理政策的基础和依据,也可以为社会主体通过市场机制参与自然资源开发、利用、投资和经营提供参考和依据。自然资源调查监测数据的共享和使用是全面实现全民所有自然资源资产所有权的关键。自然资源部及地方政府应该建立自然资源调查监测数据的共享机制,保障调查监测结果能够依法实现政府部门间共享,并保障社会主体能够依法分享相关调查监测结果,为相关主体参与自然资源资产保护、利用的决策提供支持和依据。同时,也应该加强对自然资源调查监测数据的保护,避免因数据泄露和滥用而危害所有者权益和资源安全。

第六,统一调查监测报告。自然资源监测应该及时编制调查监测报告,反映自然资源现状和变化趋势,提出保护和管理建议。调查监测报告应该具有科学性、可读性和可操作性,便于政府和社会公众了解自然资源的状况和变化,为自然资源保护和管理提供依据。调查监测报告的内容应包括以下几个方面:(1)调查监测目的和任务,说明本次调查监测的目的、任务和范围。(2)调查监测对象和指标,介绍本次调查监测的对象和调查监测指标,说明调查监测方法和监测周期。(3)调查监测结果,对调查监测数据进行整理、分析和解释,反映自然资源的状况和变化趋势。(4)问题分析和建议,对调查监测中发现的问题进行分

---

① 参见张玉贤等:《自然资源调查监测技术设计标准化现状对比分析》,载《中国标准化》2023 年第 1 期。

析,提出解决问题的建议和措施。(5)结论和建议,总结本次调查监测的主要结论和发现,提出后续管理和保护的建议和措施。①

四、所有权委托代理机制下统一调查监测机制建设

在全民所有自然资源资产所有权委托代理机制试点工作中,自然资源统一调查监测制度的实施需要注意以下几个方面。

第一,建立明晰的委托代理关系是落实自然资源统一调查监测制度的重要保障。自然资源统一调查监测是履行所有者职责的重要内容,是"主张所有"职责的重要内容,也是"行使权利"的重要基础。因此,应通过委托代理机制建设,建立自然资源清单,明确中央和地方政府在全民所有自然资源资产管理上的职责划分,为自然资源统一调查监测工作的顺利开展奠定基础。一是自然资源部需要建立自然资源统一调查监测规范,明确调查监测目标任务、建立调查监测标准、制定调查监测流程规范、建立调查监测报告制度和调查监测数据共享和使用规则等。在具体调查监测工作中,需要对地方政府调查监测工作进行监督和指导,确保自然资源监测工作的顺利进行。同时,自然资源部对地方政府的调查监测结果应开展评估和分析,以便对调查监测工作的质量和效果进行全面的评价,并根据评估和评价结果及时完善相关制度和机制建设,促进自然资源统一调查监测工作更加科学和规范,为各级政府正确履行所有者职责,维护全民所有自然资源资产所有者权益提供强有力的支撑。二是建立自然资源清单,明确自然资源部和省市级地方政府履行所有者职责的范围,也就明确了自然资源统一调查监测的职责划分,地方政府要根据委托代理关系,对受托履行所有者职责的自然资源开展调查监测工作。地方政府在开展调查监测工作中,要接受自然资源部的领导和指示,明确自然资源调查监测工作的重点、内容、程序、方法和要求,并按时保质保量地完成其职责范围内的自然资源的调查监测工作,制定调查监测报告。

第二,保证调查监测的独立性是所有权委托代理机制下自然资源

① 参见杨斌等:《生态文明视野下的自然资源调查监测工作思考》,载《中国国土资源经济》2023 年第 7 期。

统一调查监测制度实施的重要保障。统一调查监测结果事关所有者职责履行的考核评价，因此，为了保障调查监测数据的真实可靠，有必要从制度上保障调查监测的客观性。一是考虑到自然资源调查监测的专业性，履行所有者职责的各级政府可以委托专门的调查监测机构或成立专门的调查监测部门来完成具体的调查监测工作，这样不仅能够保障调查监测的专业性，而且可以更好地维护调查监测工作的独立性，从而更好地保障调查监测结果的可靠性和科学性。二是制定规范的调查监测程序和标准。调查监测程序和标准是保证调查监测独立性的重要措施。调查监测的程序应该清晰明确，标准应该严格规范，并要遵循科学性、客观性和公正性的原则，避免人为因素对调查监测结果的影响。三是加强调查监测质量控制。调查监测质量控制是保证调查监测独立性的关键环节。调查监测机构应该采取严格的质量控制措施，确保调查监测数据的准确性和可靠性。同时，调查监测机构应该建立健全的质量管理体系，加强对调查监测人员的培训和考核，提高调查监测技术水平和业务素质。四是加强调查监测结果评估和评价。应建立评估评价机制，及时组织和开展调查监测结果的评估评价工作。评估评价可加强对调查监测机构的监督，确保调查监测工作的科学性和可靠性。

第三，调查监测标准化建设是自然资源统一调查监测制度中的重中之重。在委托代理机制下，自然资源部应该制定相应的调查监测标准和规范，明确调查监测的方法和指标，并确保地方政府正确履行所有者职责，积极按照标准和规范开展自然资源调查监测。只有建立的统一的调查监测标准和规程，才能确保调查监测结果的可比性和准确性，避免不同地区或单位的监测结果存在巨大差异，以提高调查监测数据的可信度和科学性。此外，调查监测机构应该有良好的质量控制体系，促进调查监测数据的收集、分析和报告规范化。

第四，提高调查监测技术水平是保证统一调查监测质量的关键。随着科技的不断发展和进步，新的调查监测技术和方法不断涌现，应及时跟进科学技术的发展，采用更有效和科学的技术方法开展自然资源统一调查监测。因此，调查监测机构应该不断提高技术水平，加强人员培训和专业能力的提升，采用先进的调查监测技术和设备，提高调查监测的效率和准确性。近年来，大数据、人工智能、5G、区块链、知识图谱、空间信息等高新技术的迅猛发展和交叉融合,为构建自然资源调查监测体系提供了必要的技术支撑和保障条件。充分利用现代测量、信息网络以及空间探测等技术手段,构建起集“天—空—地—网”于一体的自然资源统一调查监测技术体系,实现对自然资源全要素、全流程、全覆盖的现代化监管。加强人工智能、区块链技术、大数据分析、海量数据管理和三维展示等新技术在调查评价监测中的应用,进一步优化和创新技术路线、方法和手段,不断提高调查评价监测能力和水平。充分利用大数据技术和数据分析模型,加快汇集整合水利、农业农村、林业、海洋等部门的历史调查评价监测数据,打破“信息孤岛”和“数据壁垒”,推进各类自然资源数据集成和深度开发利用。①

第五,建立数据信息共享机制是保证统一调查监测质量的动力。数据信息共享可以有效提高调查监测数据的可靠性和有效性,促进调查监测工作的标准化和规范化。为了实现数据信息共享,政府需要建立统一的信息平台和数据库,收集、整理和存储各级调查监测机构的数据和信息,建立数据信息共享和查询规程,为社会提供便捷、快速的数据查询和共享服务。同时,还需要制定统一的数据格式和标准,确保各级调查监测机构的数据可以互通有无,实现数据共享和交流。除了政府间的信息共享,还可以借助社会力量建立自然资源调查监测信息共享平台,促进政府、企业、科研机构等多方面的信息交流和共享。这样可以更好地发挥各方的优势,提高调查监测数据的准确性和完整性,为全民所有自然资源资产所有权的有效实现提供支撑,为自然资源保护和利用提供更加科学的数据支持。

第六,做好各职能部门之间的业务整合与技术方法衔接。在自然资源调查监测中,要按照自然资源调查监测“六统一”工作要求,由自然资源部负责自然资源调查监测工作的总体规划、统一部署和整体推进,研究解决重大问题;各相关部门根据管理所需和工作任务安排,从严落实责任分工,按时保质地完成各项调查评价监测工作任务。同时,要利用好各部门长期以来积累和形成的自然资源调查监测数据和经验,坚

① 参见谢鸣等:《天空地网一体化技术服务自然资源调查监测》,载《地理空间信息》2022 年第 9 期。

持业务体系的整合与创新。① 此外，要推进统一调查监测与确权登记制度衔接。按照2022年自然资源部发布的《关于加快完成集体土地所有权确权登记成果更新汇交的通知》要求，各省级自然资源主管部门以县级为单位，于2023年年底前将入库且更新过的集体土地所有权确权登记成果和地籍图全部汇交。因此，应推进并加强调查监测成果与确权登记成果的衔接，将明晰所有权权属边界明确为年度国土变更调查监测工作任务，保证调查监测的所有权权属边界与确权登记的成果保持一致，保障自然资源调查监测成果能够进一步促进自然资源资产产权的明晰化工作。

第七，强化调查监测成果管理导向。自然资源调查监测的最终目的是更好地为全民所有自然资源资产所有权的行使提供支撑，这也是为了更好地保护和合理利用自然资源，因此，自然资源调查监测结果的应用是自然资源监测制度中非常重要的一环。在所有权委托代理机制下，应将调查监测成果管理纳入委托代理事务中。2021年4月，中共中央政治局会议在听取第三次全国国土调查主要情况汇报时指出，要加强土地调查监测成果的共享应用，在此基础上做好国土空间规划，调整并进一步明确生态保护红线、环境质量底线、资源利用上线。为了做好自然资源调查监测成果共享应用，自然资源部办公厅、国家林业和草原局办公室于2022年12月联合印发《自然资源调查监测成果管理办法（试行）》，明确了调查监测成果管理的总体要求，规定了成果汇交和保管、发布和公开、共享和利用及监督管理等方面的具体要求，并从规范调查监测成果管理、深化数据共享应用两个方面着手，提出了一系列制度措施：一是实行调查监测成果汇交制度。明确调查监测成果按照“谁实施、谁汇交，谁组织、谁接收”的原则，调查监测成果目录采取“下延一级”管理的方式。地方调查监测组织部门将接收的调查监测成果统一编号，整理形成成果目录，于30个工作日内报上一级调查监测组织部门。自调查监测工作完成之日起30个工作日内，汇交至组织开展调查监测工作的自然资源、林业和草原等主管部门。林业和草原等主管部

① 参见自然资源部自然资源调查监测司：《以强化成果管理导向推进自然资源统一调查监测》，载《中国土地》2023年第2期。

门接收的技术核验合格的调查监测成果,同步建立副本,于 30 个工作日内汇交至同级自然资源主管部门。由此可见,所有调查监测成果将最终统一汇交至自然资源主管部门。二是完善调查监测成果发布、公开管理。明确调查监测成果经审核批准后,方可由自然资源、林业和草原等主管部门按照职责分工向社会发布。横向上,全国性自然资源调查监测成果按相关法律法规或职责分工,由自然资源部、国家林草局等部门审核或上报国务院;全国森林、草原、湿地调查监测成果,由自然资源部、国家林草局共同审核。纵向上,统一组织、分级实施的调查监测成果,逐级向下依次发布、公开;地方调查监测成果的发布、公开,依据相关法律法规等规定,明确权限并审核批准。三是规范调查监测成果共享审查。明确调查监测组织部门负责对调查监测成果共享利用申请进行审查。未经审查批准,任何单位或个人不得擅自提供或对外共享调查监测成果。四是规范调查监测成果利用监督。明确成果需求部门(单位)应当按照“谁使用,谁管理,谁负责”的原则,依法依规、全面客观使用获取的自然资源调查监测成果。成果使用采用全过程管理的方式,严格限于成果申请用途使用,不得直接或间接改变成果形式提供给第三方,也不得用于或变相用于其他目的。五是强化调查监测成果监督管理。一方面要明确调查监测成果监督管理责任。自然资源部会同国家林草局等部门,负责全国自然资源调查监测成果的监督管理,制定调查监测成果管理制度并监督实施;县级以上地方自然资源主管部门会同本级林业和草原等主管部门,负责本行政区域内调查监测成果的监督管理。另一方面要建立调查监测成果管理监督检查制度。各级自然资源主管部门会同林业和草原等主管部门,定期组织开展调查监测成果管理监督检查,对成果汇交、保管、发布、共享和利用等情况进行通报。六是建立调查监测成果共享应用制度。明确列入成果目录的自然资源调查监测成果数据,应当在政府部门间、系统内单位间无偿共享。调查监测成果数据在内容、时效性等方面能够满足需求的,应当充分共享利用,原则上不重复开展调查监测工作。明确主动公开的调查监测成果,依托地理信息公共服务平台、国土空间基础信息平台和部门政府网共享利用服务系统共享。①

第八,完善自然资源法律体系。目前,统一调查监测制度的法治建设跟不上自然资源资产产权制度改革实践的发展趋势,无法满足调查监测实践的需要。因此,应根据当前自然资源资产产权制度改革进程,调整和完善自然资源法律体系,对涉及土地、矿产、森林、草原、水、湿地、海洋等多部自然资源单行法进行必要的修订和完善,落实"坚持一类事项原则上由一个部门统筹、一件事情原则上由一个部门负责"的机构改革思路,对相关法律法规中涉及自然资源调查评价监测的职责进行必要调整,明确责任主体,将机构改革最新成果以法律形式巩固下来,避免政出多门、责任不明、推诿扯皮。在此基础上,研究制定自然资源调查监测条例,为自然资源统一调查监测提供规范依据,保障调查监测有章可循。

第二节 自然资源资产核算制度

一、自然资源资产核算的重要意义

《总体方案》要求加快推进生态文明建设,明确提出要"探索编制自然资源资产负债表。制定自然资源资产负债表编制指南,构建水资源、土地资源、森林资源等的资产和负债核算方法,建立实物量核算账户,明确分类标准和统计规范,定期评估自然资源资产变化状况"。这标志着我国已正式启动自然资源资产负债表编制工作。自然资源资产负债表的编制有利于促进自然资源资产的科学利用和有序开发,为全民所有自然资源资产管理奠定基础。当然,要编制好自然资源资产负债表,首先必须重视自然资源资产核算这一重要环节和基础工作,准确把握自然资源资产核算基本原理和规律,做好自然资源资产核算。为了进一步推进这项工作,中共中央、国务院相继印发了《关于全民所有自然

① 参见自然资源部自然资源调查监测司:《以强化成果管理导向推进自然资源统一调查监测》,载《中国土地》2023 年第 2 期。

资源资产有偿使用制度改革的指导意见》《关于创新政府配置资源方式的指导意见》《关于统筹推进自然资源资产产权制度改革的指导意见》等系列重要文件，提出了新时代“明产权、优配置、确收益、落责任、强监督”的自然资源资产管理体制改革和制度建设要求，并有针对性地对贯穿于自然资源资产价值管理始终的资源资产核算工作进行了具体部署。《试点方案》要求自然资源部和地方政府通过委托代理机制管理好全民所有自然资源资产，认真履行“主张所有、行使权利、履行义务、承担责任、落实权益”的所有者职责。其中，“主张所有”是对履行所有者职责的基本要求，履行所有者职责的自然资源部和地方政府应当摸清自然资源资产家底，开展资产核算，解决全民所有自然资源资产“有多少、值多少”的问题，这是落实所有者权益的前提和基础。自然资源资产核算就是对自然资源资产实物量和价值量进行清查、计量、评估及估值。自然资源资产核算是传统国民经济核算向生态资源环境领域的拓展和延伸，只有遵循严格的资产估值原则、采用科学的评估方法、坚持统一核算标准，才能实现不同资产类型、不同地区之间价值量的横向比较，进而为履行所有者职责、资源开发利用和资源管理决策以及履行所有者职责考核评价提供翔实可靠的信息基础。①

具体而言，在所有权委托代理机制下，自然资源资产核算具有重要意义：第一，其有利于落实委托代理机制。自然资源资产核算是履行所有者职责的重要内容，也是对各级政府履行所有者情况进行考核评价的重要指标及方式。因此，自然资源资产核算有利于明确所有者职责，划清行权履职边界，并为落实委托代理机制奠定基础。第二，其有利于进一步摸清全民所有自然资源资产家底。对自然资源资产进行核算有利于进一步辨清自然资源、自然资源资产等概念，有利于查清全民所有自然资源资产的实物量与价值量，为全民所有自然资源资产管理提供数据基础。第三，从资产角度认识自然资源并对其进行实物量和价值量核算是生态补偿、自然资源资产有偿使用等一系列政策制度的基础。

① 参见郭韦杉、李国平、王文涛：《自然资源资产核算：概念辨析及核算框架设计》，载《中国人口·资源与环境》2021 年第 11 期。

目前,我国关于自然资源资产核算领域的研究,主要表现在对自然资源实物量核算或资产核算层面,而对自然资源、自然资源资产、自然资源资产负债表等概念的把握上尚存在认识模糊不清的问题。从实践来看,我国已经在森林资源资产核算、矿产资源资产核算、水资源资产核算、土地资源资产核算和自然资源资产负债表编制等领域形成了初步成果。不过,自然资源资产核算仍然面临不少问题,如核算体系、核算方法、核算标准等尚处于实践探索阶段,总体上尚未建立符合委托代理机制需求的自然资源资产核算制度等。笔者认为,自然资源资产核算制度建设首先必须在理论上明确核算的目标,即核算要解决什么问题、核算为什么服务,然后再遵循目标导向原则,研究与确定核算体系、核算标准、核算内容、核算方法、核算程序等,在此基础上研究建立自然资源核算制度。

二、自然资源资产核算体系

目前主流的两个国际环境资源核算体系是联合国综合环境与经济核算体系(System of Integrated Environmental and Economic Accounting, SEEA)和包括环境账户的国民核算矩阵(National Accounting Matrix including Environmental Accounts, NAMEA),这两种框架对各国环境核算体系的构建均产生了深远影响。采用 SEEA 的国家比较多。例如,美国的经济环境一体化卫星账户,经过多年探索和完善,其市场化的自然资源资产实物量和价值量核算方法获得了较好的评价,在国际上也享有较好的声誉;德国自然环境经济核算体系采用了 SEEA 的基本理论和原则,特别注重自然资源实物流量的核算体系,设计有详细的实物流量账户。此外,位于东南亚的菲律宾也在 SEEA 基础上建构了自然资源与环境核算体系,它的最大特色是资源环境价值量的核算,即通过一定的虚拟假设将难以市场化的环境恶化、资源消耗和生态服务等价值量化后,纳入传统的国民收入核算体系中,为制定自然资源和环境保护决策提供信息,并反映资源环境的变化情况。① 采用 NAMEA 的主要国家有挪

① 参见郭韦杉、李国平、王文涛:《自然资源资产核算:概念辨析及核算框架设计》,载《中国人口·资源与环境》2021 年第 11 期。

威、荷兰和芬兰等国,这些国家将自然资源资产分为实物账户和环境账户,重点放在与国民经济体系密切相关的资源环境实物流量的核算上,核算的主要目的是为准确地解决温室效应、环境污染等生态环境问题提供决策信息,寻找解决生态环境问题的有效途径。总体而言,目前国际上两大核算都得到了广泛使用。不过,各国在采用这两大核算体系时,都根据本国国民经济核算和自然资源资产管理实践进行了适宜本国资源环境核算的调整、创新和改造。①

我国与国民经济核算相衔接的自然资源资产核算起步较晚,党的十八届三中全会提出编制自然资源资产负债表要求,随后,实践开始探索和试行自然资源资产负债表的编制工作。从中央文件以及编制主体、编制目的、编制内容等实践探索来看,我国自然资源资产负债表应该是属于资产负债表的范畴,即属于国家资产负债表的组成部分。在理论上,有的学者主张基于传统资产核算方法,根据“资产 = 负债 + 所有者权益”公式编制自然资源资产负债表;②有的学者则主张以自然资源资产分类收支平衡编制自然资源资产负债表;③还有学者认为应以国际 SEEA – 2012 为基础开展自然资源资产核算,不支持开展自然资源负债核算。④ 实际上,自然资源资产核算的实践探索从没有停止过,不同历史时期及其差异化的自然资源资产管理需求生成了多元化的核算体系。从满足企业经营需要的会计核算,到反映国家经济收支与资源环境代价的国民经济核算,再到呈现区域资源综合价值损益的“生态系统服务与生物多样性核算、自然资本核算、自然资源资产负债表”,我国自然资源资产核算已实现了全民所有“矿藏、土地、林木、草原、湿地、水、

① 参见韩德军、杨光情、郑安民:《典型国家自然资源资产核算机制比较与中国化体系构建》,载《财会通讯》2022 年第 19 期。

② 参见季曦、刘洋轩:《矿产资源资产负债表编制技术框架初探》,载《中国人口 · 资源与环境》2016 年第 3 期。

③ 参见何利等:《我国自然资源核算的实践进展与理论体系构建》,载《自然资源学报》2020 年第 12 期;封志明、杨艳昭、李鹏:《从自然资源核算到自然资源资产负债表编制》,载《中国科学院院刊》2014 年第 4 期。

④ 参见史丹:《自然资源资产负债表:在遵循国际惯例中体现中国特色》,载《China Economist》2015 年第 4 期。

海洋、生物多样性”的全覆盖，并已突破了“单一经济账”的实务边界，向着以“资源、生态和社会”为内容的综合转向，适用于新时代自然资源资产管理需要的核算体系也正在建构之中。①

三、自然资源资产核算基本要素

自然资源资产核算是对自然资源资产的价值和潜力进行全面、系统的评估，是自然资源市场配置、自然资源资产合理利用及自然资源保护的基础。在所有权委托代理机制下的自然资源资产核算制度需要具备以下基本要素。

第一，核算目的。自然资源资产核算首先需要明确资产核算的目标，目的不同，核算的体系、方法、规程等也会有所不同。从自然资源资产合理开发利用和保护修护决策来看，资产核算要满足决策者对自然资源资产进行“经济价值、生态价值和社会价值”衡量及价值平衡决策的信息需要，为制定和实施“保护性开发、生态补偿和生态修复”提供决策参考。从资产管理需求来看，资产核算需要满足所有者权益保护、资产收益征收和分配管理对的信息需要，为优化资源资产市场化配置、收益管理和分配提供解决依据。② 在委托代理机制下，首先要明确自然资源资产核算的制度定位，这是构建全民所有自然资源资产核算体系的关键。从全民所有自然资源资产所有权委托代理和资产管理链条来看，资产核算需满足履行所有者职责对“有什么、值多少、由谁管、如何管、收益如何、如何考核、对谁负责”的信息需要，为履行所有者职责提供一套清晰的自然资源资产“家底账、收益账和责任账”。具体而言，委托代理机制下的自然资源资产核算，具有三个方面的重要目的：一是通过核算摸清全民所有自然资源资产家底，为明确所有者职责提供依据；二是为编制自然资源资产负债表提供核算基础；三是为评价考核各级政府履行所有者职责提供依据和服务。

---

① 参见袁艺：《国家自然资源资产核算与管理的跟踪审计》，载《理财》2022 年第 1 期。

② 参见李政等：《全民所有自然资源资产核算框架与方法研究》，载《中国国土资源经济》2022 年第 10 期。

第二,核算的主体。在委托代理机制下,我国自然资源资产核算的主体包括履行全民所有自然资源资产所有权的主体,包括自然资源部和省市级地方政府。具体而言,可将我国核算主体分为两大类:第一类为自然资源部。自然资源部根据国务院授权统一行使全民所有自然资源资产所有权,应体现和维护全民所有自然资源资产所有者权益。自然资源部统一行使对国防、经济、资源安全等具有重要战略意义战略性自然资源资产所有权。第二类为地方政府。地方政府根据自然资源部委托,行使部分全民所有自然资源资产所有权。收益实现方式主要有出让、租赁、作价出资入股等,其对应的核算收益价值体现为所有者权益的资源收益,类型主要有土地出让收入、新增建设用地有偿使用费、矿业权出让收益、海域使用金、无居民海岛使用金等。

第三,核算对象。自然资源资产核算的对象是自然资源资产。《试点方案》明确列举了8类主要自然资源资产,包括土地、水、森林、草原、矿产等各种类型的自然资源资产。不同类型的自然资源资产核算需要采用不同的评估核算方法和技术。此外,为开展自然资源资产生态价值核算,在自然资源资产核算对象分类时,应区分生态资产和非生态资产。非生态资产主要是经营性自然资源资产,核算对象、方法相对比较容易确定;而对于典型的生态资产,如森林、草原、湿地、森林公园、风景区、农田等,应将其占用的土地空间与地上覆盖物作为一个完整的资产类型,确认核算对象,按照流量核算与存量核算并重的原则开展核算。

第四,核算内容。在核算内容上,国际上自20世纪70年代以来就开始环境资源核算,大致经历了从实物到价值、从部门到地区、从静态到动态、从存量到流量的趋势不断完善的发展历程。[①] 从我国生态文明建设目标和自然资源资产产权制度建设目标来看,全民所有自然资源资产核算应当由实物量计量、价值量评估等构成。其中,价值量在理论上又应当包括经济价值、生态价值和社会价值等。传统观念中,人们最

---

① 参见封志明、杨艳昭、陈玥:《国家资产负债表研究进展及其对自然资源资产负债表编制的启示》,载《资源科学》2015年第9期。

重视自然资源是最基本也是最直接的经济价值，对生态价值和社会价值则不够重视。随着社会经济的发展，人们逐渐开始重视自然资源资产的生态价值和社会价值。如今，生态价值已成为自然资源资产在生态文明时代的重要价值形态，而社会价值更加充分地体现出自然资源资产的公共属性及其价值形态。在价值评估上，自然资源资产的经济价值是可以通过市场法直接进行评估的商品性资源产品价值。自然资源资产的生态价值指其提供的包括涵养水源、固土保肥、气候调节、景观、文化等难以通过市场法直接进行评估的服务价值，包括调节服务、支持服务、文化服务等价值。然而，自然资源资产的社会价值则难以界定价值范畴，很难找到合适的方法对其进行量化和评估。比如粮食安全，事关社会稳定和长治久安，对人类生存至关重要，价值巨大但无法准确估量；又如自然资源资产给人类的精神享受、科学研究、文化艺术美感等，属于人类主观领域和精神层面，难以客观评估其价值。①

从世界各国资源环境核算来看，大多采取了以实物量核算为主、价值量核算为辅的原则。究其原因，一是实物量是自然资源要素的基础，只有在实物量得到科学、准确核算的基础上才能谈得上其他。二是大多数自然资源具有外部性，如自然资源的生态价值、水资源的价值等，难以市场化实现与考察，这决定了其价值量具有不确定性，甚至无法准确核算其价值量；对于部分可交易的自然资源，如部分土地资源、生物资源等，可进行价值量核算予以补充。② 在委托代理机制下，自然资源资产核算的根本目标是促进自然资源合理利用与保护，因此，自然资源资产价值量核算应遵循可市场化原则。有学者提出按"两分法"将自然资源资产价值分为商品价值和服务价值，其中，商品价值是比较实的物质价值，相对易于用货币方式体现；服务价值主要体现的是无形的、比较虚的舒适性价值，难以简单用货币方式来体现，但也会影响商品价值

① 参见陈方圆、张卫民、范振林：《自然资源资产价值体系构建及应用》，载《统计与决策》2023 年第 7 期。

② 参见郭韦杉、李国平、王文涛：《自然资源资产核算：概念辨析及核算框架设计》，载《中国人口 · 资源与环境》2021 年第 11 期。

的实现。[①] 因此,应探索自然资源的生态价值核算方法,建立生态产品的市场化实现机制。当然,对于目前还难以通过市场化的方式考核与判断其价值量的自然资源资产生态价值,不宜过度重视所谓“生态价值”核算,而更应重视对生态产品实物量、生态功能质量等的考察。

第五,核算方法。核算方法是自然资源资产核算的技术支撑。自然资源资产核算分为实物量核算和价值量核算,实物量核算和价值量核算方法不同,不同类型的自然资源资产的实物量核算和价值量核算方法也可能存在差异。实物量核算就是按自然资源资产的实物数量单位来计算特定时间某一自然资源资产的存量情况及变动情况。实物量核算又可以分为数量核算和质量核算两个方面。在数量核算上,主要是调查、统计各类自然资源资产的存量及其变动量。例如,根据《土地利用现状分类》(GBT 21010 - 2017)统计土地资源存量及其变动量,根据《林地分类》(LY/T 1812 - 2009)和《森林资源规划设计调查技术规程》(GB/T 26424 - 2010)统计林木资源存量及其变动量,都是从数量方面核算自然资源资产的存量及变动量。质量核算是在数量核算的基础上,按照适当的质量评价方法测算各类自然资源资产的存量及其变动量。例如,根据《矿产资源综合勘查评价规范标准》(GB/T 25283 - 2010)对能源资源、金属和非金属等固体矿产资源的质量等级进行统计核算,根据《耕地质量划分规范》(NY/T 2872 - 2015)和《耕地地力调查与质量评价技术规程》(NY/T 1634 - 2008)等对耕地质量等级及其变动量进行统计核算,都是从质量方面对自然资源资产进行核算。为了促进生态文明建设,切实维护所有者权益,更好地履行全民所有自然资源资产所有者职责,需要在自然资源资产实物量核算的基础上,不断探索自然资源资产价值量核算。目前,自然资源资产价值量核算主要是经济价值量核算,主要方法包括市场价值法、替代市场法和模拟市场法等。其中,对市场化程度比较高的自然资源,可以采用市场价值法进行核算,若是市场化程度比较低或缺乏市场数据,就需要考虑采用替代市

① 参见杨昔、喻建华、乔亮亮:《自然资源资产价值评估初探》,载《中国国土资源经济》2020 年第 9 期;韩德军、石峡:《自然资源资产核算理论框架与价值量化途径研究》,载《价格理论与实践》2022 年第 11 期。

场法或模拟市场法进行核算。此外,为了全面体现自然资源资产价值,应探索自然资源生态价值核算,探索建立生态产品市场化机制,完善自然资源资产生态价值实现机制。

第六,核算周期。自然资源资产核算的周期应该根据核算对象和核算目的来确定,一般应该周期性进行,以保证对自然资源资产的全面了解和及时掌握。①

四、我国自然资源资产核算制度存在的问题

加强自然资源资产核算理论研究与实践工作是落实全民所有自然资源资产所有权委托代理机制、完善自然资源治理体系和提升治理能力的基础。自然资源资产是整个生态系统的有机组成部分,自然资源功能的多样性决定了自然资源资产评价核算的复杂性,因此,在全民所有自然资源资产委托代理机制建设过程中,自然资源资产评价核算工作是重点也是难点。自然资源资产评价核算的重点在资产核算。我国目前正在积极探索自然资源资产核算。然而,从实践来看,我国自然资源资产核算还面临着不少问题。一是与自然资源及自然资源资产产权制度相关的诸多法律、法规等制度尚在完善之中,体系尚不健全,责任边界难以清晰界定;二是自然资源资产核算体系尚未建立,导致自然资源资产核算过程中基础信息不系统、不完整,核算对象和内容不具体、不准确,核算方法不科学等。② 实际上,学界对自然资源资产评价核算的框架、标准与方法等问题也没有形成共识,仍然存在很多分歧。③ 目前急需解决的问题主要有以下几个:

第一,自然资源资产评价核算的基础数据可靠性比较低。相对于传统的资产核算而言,自然资源资产核算在基础数据的搜集方面存在较大困难。以往的许多自然资源资产数据资料,虽在宏观调控上对自

① 参见韩德军、石峡:《自然资源资产核算理论框架与价值量化途径研究》,载《价格理论与实践》2022 年第 11 期。

② 参见崔海红、黄良杰:《自然资源资产核算逻辑及其离任审计程序设计》,载《财会月刊》2023 年第 10 期。

③ 参见李佐军、魏云:《如何推进自然资源资产负债表编制工作》,载《经济参考报》2017 年 11 月 20 日,第 8 版。

然资源资产管理发挥了重要作用,但对于自然资源资产核算而言,这些数据的量和质都无法满足对自然资源资产进行科学核算的要求。主要原因有:一是我国长期以来自然资源资产分部门管理,产权不清晰,资产数据交叉、遗落、不连贯等问题比较严重;二是资源管理部门以往主要重视自然资源资产经济价值形态,对自然资源资产生态价值不够重视,因而缺乏生态价值核算方面的数据。总体而言,我国目前尚未全面系统掌握自然资源资产的底数信息,生态服务流量等数据的可得性较差,能够公开使用查询的数据比较有限,部分数据的收集和发布形式不够规范,缺少权威性的数据公布和储存平台,制约了自然资本核算的基础研究与管理实践,也降低了核算结果的可信度。

第二,自然资源资产核算标准不统一。我国长期以来采用部门管理自然资源模式,不同部门对同一类自然资源资产往往采用了不同的核算标准。加上我国幅员辽阔,各类自然资源资产质量、形态、存在方式存在较大的地域性差异,各地区管理部门也倾向于服务地方经济战略的考虑而采用了不同的核算标准。从总体上看,目前我国没有建立一套完整的系统的自然资源资产核算标准体系,在实践中,倾向于只重视自然资源资产经济价值的核算,忽略自然资源资产生态价值核算指标体系的建设。因而,目前的资产核算指标体系还存在较多不足。

第三,自然资源资产核算方法的科学性有待提高。自然资源资产核算方法很多,但是采用什么的方法更科学?目前,自然资源资产价值量核算方法不一致,在自然资源资产价值量核算中,市场价格难以直接衡量自然资源资产的价值变化,尤其是生态系统服务大多数不能通过市场定价,也无法完全体现经济、社会、生态的可持续性要求。实践中,若忽视自然资源资产的客观价值,在决策中容易造成过度开发利用、生态系统服务功能退化、忽视生态修复和生态补偿等。总体上,目前主要是从实物量和经济价值方面对自然资源资产价值进行核算,对自然资源资产的生态价值重视不够,难以反映出自然资源资产的客观价值,也不符合《试点方案》要求的全面实现全民所有自然资源资产权益。以林木资源为例,树木不仅仅可以作为生产资料,用来生产家具等木制品,而且具有生态涵养、固碳功能、提供栖息地和观赏价值等。在核算林木资源资产时,不能仅仅考虑每一棵树所可能产生的经济效益,还应当综合考虑由树木所组成的森林所具有的生态价值和社会价值。[①]

第四,自然资源资产核算人才缺乏。与一般资产核算相比,自然资源资产既有一般资产的共性,又有许多自身的特殊性,有很多技术方法问题的处理非常复杂,其运用的核算方法、准则、标准等必须恰当、科学。因此,自然资源资产核算具有高度的专业性,对核算人员的要求更高,需要多学科、多方法、多行业的通力协作。当前,自然资源资产核算受传统资产核算思维模式、技术方法的影响较深,很难跳出传统资产核算的标准框架、技术方法及经济结果导向的框架。

五、委托代理机制下自然资源资产核算制度的完善

自然资源核算作为市场定价的基础,为自然资源资产的合理有效利用、实现所有者权益创造条件,资产核算也是衡量自然资源利用效益和生态环境质量的重要手段。同时,在委托代理机制下,资产核算是履行所有者职责的重要内容,也是实现衡量所有者职责履行情况的重要指标,能够为委托代理机制有效运行提供支撑和保障。因此,有必要进一步完善自然资源资产核算制度,促进自然资源资产核算更加科学,以真实反映自然资源资产价值量。

(一)明确自然资源资产核算的基本要求

建立自然资源核算制度是为了规范自然资源核算工作,保证核算结果的科学性、客观性和独立性,从而提高核算质量。核算制度包括核算的标准、流程、方法、指标和监督等方面。一是科学性。核算制度要求核算标准、流程、方法等必须符合科学性,核算结果必须基于可靠的数据和理论分析,避免主观性和随意性的干扰。科学性的核算结果有助于决策者进行合理决策,推动可持续发展,有效保障自然资源的利用和保护。二是客观性。核算制度要求核算过程中要遵守客观、公正、透明的原则,减少人为因素的干扰,从而提高核算结果的可信度和真实性。核算结果的客观性可以有效避免利益集团的干扰,维护公共利益。

---

① 参见崔海红、黄良杰:《自然资源资产核算逻辑及其离任审计程序设计》,载《财会月刊》2023 年第 10 期。

三是独立性。核算制度要求核算过程中核算机构要独立自主、独立思考,不受任何利益干扰,从而保证核算结果的独立性和真实性。核算结果的独立性可以有效防止政治干预和不正当干预,维护核算的公正性和权威性。[①] 四是整体性。自然资源资产价值具有多重性,包括经济价值和生态价值。价值核算需要综合考虑多种因素,制定科学、合理的核算方法和标准,为资源的可持续利用提供支持和保障。在核算过程中,需要考虑资源的再生能力、更新速度等因素,预测资源的供需状况,制定可持续利用的规划和措施,确保资源的长期利用;需要对资源的利用情况进行综合分析和评估,包括资源开发利用的方式、强度、规模等,以及对生态环境的影响、社会经济效益等因素的考虑,从而判断资源利用是否符合可持续发展的要求;需要综合考虑生态、经济、社会等因素,维护资源的可持续利用;还需要关注资源利用的时间尺度问题,不仅要考虑当前资源利用的效益和风险,还要考虑长远发展的需要。

（二）提高基础数据的准确性

实物量数据质量是影响资产核算结果精准与否的关键。核算过程中需要基于自然资源调查监测体系,梳理已有各类自然资源专项调查、清查中资源权属、数量、质量、用途等成果,补充调查缺失属性,采用现代地理信息、人工智能、多源大数据整合等先进技术对成果数据进行生产和全面质检,确保实物量数据的完整性、真实性、准确性,为价值量核算奠定数据基底。数量和质量是实物量核算的核心指标,在市场经济条件下,质量高低是影响价值水平的重要因素。虽然目前质量核算的条件尚不成熟,但是需要基于土地分等定级的思路拓展核算思路和方法,探索形成各类全民所有自然资源资产的质量核算成果,与数量核算成果共同服务于价值量核算。[②] 为提高核算结果的公信力和权威性,避免出现因核算标准、核算方法不统一等造成价格水平过高或过低的失真现象。国家要基于资产清查试点,尽快收集各类全民所有自然资源

---

① 参见李政等:《全民所有自然资源资产核算框架与方法研究》,载《中国国土资源经济》2022 年第 10 期。

② 参见李政等:《全民所有自然资源资产核算框架与方法研究》,载《中国国土资源经济》2022 年第 10 期。

资产的价格信号，建立起地域、资源种类全覆盖的多层级价格体系，并基于地域相似性原则，开展宏观层面的价格统筹平衡，提高核算工作的执行力。

（三）建立统一的自然资源资产核算标准

由于自然资源资产类别繁杂、区域禀赋差异以及效用差异较大，其价值判断会因所有者、使用者等不同而产生较大差异，同时也会因统计口径、核算口径差异，导致在实务中采用不同的计量标准和模式。因此，依据什么样的标准来对自然资源资产进行计量，是实务工作面临的较大难题。自然资源核算制度的建立是委托代理机制下自然资源管理的重要组成部分，有助于提高核算质量，实现资源保护与利用的协调发展。同时，为了保证核算的科学性、客观性和独立性，核算机构应该加强自身建设，遵守公正、客观、科学、独立的原则，加强与政府部门、利益相关者的沟通与协调，确保评价结果的客观准确。① 一是要对核算对象概念的内涵进行统一。实物量是根据全民所有自然资源资产的自然属性和特点，采用实物计量单位来反映资产数量家底的指标，其中空间资源采用长度、面积等衡量，物质资源参考矿产、森林等专题数据库计量单位；经济价值量是经营性用地在确定统一基准时间和既定用途前提下，依据法定使用年期估算出的使用权价值或收益价值等的总和；生态价值量是指公益性用地在水源涵养、土壤保持、固碳释氧等生态系统服务的水平。二是要建立自然资源资产核算统一规范，分类统筹，明确核算标准。按照统一规范的目标定位，明确核算对象、范围、基本原则和工作程序等大框架，统一指导各类自然资源资产核算。针对不同门类自然资源的属性特征和管理方式的差异，按照统分结合的原则，分别制定各门类资源的核算技术规范和标准，"因类制宜"开展资产核算。三是建立完整的统计制度，应明确统一调查、报表填报等内容，根据不同资产主体、资产规模、资产类型，分别进行核算数据统计汇总分析。充分考虑自然资源的实物量和价值量，如结合现有城镇土地及农用地

① 参见韩德军、杨光情、郑安民：《典型国家自然资源资产核算机制比较与中国化体系构建》，载《财会通讯》2022 年第 19 期。

分等定级等方式实行分类统计，以实现地区之间的可比可加总。

（四）探索科学的核算方法

核算方法的科学性和可操作性是建立自然资源核算制度的关键，也是确保核算结果准确性和可靠性的基础。核算方法应该建立在科学理论和实践基础上，以准确、可靠、可操作为原则，采用多种适合的核算技术手段，结合实地调研和样品分析等方式进行核算。科学性是指核算方法应该基于科学理论、技术和数据支撑，符合自然规律和社会发展的要求；可操作性是指核算方法应该具有可操作性，即能够在实际应用中操作、实施和验证，同时也要注重可操作性与科学性的平衡。① 为了确保核算方法科学性和可操作性，应借鉴国际有益经验，遵循自然资源资产核算普遍规律，强调团队协作，建立多方参与机制。政府应该引导和支持专业机构、科研机构、社会团体和公众参与自然资源资产核算工作，建立专业、公正、透明的核算方法体系。同时，政府还应该制定和完善相关的核算政策和法规，明确核算的目的、对象、内容、程序、标准和结果应用等方面的规定。此外，建立自然资源核算制度还需要完善自然资源资产信息库、开展遥感和地理信息系统技术应用、建立自然资源调查和监测网络、加强自然资源核算人才培养等。② 这些措施可以提高自然资源核算方法的科学性和可靠性，为自然资源资产核算方法的运用提供可靠的数据和依据。

（五）完善自然资源资产核算的保障机制

第一，完善自然资源资产核算相关制度。随着生态文明建设的推进，自然资源资产产权制度不断完善，但自然资源资产核算制度还是个比较大的短板，特别是在自然资源资产核算规则方面，目前只有原则性规定，具体核算规则尚未出台，这已严重影响了自然资源资产核算工作的顺利开展。因此，应尽快建立核算制度框架，出台核算规则，确立核算标准，确保自然资源资产核算工作开展，促进自然资源资产相关信息

---

① 参见韩德军、石峡：《自然资源资产核算理论框架与价值量化途径研究》，载《价格理论与实践》2022 年第 11 期。

② 参见邢琦、朱道林、王健：《基于 SEEA 的自然资源资产核算指标的国际比较》，载《中国环境管理》2022 年第 1 期。

系统、完整、可信、可比，为自然资源资产保护、开发利用、修复和补偿以及监管等决策服务。

第二，加强对评价核算过程和结果的监督。建立评价结果的监督机制是自然资源委托代理机制下自然资源评价制度中不可或缺的一环。评价核算结果的监督机制应该在评价过程中就纳入考虑，确保评价结果的客观性和可信度。具体来说，核算结果的监督机制应该包括以下几个方面：一是建立独立的监督机构。这个机构应该由专门的监督人员组成，对自然资源评价过程进行监督。监督人员应该具备专业的知识和技能，能够对评价结果进行科学的评估，并在必要时提出改进建议。二是建立公开透明的评价结果公示机制。评价结果应该向公众公开，并且应该在评价报告中清晰地表述评价的过程和方法，以及评价结果的依据。这样做有利于促进公众的参与和监督，确保评价结果的客观性和可信度。三是建立追溯机制。评价结果的监督机制应该能够对评价结果进行追溯。如果评价结果出现了错误或者失误，应该能够及时发现并进行纠正。同时，应该建立相应的问责机制，对违反评价标准或者不当行为进行惩罚。①

第三，建立自然资源资产专门核算机构，统一协调自然资源资产核算工作。目前，涉及自然资源资产管理部门较多，如统计、财政、国土资源、农村农业、林业、海洋、环保等相关部门，每个部门对相关自然资源资产核算的时间、口径、范围、标准等都有较大的差异，使得自然资源资产相关信息披露不充分、不完整、不全面、不及时、不可比；这不利于自然资源资产管理、保护、开发利用等决策的做出，也不利于对自然资源资产监督问责、市场配置、收益分配等行为的开展。对此，应成立专门机构开展自然资源资产核算工作，保障核算信息数据的完整性、充分性、可靠性和可比性。

第四，明确自然资源资产核算的职责。开展自然资源资产核算是委托代理机制的重要内容，为了顺利开展自然资源资产核算，需要明确资产核算职责，建立核算机构及核算人员工作职责，避免出现核算职责

---

① 参见刘尚睿、耿建新、吕晓敏：《自然资源资产核算与管理——以 A 县土地资源核算实践为例》，载《复旦学报（社会科学版）》2020 年第 6 期。

不清，若核算工作无序将导致核算工作无法顺利开展或导致核算结果失真和错误。因此，应加强对核算人员的专业化培训，可以提高核算人员的专业水平，保障核算工作和核算结果质量。

第三节　自然资源资产统一确权登记制度

自然资源确权登记具有查明资源状况、明晰资源产权、明确管制要求等重要功能。然而，长期以来，我国自然资源确权登记长期处于各资源主管部门管理的“分散登记”状态。土地、房屋、海域、森林等不动产之上的权利登记分别适用《土地登记办法》(已失效)、《房屋登记办法》(已失效)、《海域使用权登记办法》(已失效)及《森林法》等法律法规，并由不同的行政主管部门按照行政管理职权办理。分散登记以登记依据、登记机构的独立设置为特征，不仅造成了登记事项划分标准不统一、登记权利交叠，更阻碍了登记信息的整合互通，削弱了以信息披露为核心的物权公示效力。① 针对我国资源底数不清、资源保护乏力、生态退化严重的现状，开展自然资源统一确权登记有其现实的紧迫性和必要性。2015 年实施的《不动产登记暂行条例》，正式将“集体土地所有权”“森林、林木所有权”“耕地、林地、草地等土地承包经营权”“海域使用权”等资源权属登记予以统合，实现了资源登记由分散到统一的转变。以此为基础，2016 年《自然资源统一确权登记办法(试行)》进一步提出“对水流、森林、山岭、草原、荒地、滩涂等所有自然生态空间统一进行确权登记”的改革目标。这为统一确权登记改革嵌入了“自然生态空间登记”的全新要求，并由此将自然资源登记从平面引向立体，从二维的土地载体推向三维的整体空间。② 自然资源统一确权登记是在确认不同资源要素间生态关联性的基础上以生态空间为登记单元的资源整

---

① 参见郭洁：《自然资源统一登记的物权法问题及其破解》，载《法学》2020 年第 3 期。

② 参见韩英夫、佟彤：《自然资源统一确权登记制度的嵌套式构造》，载《资源科学》2019 年第 12 期。

体性登记。作为登记对象的自然资源并非单一、孤立的各资源类型,而是彼此关联的、具有功能一体性的空间集合性客体。在我国生态文明体制改革中,自然资源统一确权登记是生态文明建设的基础性和前置性制度。因此,不能仅将自然资源统一确权登记限定为一个具体的操作性要求,而应将其置于"有利于进一步推进产权制度改革、构建系统完整的生态文明制度体系、推进国家治理体系和治理能力现代化"的基础性地位。

一、自然资源统一确权登记的意义

(一)自然资源统一确权登记的内涵

自然资源统一确权登记是指对国家所有的土地、林木、山岭、水域等自然资源进行权属界定、权利确认、权属登记和档案管理的过程,旨在明确资源权属、规范资源利用和管理行为、保障资源产权,提高资源利用效益和经济社会效益。该制度要求对各种自然资源实施全过程管理和监督,对自然资源的界定、确权、登记和档案管理实现全面监管、全程监控、全方位控制。①

1. 自然资源确权登记本质上是产权登记

从本质上来说,自然资源确权登记制度就是产权登记制度。在产权经济理论中,产权是指一个人或一组人对某种物质或非物质的控制权利,即拥有该物或者该物所产生的收益的权利。产权的确权是保障产权实现的重要基础,而产权确权登记就是在法律制度的框架下,明确所有者对特定财产的权利,并将该权利加以记录、归档和备案的过程。②

2. 自然资源确权登记制度与不动产登记制度的关系

自然资源确权登记与不动产登记在法律性质、法律渊源、法律属性上是一致的,自然资源确权登记本质上属于不动产登记。自然资源确权登记与一般不动产登记存在差异,是特殊的不动产登记。不动产登

---

① 参见肖攀、尚宇:《自然资源确权登记的四个基本问题》,载《中国不动产》2022 年第 1 期。

② 参见佟彤、雷国平:《自然资源统一确权登记的入法路径与规则完善——兼论与不动产登记的立法协调》,载《中国土地科学》2023 年第 8 期。

记是建立现代市场经济体系的基础性制度,侧重于经济功能,主要功能是定分止争、保障交易安全;自然资源确权登记是生态文明建设的基础性制度,侧重于生态功能,在产权登记的同时,还要记载清楚管制要求、自然资源状况,处理好资源保护、监管、利用、碳汇等之间的关系。二者主要有以下三点区别:一是不动产登记的客体以房、地为主,且地上的建筑物、构筑物一般不发生变化,具有较强的稳定性。自然资源确权登记的范围是特定的自然生态空间,地上附着的林、草、水、湿地等自然资源的自然状况随时发生变化。二是国家所有权具有主体抽象性、内容公权性等特征,权利主体包括所有权主体、所有者代表主体、所有者职责代理履行主体等,与房屋所有权等一般所有权差异较大。三是不动产登记的客体为土地或地上附着的单一类型客体,也就是“一物一权”,比如房屋等。自然资源确权登记,是土地及地上附着的多种自然资源要素或者单一自然资源要素组合,具有集成性、综合性和整体性。因此,自然资源确权登记的制度设计在登记目的、登记管辖、登记启动方式、登记单元、登记权利类型、登记内容、登记类型、登记程序、登记查询、是否收费等方面与不动产登记一般规则有所差异,①见表6-1。

表6-1 自然资源确权登记与不动产登记的差异

项目	不动产登记	自然资源确权登记
登记目的不同	保护权利,保障交易,便民利民	明晰产权,划定“四条边界”,服务于自然资源保护和监管
登记管辖不同	属地登记	分级登记与属地登记相结合
登记启动方式不同	依申请登记为主	依职权登记为主
登记单元不同	不动产单元	自然资源登记单元
登记权利类型不同	房屋、林木和集体土地所有权,用益物权和抵押权	国家自然资源所有权

① 参见佟彤、雷国平:《自然资源统一确权登记的入法路径与规则完善——兼论与不动产登记的立法协调》,载《中国土地科学》2023年第8期。

续表

项目	不动产登记	自然资源确权登记
登记内容不同	权利状况、自然状况和权利限制、提示事项	权利状况、自然状况，关联公共管制状况
登记种类不同	首次登记、变更登记、转移登记、注销登记和更正登记、异议登记、预告登记、查封登记	首次登记、变更登记、注销登记和更正登记
登记程序不同	申请、受理、审核、登簿、发证	通告、地籍调查、审核、公告、登簿
登记查询规则不同	只有权利人和利害关系人可以查询	登记结果主动向社会公开
是否收费不同	收取登记费	不收登记费

3. 自然资源确权登记制度与其他登记制度的区别

自然资源确权登记的原则是物权法定，是对自然生态空间内国家所有的各类自然资源“物”的产权登记，即物权登记，这是自然资源确权登记制度区别于资产性登记、行政调查统计登记等生态文明领域其他登记制度的本质特征。资产性登记是摸清国有自然资源家底的一种方式，重点在于搞清自然资源实物或价值等状况，比如全民所有自然资源清查，其成果不包含自然资源权属状况；而自然资源确权登记的成果形成则需要经过严格的地籍调查和权属核实程序，登记的主要内容是记载生态空间内各类自然资源的权属状况。自然资源确权登记也不同于行政调查统计登记。行政调查统计登记是资源调查的范畴，重点在于弄清自然资源现状和变化情况，比如国土“三调”和各类自然资源专项调查。自然资源基础调查和专项调查是自然资源确权登记的基础，但调查的结果主要是对自然资源现状的记载，而非对自然资源物权归属的登记，只有经过确权登记后，才能产生物权确认的法律效力。①

① 参见肖攀、尚宇：《自然资源确权登记的四个基本问题》，载《中国不动产》2022 年第 1 期。

(二)自然资源统一确权登记的意义

根据自然资源部等5部门2019年7月11日联合印发的《自然资源统一确权登记暂行办法》的规定,统一登记制度以生态空间为客体、以国家所有权行使主体及代理行使主体的所有者职责为内容。① 统一确权登记的意义如下:第一,统一确权登记有利于明晰产权。自然资源确权登记制度的建立,旨在解决生态环境保护中存在的诸多问题,如全民所有自然资源资产的所有权人不到位、所有权人权益不落实等。通过统一确权登记,可以明确自然资源的所有者、使用者和监管者,实现产权的明晰化、权责的明确化和监管的有效化,从而实现资源的可持续利用和生态环境的保护。第二,通过统一确权明晰自然资源资产的权利主体,能够防止"公地悲剧"的发生。"公地悲剧"的经济问题产生于产权主体缺位,从而导致利用关系混乱和过度利用的问题。我国过去自然资源管理效率低下的原因正是自然资源国家所有权行使主体不明。通过统一确权登记能够确定具体所有者责任承担主体,在资源出现或可能出现破坏性利用时,有关部门能够及时予以制止。② 第三,统一确权登记制度顺应了自然资源整体性管护的需要。过去以土地为典型的不动产物权登记侧重于登记有经济价值的自然资源,进而服务于交易安全的需要。这种不动产登记忽视了资源所承载的生态及社会价值,而统一登记制度打破自然资源作为单一登记客体的模式,在此基础上叠加"自然生态空间"客体,凸显了整体保护的生态理念。③ 第四,统一确权登记是促进提高资源利用效率的前提条件。产权是由社会强制力保障的对特定经济品的使用权,④它能帮助人们形成自己与他人进行交易的合理预期。根据科斯定理,在交易成本很小乃至为零时,清晰界定的产权是实现帕累托最优的前提条件。通过统一确权登记将明晰自然

---

① 参见郭洁:《自然资源统一登记的物权法问题及其破解》,载《法学》2020年第3期。

② 参见陆钦网、黄东海、张李军:《自然资源统一确权登记存在问题与对策》,载《国土资源导刊》2019年第2期。

③ 参见韩英夫:《自然资源统一确权登记改革的立法纾困》,载《法学评论》2020年第2期。

④ 参见[美]罗纳德·H.科斯等:《财产权利与制度变迁:产权学派与新制度学派译文集》,刘守英等译,上海三联书店2014年版,第121页。

资源资产的权利主体,倘若其他交易主体认识到自然资源资产可获益的不同价值,可以直接与权利人通过合约重新调整产权边界,以实现各方利益的最大化。第五,统一确权登记有助于更合理地分配和利用自然资源。产权制度是实现自然资源有偿使用、优化配置的基础和前提,只有产权制度明确才能实现资源有偿使用。① 通过产权制度对我国自然资源的现有存量和开发利用的情况进行确权登记,予以摸清。这样既有利于提升自然资源利用效率,又有利于在自然资源的保护和开发之间予以平衡。② 第六,统一确权登记有利于促进社会的可持续发展。保障自然生态系统可持续发展的关键要素是自然资源。只有对自然资源进行权属责任确定和登记,才能有效地提高自然资源的利用率,促进社会的可持续发展。③ 自然资源统一确权登记工作对于自然资源的可持续利用具有重要的意义。在对自然资源进行确权与登记的过程中,可以有效地建立产权归属责任制度,明确当前自然资源的现状,使后续的利用和调配更加科学合理,形成完整的自然资源产权机制。同时还可以提高国家对自然资源的监督和保护力度,及时发现浪费和破坏自然资源的行为。④

二、自然资源统一确权登记的实践探索

长期以来,我国对自然资源不是统一管理,而是依据自然资源的类型,在《森林法》《水法》《草原法》《渔业法》《矿产资源法》《海域使用管理法》等中分别规定自然资源的管理职责。相应地,自然资源登记也采用分散登记模式,依据独立的登记依据和机构,对自然资源进行分类别登记。除了由地方人民政府承担自然资源登记的职责外,其他管理职责

---

① 参见陆钦网、黄东海、张李军:《自然资源统一确权登记存在问题与对策》,载《国土资源导刊》2019 年第 2 期。

② 参见刘雨桦:《自然资源所有权统一确权登记研究》,载《中国不动产法研究》2016 年第 2 期。

③ 参见何灏、覃瑜:《自然资源统一确权登记相关问题》,载《中国土地》2020 年第 6 期。

④ 参见陆钦网、黄东海、张李军:《自然资源统一确权登记存在问题与对策》,载《国土资源导刊》2019 年第 2 期。

都依据自然资源的属性予以分散管理，打散至草原、渔业、水利、林业、地质矿产和海洋等行政主管部门。自然资源分散登记阶段的特点是具有浓厚的行政管理色彩，其体现在三个方面：一是关于自然资源登记的法律以公法为主，所以自然资源登记本质上是权利人履行公法义务。二是登记额性质并不是物权登记，而是行政确认，也就是登记行为不被视为是民法上的物权确认，而是一种行政程序上的履行。三是登记部门和登记主体之间的关系是上下位的管理关系。但是自然资源分散登记阶段也有固有弊病，那就是由于各个自然资源的登记职责没有统一，而是归属于不同的自然资源管理部门，因此此阶段的自然资源登记制度混沌庞杂、不成体系，登记权利重叠、物权关系混乱，管理冲突不断。①

为此，实践中开始探索统一登记制度。2007 年《物权法》第 10 条规定的"国家对不动产实行统一登记制度"为不动产登记制度提供了法律基础。在此之后，国务院和原国土资源部相继颁布《不动产登记暂行条例》《不动产登记暂行条例实施细则》《不动产登记操作规范（试行）》，基本确立了我国现有的不动产登记法律框架体系。这颠覆性地改变了既往自然资源分部门登记的体制弊端，一举促成和实现了自然资源登记由分散到统一的转变。除了对不动产进行统一登记外，还有对自然生态空间进行统一确权登记。2013 年党的十八届三中全会首次提出对自然生态空间进行统一确权登记。随后，从《生态文明体制改革总体方案》到《自然资源统一确权登记办法（试行）》再到《自然资源统一确权登记暂行办法》，在登记单元上，从"所有自然生态空间"到"全部国土空间各类自然资源"的概念演化，再演化到"自然资源和所有自然生态空间"这样一个不断发展的过程。在登记对象上，将水流、森林、山岭、草原、荒地、滩涂、海域、无居民海岛以及探明储量的矿产资源这些都纳入登记范围。自然资源登记实现从分散到统一、从平面引向立体、从二维的土地载体推向三维的整体空间的转变。② 具体而言，这一时期的探

---

① 参见张琪静：《国家公园自然资源统一确权登记的功能及其实现》，载《环境保护》2021 年第 23 期。

② 参见韩英夫、佟彤：《自然资源统一确权登记制度的嵌套式构造》，载《资源科学》2019 年第 12 期。

索主要体现在以下几个方面。

1.2013 年,党的十八届三中全会通过的《关于全面深化改革若干重大问题的决定》,首次提出了自然资源统一确权登记的新型资源权属空间确认之构想,明确指出"对水流、森林、山岭、草原、荒地、滩涂等自然生态空间进行统一确权登记"的改革路向。其后,"统一确权"和"空间登记"的立法探索频频出现在各类重要的中央生态文明改革文件中。

2.2015 年,中共中央、国务院印发了《生态文明体制改革总体方案》,以生态文明建设作为改革的目标,将"自然资源统一确权登记"作为其下的一项重要任务下发,其中提出了将不动产登记作为自然资源统一确权登记的基础。2016 年,中央全面深化改革领导小组第 29 次会议审议通过了《自然资源统一确权登记办法(试行)》,首次提出在全国包括青海、甘肃、宁夏、陕西、江苏、湖北、福建、贵州、江西等 12 个省份或自治区,以这些省份或自治区的部分地区为试点区域,进行自然资源统一确权登记的工作试点。在试点区域内,对于这些区域内的森林、水流、荒地、草原、滩涂等自然资源进行全要素的统一确权登记试点。2016 年 12 月至 2018 年 2 月,《自然资源统一确权登记办法(试行)》中提到的这 12 个地区正式展开了自然资源统一确权登记的试点工作。根据代表性、可复制性和可操作性的原则,各试点地区的确权登记目标和对象各有侧重。截至 2018 年年底,12 个地区的 32 个试点区域共划定自然资源登记单元 1191 个。①

3.2019 年 4 月,中央办公厅、国务院办公厅印发了《关于统筹推进自然资源资产产权制度改革的指导意见》,明确提出:"加快自然资源统一确权登记。总结自然资源统一确权登记试点经验,完善确权登记办法和规则,推动确权登记法治化……""逐步实现自然资源确权登记全覆盖,清晰界定全部国土空间各类自然资源资产的产权主体。"2019 年 6 月,中央办公厅、国务院办公厅印发《关于建立以国家公园为主体的自然保护地体系的指导意见》又明确要求:"推进自然资源资产确权登记。进一步完善自然资源统一确权登记办法……清晰界定区域内各类自然

① 参见王军德:《自然资源统一确权登记与不动产登记数据融合研究》,载《国土资源信息化》2021 年第 1 期。

资源资产的产权主体，划清各类自然资源资产所有权、使用权的边界，明确各类自然资源资产的种类、面积和权属性质……”2019 年 7 月，自然资源部联合财政部、生态环境部、水利部、国家林业和草原局印发了《自然资源统一确权登记暂行办法》，标志着我国开始全面实行自然资源统一确权登记制度，自然资源确权登记迈入法治化轨道。这一转变历程可归纳为图 6－1。

图 6－1　自然资源登记转变历程

三、自然资源统一确权登记的现状与问题

（一）自然资源统一确权登记的现状

2019 年《自然资源统一确权登记暂行办法》印发，随后，自然资源部又发布了《自然资源统一确权登记工作方案》，明确要求从 2019 年起，将利用 5 年时间基本完成全国重点区域自然资源统一确权登记，在此基础上，通过补充完善的方式逐步实现全国全覆盖。目前，各地也相继发布自然资源统一确权登记工作方案，发布了操作细则、确权指南、工作规划等文件，在一些疑难问题上做出了初步探索，取得一系列改革成果（见表 6－2）。

表6-2　各省市自然资源统一确权地方方案

省份	主体	客体	工作内容和进度	程序
福建	省政府负责全省自然资源统一确权登记工作的组织,省级国土资源主管部门负责指导、监督全省自然资源登记工作。自然资源确权登记由自然资源所在地的县级以上人民政府不动产登记机构办理。建立自然资源统一确权登记工作联席会议制度,研究解决自然资源统一确权登记工作中的复杂问题、重大事项及特殊个例	自然资源的数量、质量、种类、分布等自然状况,所有权主体、所有权代表行使主体、所有权代理行使主体以及权利内容等权属状况,并关联公共管制要求	62个自然保护地和六江两溪等自然资源统一确权登记已完成调查工作,无居民海岛统一确权登记试点有序推进	预划登记单元——公告——调查——审核公示——登簿——成果入库——信息共享
山东	省政府对由中央委托省政府代理行使所有权的自然保护区、自然公园(包括森林、地质、海洋、湿地公园、水产种质资源保护区及风景名胜区)等自然保护地开展统一确权登记。市、县(市、区)政府对本辖区内除自然资源部、省政府开展确权登记之外的自然保护区、自然公园等自然保护地开展确权登记	对由中央委托山东省及省以下地方政府代理行使所有权的自然保护地(自然保护区、自然公园)、河流湖泊、海域、矿产资源、森林、草原(草地)、湿地等自然资源和生态空间进行确权登记,明确各类自然资源的数量、质量、种类、分布、面积等自然状况和所有权主体、所有权代理行使主体以及权利内容等权属状况,并关联有关公共管制要求	山东已完成132个登记单元的阶段性地籍调查成果数据入库,涉及23个自然保护地、19条河流和90个大型矿区,共生成数据表2426张,入库数据55万余条	制定项目实施方案——划定登记单元——开展地籍调查——登记审核——发布通告和公告

续表

省份	主体	客体	工作内容和进度	程序
江苏	县级以上地方人民政府和自然资源主管部门配合、支持自然资源部做好自然资源权籍调查、界线核实、权属争议调处等相关工作。省各级登记机构按照本方案确定的任务开展自然资源统一确权登记工作。其中由市县级登记的自然生态空间和自然资源，市县级登记机构可先行开展权籍调查等自然资源统一确权登记登簿前的相关工作，待全民所有自然资源资产中央政府行使所有权和委托地方代理行使所有权的资源清单出台后，再由具有登记管辖权的登记机构进行登簿	对江苏省辖区内除自然资源部直接开展确权登记之外的自然保护区、自然公园等各类自然保护地，以及江河湖泊、生态功能重要的湿地、国有林区等具有完整生态功能的自然生态空间和全民所有单项自然资源开展统一确权登记，逐步实现对水流、森林、山岭、荒地、滩涂、海域以及探明储量的矿产资源等省级自然资源统一确权登记全覆盖	截至2021年年底，江苏省级财政累计安排5172万元，支持推进省级自然资源统一确权登记，现已完成15个自然保护地、12条河流、4个湖泊统一确权登记主体性工作，形成了完整的自然资源地籍调查数据库、登记单元图等图件、自然资源分类面积汇总表以及相关的技术报告等一系列成果	—

续表

省份	主体	客体	工作内容和进度	程序
湖南	省自然资源厅对省人民政府代理行使所有权的自然保护区、自然公园等自然保护地开展统一确权登记。参照自然资源部开展自然保护地自然资源确权登记的工作流程和要求，会同自然保护地所在地的市级人民政府联合制定印发实施方案。市、县人民政府组织市、县自然资源主管部门参照自然资源部、省自然资源厅开展自然保护地自然资源确权登记的工作流程和要求，对本行政区域内除自然资源部、省自然资源厅直接开展确权登记之外的自然保护地开展确权登记，自然资源主管部门可以颁发自然资源所有权证书，并向社会公开	对全省范围内的水流、森林、山岭、草原、荒地以及探明储量的矿产资源等自然资源的所有权和所有自然生态空间统一进行确权登记	—	划定自然资源登记单元、发布自然资源首次登记通告、实施自然资源调查、划清自然资源权属界线、审核自然资源调查成果、建立自然资源登记簿

续表

省份	主体	客体	工作内容和进度	程序
贵州	省自然资源厅负责组织开展全省自然资源确权登记工作，负责省级层面自然资源确权登记具体工作。市（州）、县级人民政府负责组织开展本行政区域内本级层面的自然资源和生态空间的确权登记，组织本级自然资源主管部门会同相关部门，配合做好国家和省级层面自然资源确权登记实施中的资料收集、通告和公告的发布、权籍调查、界线核实、权属争议调处等工作，协调解决本级资金等问题。市（州）、县级自然资源主管部门负责本级层面自然资源统一确权登记具体工作	首先对自然保护区、自然公园等各类自然保护地，江河湖泊、生态功能重要的湿地、国有林场等具有完整生态功能的自然生态空间和全民所有单项自然资源开展统一确权登记，逐步实现对水流、森林、山岭、草原、荒地、滩涂以及探明储量的矿产资源等全部国土空间内的自然资源登记全覆盖	贵州省根据自然资源种类、重要程度、生态功能、集中连片等原则，预划了267个自然资源登记单元，通过现状、确权、公共管制调查，划定、登簿185个自然资源登记单元，总面积217,792公顷，共完成533个估算范围登记单元	自然资源首次登记应当由登记机构依职权启动，登记程序为通告、权籍调查、审核、公告、登簿。 依职权变更一般程序：（1）启动；（2）审核；（3）登簿。 依嘱托一般变更程序：（1）嘱托；（2）接受嘱托；（3）审核；（4）登簿。变更登记涉及所有权权属界线的，应当在登簿前进行公告，公告期不少于15个工作日（公告样式见附件3）。 依职权更正程序：（1）启动；（2）审核；（3）公告；（4）登簿。 依嘱托更正程序：（1）嘱托；（2）接受嘱托；（3）审核；（4）登簿。更正登记涉及所有权权属界线的，应当

续表

省份	主体	客体	工作内容和进度	程序
贵州				在登簿前进行公告,公告期不少于15个工作日(公告样式见附件3)。 一般程序注销登记的程序包括:(1)嘱托;(2)接受嘱托;(3)审核;(4)公告;(5)登簿

（二）自然资源统一确权登记面临的问题

1. 登记单元范围标准难以确定

自然资源确权登记工作中,难以精准划分界线及空间范围是一个主要难点。虽然《自然资源统一确权登记暂行办法》提出了登记单元的总体要求,但实际工作中需要统筹自然资源调查和权属登记需求,同时满足自然资源分级管理的需要,这导致登记单元空间划分的标准难以统一。[①] 尽管有学者提出可以依据4项基本原则,即(1)产权保护优先、生态空间完整、衔接调查结果、尊重历史现状,(2)区分有无河道管理范围及有无堤防的情形进行细化,(3)兼顾制度连续性与技术操作性,(4)实现划分规则的规范性和统一性。[②] 但这是主要针对水流登记单元提出的建议,对于其他自然资源登记单元范围标准仍难具有普适性。另外,构建立体化的自然资源空间结构,要兼顾考虑自然资源的自然、经济、社会管理属性,如何实现"登记—特征"双尺度的单元划分模式,以及在登记单元划清自然资源产权管理的事权边界,以特征单元划分

---

① 参见王佳、李智、申小平:《自然资源统一确权登记中的重难点分析及应对措施研究》,载《测绘与空间地理信息》2022年第6期。

② 参见袁居瑾、肖攀、刘燕萍:《自然资源确权登记中水流登记单元划分规则探讨》,载《自然资源情报》2022年第6期。

自然资源种类及所有权主体,是当前面临的重要问题。①

2. 自然资源类型划分存在重复和重叠

《自然资源统一确权登记暂行办法》规定了自然资源的一级分类,但在确权登记时需要对该一级类别进行再划分,缺乏相应的标准规范。自然资源部发布的《自然资源调查监测体系构建总体方案》明确要求,制定地表覆盖分类标准时应参考多个分类标准,并按照自然资源在地表的实际覆盖情况,将地球表面划分为作物、林木、草、水等若干覆盖类型,每个大类可再细分到多级类。然而,不同行业对自然资源的概念不统一,内容有交叉,指标相重叠情况,以单一的行业标准无法完整体现自然资源,也无法满足自然资源调查成果的多用性。②

从实践来看,各试点地区自然资源调查时自然资源类别的划分依据主要有以下三种。第一种是参照土地利用现状分类,对自然资源类型进行详细再分类,如齐齐哈尔市就按照《土地利用现状分类》标准中的二级分类,将水流资源分为河流水面、湖泊水面和水库水面。③ 第二种是在参照土地利用现状基础上,结合行业标准对自然资源进行再分类。例如,青海省就在参照土地利用现状基础上,参考了各行业资源认定标准,将森林资源分为灌木林地、其他林地;草原资源在土地分类基础上,又按行业标准划分出温性荒漠草原、高寒草甸草原等九个类别。第三种是参照原有自然资源调查、普查的分类。④ 这种方法主要是基于已有的自然资源调查和普查数据,将其原有的分类体系作为参照,对自然资源进行再分类和细化。无论是哪种方式,都存在标准不一,重复分类,因而也就可能出现重复登记的问题(见表6-3)。

---

① 参见余莉等:《自然资源统一确权登记的单元划分模式研究》,载《林业建设》2019年第3期。

② 参见马克委、罗方权、郭威:《面向自然资源空间重叠问题的分类对策探索》,载《北京测绘》2022年第6期。

③ 参见《土地利用现状分类》(GB/T 21010-2017)。《土地利用现状分类》(GB/T 21010-2017)是2017年11月1日实施的一项国家标准。

④ 参见冯银静等:《三调视野下的自然资源调查探索与思考》,载《中国国土资源经济》2020年第3期。

表 6－3　我国自然资源分类现状

类别	名称	主要分类内容
土地资源	《土地管理法》	将土地分为农用地、建设用地和未利用地
	《土地利用现状分类》	将土地资源分为耕地、园地、林地、草地、商服用地工矿仓储用地。住用地、公共管理与公共服务用地特殊用地、交通运输用地,水域及水利设施用地。其他土地等 12 个一级类
	《第三次全国国土调查技术规程》	在《土地利用现状分类》(GB/T 21010－2017)基础上增加了"湿地"作为土地资源的二级分类
	《城市用地分类与规划建设用地标准》	将城乡用地分为建设用地和非建设用地 2 大类,下分 9 中类、14 小类;将城市建设用地分为 8 大类,35 中类、43 小类
	《国土空间调查、规划、用途管制用地用海分类指南(试行)》	分为耕地、园地、林地、草地、湿地、农业设施建设用地、居住用地、公共管理与公共服务用地、商业服务业用地、工矿用地、仓储用地等 17 个一级类
森林资源	《森林法》	森林,包括乔木林、竹林和国家特别规定的灌木林。按照用途可以分为防护林、特种用途林,用材林、经济林和能源林
	《林业资源分类与代码森林类型》	将森林资源按植被类型分为乔木林、竹林、经济林、港木林、自定义森林等一级类;按照森林类型组进行二级分类;按照森林组进行三级分类
	《林地分类》	将林地分为有林地、疏林地、灌木林地、未成林造林地、苗圃地、无立木林地、宜林地、辅助生产林地等 8 个一级类
	《森林资源规划设计调查技术规程》	对森林类别及林种进行分类

续表

类别	名称	主要分类内容
矿产资源	《矿产资源法》	将矿产资源分为固态、液态、气态3类
	《矿产资源法实施细则》	将矿产资源分为能源矿产、金属矿产、非金属矿产和水气矿产4大类,又按照矿产种类分为169种
草地资源	《草原法》	将草原分为天然草原和人工草地
	《草地分类》	将具有相同气候带和植被型组的草地划分为相同的类,有温性草原类,高寒草原类,温性荒漠类,高寒荒漠类等9类;在草地类中,按优势种、共优种划分为175个草地型
湿地资源	《湿地分类》	将湿地资源分为自然湿地和人工湿地2个一级类,将自然湿地分为4个二级类、30个三级类,人工湿地分为12个二级类
海洋资源	《海域使用分类》	将海域分为渔业用海、工业用海、交通运输用海、旅游娱乐用海、海底工程用海、排污倾倒用海、造地工程用海、特殊用海、其他用海等9个一级类

3. 权属争议较为普遍

自然资源权属争议是普遍存在的,其主要表现在三个方面:第一,同一种自然资源在不同行业部门的基础管理数据结果存在差异。由于历史上多头管理、调查精度、分类含义、统计口径及管理标准不一致等原因,同一种自然资源在各行业部门的基础管理数据不一致。第二,权属交叉现象也很普遍。例如,集体土地所有权界线与国有林场管理范围线、河道管理范围线存在权属交叉;河道管理范围线与国有土地使用权权属范围线存在交叉等。① 第三,"一地多证"的情况也很普遍。在

① 参见何灏、覃瑜:《自然资源统一确权登记相关问题》,载《中国土地》2020年第6期。

我国，自然资源存在多部门管理、权属分头确定、信息不互通的体制障碍。由于分类标准、技术要求、技术手段等不统一，各部门的调查成果汇集时出现了不衔接的现象。各资源主管部门的确权成果集成于同一底图后，出现大量的权属界线重叠交叉区块。①

关于我国各地有关权属争议处理办法的部分具体规定，见表6－4。

表6－4　各地权属争议处理办法一览

名称	争议处理办法
《江西省自然资源统一确权登记暂行办法》	对涉及权属争议的，按有关法律法规规定处理
《磐安县自然资源统一确权登记工作方案》(征求意见稿)	组织实施自然资源统一确权登记工作中，建立完善自然资源权属争议调处工作机制，积极、稳妥做好自然资源争议调处工作。 涉及自然资源存在权属争议的，要依据法律法规规章的规定积极调处，妥善解决。暂时无法解决的，可以划定争议区，争议区暂不纳入自然资源统一确权登记工作范围
《蚌埠市自然资源统一确权登记工作实施方案(送审稿)》	在组织实施自然资源统一确权登记工作中，涉及自然资源存在权属争议的，要依据法律法规规章的规定积极调处，妥善解决，暂时无法解决的，可以划定争议区。市、县人民政府要积极、稳妥做好自然资源争议调处工作
《山东省自然资源地籍调查技术细则(试行)》	(1)以集体土地所有权和国有土地使用权确权成果为依据，包括权源资料和矢量数据；(2)佐证材料不完整，仅有矢量数据或权源资料的，以有权源资料和矢量数据一方确定的界线范围为准；(3)二者都有权源资料和矢量数据的，由登记单元所在县级人民政府组织，自然资源等主管部门根据管理、法律法规和国家政策要求，组织相关权利人制定解决方案；(4)二者都无权源资料和矢量数据的，根据法律法规和相关政策规定为合法拥有或使用的土地，经双方协商，确定实际管理界线

① 参见张莉娟、周华、曾荣发:《自然资源统一确权登记的探索与思考——以贵州省兴仁县为例》，载《中国土地》2018年第11期。

续表

名称	争议处理办法
《四川省自然资源权属争议行政裁决暂行办法》	办理自然资源权属争议行政裁决案件,应当遵循以下原则:(1)以事实为依据,以法律为准绳;(2)从实际出发,尊重历史,面对现实;(3)以人为本,公平、公正、公开,高效便民;(4)有利于节约资源,保护生态环境。自然资源主管部门负责自然资源权属管理的业务工作机构具体承办自然资源权属争议行政裁决案件。法治工作机构负责统一登记、分送行政裁决案件和对行政裁决意见进行法制审核
《汕头市土地林木林地权属争议行政裁决程序暂行规定》	行政裁决应当坚持以下原则:(1)以事实为根据,以法律为准绳;(2)尊重历史,兼顾现实;(3)属地管理,分级负责;(4)公开,公平,公正;(5)有利于保护和合理利用自然资源,有利于群众生产生活。各级人民政府是本级土地、林木林地权属争议行政裁决机关,应当指定一个部门或机构作为负责本级土地、林木林地权属争议具体裁决工作的机构(以下统称裁决工作机构)。裁决工作机构履行下列职责:(1)受理权属争议行政裁决申请;(2)开展调查取证;(3)组织行政调解;(4)案件审理、拟定行政裁决意见;(5)行政裁决过程中的其他相关职责
《晋江市自然资源权属争议解决暂行规定》	规定争议处理主体、处理程序、处理时限和行政机关的内部纠错程序;成立了晋江市自然资源所有权争议处理工作小组(具体规定未公开)

4. 与“一物一权”原则的冲突

确权登记改革的核心在于实现资源的合理利用与保护,因此需要通过对权属属性的准确界定,建立相应的法律机制和政策措施,来确保各类权利的平衡和协调。对于空间整体的统一确权和空间内各自然资源要素的单项确权之间的关系,可以通过制定相关的法律规定和政策措施来加以解决。例如,可以通过建立空间内各自然资源要素的权属档案,实现权属信息的共享和协调;在国家所有权与地方所有权之间进行协调,明确各自的权责,避免权利冲突和纠纷的发生。同时,还可以采用强制清理和调解的方式，及时解决不同部门成果相互交叉、重叠或因不可抗力引起的变更等问题，确保权属登记工作的顺利开展。总之，通过不断完善法律法规，加强政策引导和管理，才能够实现资源的合理开发和利用，保护自然环境，维护社会公正与稳定。①

尽管有学者认为，同一生态空间内并存的多项物权与“一物一权”原则并不冲突。“一物一权”原则包括物权排他性和客体特定性两个方面内容，旨在排除“一物”之上权利行使的冲突，进而降低物权的支配效力。生态空间内存在的不同所有权登记属于嵌套式登记中基础的权属登记，生态空间作为整体登记的意义在于明确生态保护的主体，其中的所有权登记发挥基础的作用，能够揭示和构造在市场配置私权基础上的公共规制关系，使登记单元内的生态整体保护行为与空间内各主体的权利享有相融合。② 生态空间登记的全民所有，并非单纯的财产性物权，而是具有公益性的公共产权。按照产权经济学的原理，公共财产权具有不可分性，即财产在法律上是公众所有的，但构成公众的每一成员都不能对财产声明所有权；公共财产上没有排他性使用权，社会公众都可为使用公共财产而自由地进行竞争。因此，生态空间登记国家所有权的目的在于生态保护下的公益性利用，其与集体经济组织的资源所有权是两个不同层次的权利，后者受国家公共所有权的约束，二者不发生冲突。③ 自然生态空间划定登记范围，这一显著差异对传统的“一物一权”原则构成挑战。然而，自然资源确权登记的范围和对象是自然生态空间及其内的各种自然资源，是“生态空间—自然资源要素”的复合结构。这种情况在不动产登记中也存在，不动产登记的是同一主体的同一种物权或者相互兼容的两种权利，比如同一人享有的建设用地使用权和房屋所有权；而自然资源确权登记的生态空间范围内可能包含不同权属的多种资源类型，同时存在国家所有权和集体所有权的较为

---

① 参见韩英夫：《自然资源统一确权登记改革的立法纾困》，载《法学评论》2020 年第 2 期。

② 参见郭洁：《自然资源统一登记的物权法问题及其破解》，载《法学》2020 年第 3 期。

③ 参见郭洁：《自然资源统一登记的物权法问题及其破解》，载《法学》2020 年第 3 期。

常见。[①] 但是仍有诸多疑问亟待解决，例如：在生态空间内存在多项物权的情况下，如何平衡不同主体之间的权利冲突？生态空间内的所有权登记如何确保生态保护的主体能够有效行使其权利？公共财产权的不可分性是否会影响生态空间的管理和保护？生态空间登记国家所有权的公益性利用如何落实到具体的管理实践中？集体经济组织的资源所有权与生态空间国家所有权的关系如何界定？

5. 部门职责划分不清

尽管《自然资源统一确权登记暂行办法》已经明确了各行业部门需要联合划定自然资源登记单元和相关确权工作，但在实施过程中，具体的权利认定和权属争议调解等工作仍未得到明确，导致各行业部门之间职责不明确的问题仍然存在。

为确保自然资源确权登记工作的顺利开展，需要加强组织领导和明确各方责任。在这方面，《自然资源统一确权登记暂行办法》要求自然资源、财政、水利、农业农村和生态环境等部门共同参与，并成立工作领导小组。各部门之间应该形成紧密配合，形成合力，特别是在资料收集、界线核实和权属争议调处等环节，要相互支持，以确保工作的开展。因此，在自然资源确权登记工作中，需要明确各部门的责任，加强协调和沟通，以保证各项工作的顺利进行。[②] 同时，可以建立“国家—省—市—县—乡—村”6 级规划体系，并从完善规划管理、执行、手段等方面制定相应的管理配套机制，发挥多规合力，优化政府治理机制。在国家层面强调规划的政策属性、战略性和引导性，地方层面统筹兼顾规划弹性和刚性，形成简洁高效的空间规划治理体系。[③]

6. 基础数据不统一

目前在自然资源确权登记工作中，存在两个问题，一是部分行业基础矢量图形数据缺失，行业管理要求不一致，导致部分地区缺少基础图

---

① 参见肖攀、尚宇：《自然资源确权登记的四个基本问题》，载《中国不动产》2022 年第 1 期。

② 参见张一唯：《自然资源确权登记的实践与思考——以长江干流（上海段）为例》，载《中国不动产》2022 年第 5 期

③ 参见严金明、王晓莉、夏方舟：《重塑自然资源管理新格局：目标定位、价值导向与战略选择》，载《中国土地科学》2018 年第 4 期。

形数据；二是已有基础矢量图形数据难以衔接，各行业地理信息空间参考框架及管理精度不一致，导致已有数据整合时难以利用，无法进行叠加分析。① 对此，为推进自然资源统一确权登记制度建设，需要优化资料收集汇总，并建立数据共享机制。在这方面，可以采取“自治区层面主要收集，市县补充收集，厅局共享汇聚”的工作思路，与相关部门合作，建立数据领用共享协调机制。同时，还需要推动数据资源向市、县延伸，印发基础数据领用管理办法，由自治区向各市、县提供高质量的基础数据，为各地开展相关工作提供保障。②

为了解决各行业基础矢量图形数据缺失以及已有基础矢量图形数据难以衔接的问题，可以考虑统一基础资料，为自然资源统一确权登记提供数据支撑。这包括统一各类自然资源统计口径和基数，搜集土地、林业、水利、生态环境等行业基础资料，用于自然资源统一确权登记的前期分析和外业调查工作底图制作，并统一地理信息空间坐标及数据格式，建立自然资源“一张图”，并加大其在相关行业部门的推广和应用。此外，需要考虑信息化、电子政务及电子交易、大数据建设等的现实和前瞻性，以自然资源统一确权登记制度建设为契机，迅速推进自然资源统一确权登记部门与其他自然资源管理部门，尤其是农业、水利、环保等部门审批许可系统、档案系统、自然资源籍类系统等互联互通、信息共享的机制，从而实现各类资源数据汇聚、集成、开放、共享。③ 同时，应积极搭建自然资源管理大数据平台，启动以大数据为基础的决策支撑体系建设，逐步打造成集“全面覆盖、全程监管、科技支撑、上下联动、部门协同、社会监督”于一体的网络化监管技术支撑体系，为服务国家宏观调控决策与提升自然资源治理能力和现代化提供支撑。④

---

① 参见何灏、覃瑜：《自然资源统一确权登记的相关问题思考》，载《中国土地》2020年第6期。

② 参见封羽、覃婕、李毅：《对自然资源统一确权登记有关问题的思考——以广西为例》，载《南方自然资源》2022年第8期。

③ 参见陈丽萍等：《国外自然资源登记制度及对我国启示》，载《国土资源情报》2016年第5期。

④ 参见钟骁勇、潘弘韬、李彦华：《我国自然资源资产产权制度改革的思考》，载《中国矿业》2020年第4期。

四、自然资源统一确权登记制度的完善

（一）统一确权登记的主体

《自然资源统一确权登记暂行办法》规定了自然资源主管部门作为承担自然资源确权登记工作的机构，按照分级和属地相结合的方式进行登记管辖；自然资源部负责指导、监督全国自然资源确权登记工作。省（自治区、直辖市）人民政府负总责，组织省级自然资源主管部门会同相关部门编制本级自然资源确权登记实施方案，市县人民政府按要求配合做好国家和省级层面自然资源确权登记实施中的具体工作，协调解决本级职责、机构、编制及资金等问题。首先，自然资源部负责指导、监督全国自然资源确权登记工作，编制全国自然资源确权登记工作方案，制定相关技术规范及标准；统一开发建设自然资源确权登记信息系统；负责国家层面自然资源确权登记工作。其次，省（自治区、直辖市）人民政府对本省（自治区、直辖市）自然资源确权登记工作负总责，组织省级自然资源主管部门会同相关部门编制本省（自治区、直辖市）工作总体方案和年度工作计划，并指导监督省级及省级以下自然资源主管部门制定本级自然资源确权登记实施方案，协调解决省级职责、机构、编制及资金等重大问题。省级自然资源主管部门具体负责省级层面自然资源确权登记工作。最后，市县人民政府按照国家和省（自治区、直辖市）的要求，组织市县级自然资源主管部门会同相关部门，配合做好国家和省级层面自然资源确权登记实施中的资料收集、通告和公告的发布、地籍调查、界线核实、权属争议调处等具体工作，协调解决本级职责、机构、编制及资金等问题。市县级自然资源主管部门负责市县级层面自然资源确权登记工作。

在实践中，各地也纷纷出台相关规定确定确权登记的主体与职责，各地相关规定具体见表 6－5。

表6-5　自然资源确权登记的主体及其职责一览

名称	确权主体及其职责
《深圳市自然资源统一确权登记实施办法(征求意见稿)》	自然资源确权登记工作由市规划和自然资源主管部门及派出机构组织开展。登簿发证工作由市不动产登记机构负责办理。市生态环境、水务、城市管理和综合执法等部门、各区政府(新区管委会)依职权配合开展自然资源确权登记工作
《江苏省自然资源统一确权登记总体工作方案》	我省各级登记机构按照本方案确定的任务开展自然资源统一确权登记工作。其中由市县级登记的自然生态空间和自然资源,市县级登记机构可先行开展权籍调查等自然资源统一确权登记登簿前的相关工作,待全民所有自然资源资产中央政府行使所有权和委托地方代理行使所有权的资源清单出台后,再由具有登记管辖权的登记机构进行登簿
《湖南省自然资源统一确权登记总体工作方案》	按照自然资源部的统一部署和要求,省自然资源厅会同省生态环境厅、省水利厅、省农业农村厅、省林业局等相关部门,组织自然资源所在地的市、县人民政府,配合自然资源部做好在湖南境内开展的自然资源统一确权登记工作,按要求及时提交相关成果
《江西省自然资源统一确权登记暂行办法》	自然资源主管部门作为承担自然资源统一确权登记工作的机构(以下简称登记机构),按照分级和属地相结合的方式进行登记管辖。省自然资源厅负责组织开展、指导和监督全省自然资源和生态空间的统一确权登记工作。配合自然资源部开展由中央政府直接行使所有权的国家公园、自然保护区、自然公园等各类自然保护地以及大江大河大湖和跨境河流、生态功能重要的湿地和草原、国务院确定的重点国有林区、石油天然气、贵重稀有矿产资源等自然资源和生态空间的确权登记调查工作。负责办理本省行政区域内由省政府代理行使所有权的自然资源确权登记。具体登记工作由省登记机构负责办理。市县自然资源主管部门组织开展本地区自然资源和生态空间的统一确权登记工作。配合开展由自然资源部、省自然资源厅办理登记的自然资源确权登记调查工作。负责办理本行政区域内由省级以下政府代理行使所有权的自然资源确权登记。具体登记工作由市县登记机构负责办理。

续表

名称	确权主体及其职责
《江西省自然资源统一确权登记暂行办法》	跨行政区域的自然资源确权登记由共同的上一级自然资源主管部门直接办理或者指定的自然资源主管部门办理。省、市登记机构完成登记后,应当将登记信息及时推送给自然资源所在地自然资源主管部门

（二）统一确权登记的客体

《自然资源统一确权登记暂行办法》明确界定了自然资源统一确权登记的双重客体及其嵌套式构造。一是整体意义上的登记客体——自然生态空间。根据2017年原国土资源部发布的《自然生态空间用途管制办法(试行)》(国土资发〔2017〕33号)第2条规定,生态空间是具有自然属性、以提供生态产品或者生态服务为主导功能的国土空间。生态空间是承载自然资源要素的集合体及其自然环境。按照《自然资源统一确权登记暂行办法》的要求,生态空间的典型表现为国家公园、自然保护区、自然公园等各类自然保护地以及湿地、水流、海域等,这类自然生态空间应作为独立登记单元。① "自然生态空间"是统一确权登记改革的登记客体,这沿循了党的十八届三中全会以来"空间登记"的改革构想。作为各项资源要素在空间上的集合体,自然生态空间的价值意涵始终大于各项资源要素的简单相加,自然生态空间的管控目标、利用方式和空间价值呈现出"整体大于部分之和"的特征。这也是生态整体性原理基本思想的直观表达。② 二是作为整体之组成部分的登记客体——空间内各项具体资源要素。"自然生态空间"并非统一确权登记的唯一客体,科学厘定登记空间内的各项具体资源要素之所有权,构建归属清晰、流转顺畅的自然资源物权体系,亦是登记工作的重要环节。

嵌套式构造体现在:第一,针对典型的自然生态空间,设置整体登记的优先性强制规则。《自然资源统一确权登记暂行办法》第14条第1

① 参见郭洁:《自然资源统一登记的物权法问题及其破解》,载《法学》2020年第3期。

② 参见韩英夫:《自然资源统一确权登记改革的立法纾困》,载《法学评论》2020年第2期。

款规定:"国家批准的国家公园、自然保护区、自然公园等各类自然保护地应当优先作为独立登记单元划定。"第二,生态性独立登记单元内部可容纳不同的经济权属状况。根据《自然资源统一确权登记暂行办法》第14条第2款的规定,独立登记单元内存在集体所有自然资源的,应当一并划入登记单元,并在登记簿上对集体所有自然资源的主体、范围、面积等情况予以记载。第三,明确自然生态空间和具体资源要素之间的登记关系。根据《自然资源统一确权登记暂行办法》第16条第2款的规定,在国家公园、自然保护区、自然公园等各类自然保护地登记单元内的森林、草原、荒地、水流、湿地等不再单独划定登记单元。①

(三)厘清统一确权登记的边界

自然生态空间,既可以由各种类型的自然资源要素集合而成(比如国家公园等自然保护地),也可以是单一的自然资源所形成的空间(比如海洋、沙漠、荒地等)。自然资源调查监测、确权登记、权益管理、开发保护利用等都属于自然资源管理链条上的不同环节,各个环节对于自然资源分类的标准应该保持一致。依据我国现行法律法规,自然资源应该包括土地、矿产、森林、草原、湿地、水、海域、海岛等。因此,自然生态空间中的耕地、园地、建设用地等应纳入自然资源确权登记范畴。②

登记单元的识别标准是资源的自然属性和提供生态服务功能的资源整体性边界。根据《自然资源统一确权登记暂行办法》第三章"自然资源登记单元"的规定,登记单元确定的原则是:国家公园、自然保护区、自然公园等各类自然保护地优先作为独立的登记单元;水流、湿地、海域、无居民海岛等可以单独划定为独立的登记单元;其他生态空间登记单元按照自然资源的种类,综合考虑在生态、经济、国防等方面的重要程度以及相对完整的生态功能、集中连片等因素加以划定。在试点地区的登记实践中,生态空间单元登记有两个层次。第一层次是至少登记两个的资源品种,如森林资源空间的登记单元至少包括林地和其

---

① 参见韩英夫:《自然资源统一确权登记改革的立法纾困》,载《法学评论》2020年第2期。

② 参见郭洁:《自然资源统一登记的物权法问题及其破解》,载《法学》2020年第3期。

上的森林资源。第二层次是自然状况登记,即生态空间单元的外观现状。两个层次的登记构成完整的单元登记。①

自然资源确权登记的"权利",应该是自然生态空间内的国家自然资源所有权。首先,自然生态空间上承载的既有所有权,也有使用权,但自然资源确权登记的对象主要是国家自然资源所有权,这是划清"四条边界"的核心任务所决定的,并且使用权已经被不动产登记涵盖,没有必要重复登记。其次,自然生态空间上承载的权利要么以土地形态存在,要么附着于土地而存在,但是自然资源确权登记的对象是土地及地上附着的自然资源所有权,不仅仅包括土地所有权。自然资源确权登记的自然生态空间内,既包括土地也包括地上附着物,且地上附着物的产权归属、生态价值与所有者权益、生态补偿、资源定价、收益管理等密切相关,应当予以登记记载。最后,自然资源确权登记的重点是落实全民所有自然资源的权利主体和内容。但是,自然生态空间往往是按照集中连片、生态功能完整的要求自然形成或审批划定的,国有与集体所有自然资源并存于一个生态空间的情况在实践中十分普遍。按照"山水林田湖草沙"生命共同体理念,不能将集体所有自然资源从生态空间中割裂出去,但集体土地所有权、集体林权等已经登记,不必也不能再重复进行登记,可以在自然资源登记单元中记载或关联。②

(四)完善统一确权登记的内容

《自然资源统一确权登记暂行办法》第9条规定,自然资源登记簿应记录自然资源的自然状况、权属状况,以及用途管制、生态保护红线、公共管制和特殊保护要求等限制情况。自然资源统一确权登记主要针对国有的自然资源,以自然资源登记单元为基础开展,对在不动产登记中已经登记的集体土地和自然资源的所有权不再重复登记。登记内容具有管理性,应该在明晰产权的基础上,记录空间规划、生态红线、用途管制、特殊保护等相关要求,以明确自然资源的保护性、限制性、禁止性

① 参见郭洁:《自然资源统一登记的物权法问题及其破解》,载《法学》2020年第3期。

② 参见肖攀、尚宇:《自然资源确权登记的四个基本问题》,载《中国不动产》2022年第1期。

条件,为自然资源科学保护与合理开发利用提供依据。首次登记是对某一地区全部国家所有的自然资源所有权进行的全面登记,包括通告、调查、审核、公告和登簿等程序,并将结果纳入不动产登记信息管理基础平台。自然资源确权登记结果应当向社会公开,涉及国家秘密及《不动产登记暂行条例》规定的不动产登记内容除外。变更登记则是针对自然资源的类型、边界等登记簿内容发生变化而进行的登记。

(五)完善统一确权登记的方法

《自然资源统一确权登记暂行办法》指出,自然登记机构要充分利用集体土地所有确权登记发证、国有土地使用权确权登记发证等已有的不动产登记成果,开展自然资源权籍调查,采取叠加的方式,划清全民所有和集体所有的边界以及不同集体所有者的边界;要充分利用全国国土调查、自然资源专项调查成果等自然资源调查成果,获取自然资源登记单元内各类自然资源的坐落、空间范围、面积、类型、数量和质量等信息,划清自然资源类型边界。

实践中,自然资源登记通常按下列方式和程序进行:

第一,确定登记范围,即明确区域内应纳入自然资源统一确权登记的国有自然资源范围和特定自然生态空间的登记范围。

第二,预划登记单元。在确定了需要进行自然资源统一确权登记的自然资源和自然生态空间的范围后,下一步则结合不同自然资源种类相对完整的生态功能、集中连片等原则,预划自然资源登记单元。可以根据自然生态空间的管理保护审批范围或者自然形成范围来划定自然资源登记的范围,按照现有规则编制自然资源登记单元号,记载特定生态空间的整体范围、总面积以及集体自然资源管护协议、公共管制等情况。同时,根据"四条边界"划定结果,将自然生态空间内的国有自然资源划为不动产单元,参照不动产单元编码规则,编制不动产单元号。

第三,发布登记通告。实践中,在登记范围和登记单元确认等前期准备工作完成后,下一步需要对登记单元内全部国家所有的自然资源所有权举行第一次登记,即自然资源首次登记。登记通告作为自然资源首次登记的开启程序,由相关行政区域的人民政府启动。具体的通告内容包含确权登记范围、登记单元的划分、登记的期限等事项。

第四，开展资源调查。资源调查需要各相关部门的配合，利用不动产基础数据建设成果，并通过开展专题资料分析处理与现场调研、外业核实、部门论证等步骤，对预划的各登记单元内自然资源的自然状况、权属状况和公共管制等情况进行调查。①

第五，完成登簿入库。登簿入库是自然资源统一确权登记工作的最后一步程序，由相关登记机构将审核和公告通过的相关登记事项记载于自然资源登记簿。该程序中需要注意的问题是，在自然资源统一确权登记系统中进行登记时，要有效衔接不动产登记数据库，实现二者信息的统一管理。

《自然资源统一确权登记暂行办法》指出，自然登记机构要充分利用集体土地所有确权登记发证、国有土地使用权确权登记发证等已有的不动产登记成果，开展自然资源权籍调查，采取叠加的方式，划清全民所有和集体所有的边界以及不同集体所有者的边界；要充分利用全国国土调查、自然资源专项调查成果等自然资源调查成果，获取自然资源登记单元内各类自然资源的坐落、空间范围、面积、类型、数量和质量等信息，划清自然资源类型边界。目前，各地也在积极开展自然资源登记试点工作，部分具体方案见表6－6。

表6－6　地方自然资源统一确权登记方案

名称	确权登记方案
《贵州省自然资源统一确权登记总体工作方案》	各级自然资源主管部门不再单独建设自然资源登记信息系统，统一使用全国自然资源登记信息系统办理自然资源登记，加强自然资源确权登记成果的信息化管理，建立本级自然资源确权登记信息数据库，统一纳入省不动产登记平台，形成权籍"一张图"管理自然资源、不动产登记成果，做好本级负责的自然资源确权登记工作
《息烽县自然资源统一确权登记实施方案》	县自然资源局建立县级自然资源确权登记信息数据库，将权籍调查成果统一纳入省不动产登记平台

① 参见徐文海、谭勇、姚德懿：《自然资源统一确权登记的探索与实践》，载《国土与自然资源研究》2018年第3期。

续表

名称	确权登记方案
《天津市自然资源统一确权登记总体工作方案》	全市统一使用全国自然资源登记信息系统,加强自然资源确权登记成果的信息化管理,建立市、区两级自然资源确权登记信息数据库,按职责做好相关自然资源确权登记工作
《安徽省自然资源统一确权登记总体工作方案》	建立省级及省级以下自然资源确权登记数据库和信息管理平台,实现全省自然资源登记信息的统一管理并关联不动产登记、国土调查、专项调查等信息。自然资源主管部门与生态环境、水利、林业等相关部门要加强信息交换共享,服务于自然资源确权登记和有效监管
《蚌埠市自然资源统一确权登记工作实施方案(送审稿)》	按照全国统一的自然资源登记信息系统及标准,依托蚌埠市国土空间信息平台数据,建设全市自然资源确权登记信息数据库,将自然资源确权登记信息纳入不动产登记信息管理基础平台,实现自然资源登记信息的统一管理、实时共享,并实现与不动产登记信息、国土调查、专项调查信息的实时关联
《江苏省自然资源统一确权登记总体工作方案》	全省各级自然资源主管部门不再单独建设自然资源登记信息系统,统一使用全国自然资源登记信息系统,按照统一的标准开展工作,实现自然资源登记信息的统一管理、实时共享,建立本级自然资源确权登记信息数据库,做好本级负责的自然资源统一确权登记工作
《河南省自然资源统一确权登记总体工作方案》	统一使用全国自然资源登记信息系统,加强自然资源确权登记成果的信息化管理,做好自然资源确权登记和不动产登记信息管理平台的整合、扩容等工作。按照全国统一的标准,实现自然资源登记信息的统一管理、实时共享,并实现与不动产登记、国土调查、专项调查信息的实时关联。自然资源部门与生态环境、水利、林业等有关部门要加强信息共享,服务自然资源的确权登记和有效监管

五、三种自然资源统一确权登记的实践探索

(一)国家公园自然资源统一确权登记

伴随国家公园和自然保护地体系改革的向前发展,自然生态空间的内涵有了延展,纳入了以国家公园为代表的自然保护地以及湿地、水流等。自然生态空间依法可以作为独立的自然资源登记单元,以此进行自然资源统一确权登记。当前,学术界较少有关于此类新确立的独立自然生态空间统一确权登记的研究,"自然生态空间以保护自然生态系统原真性、完整性为首要管理目标",①在实践中往往涉及多类自然要素的重叠交叉,对其统一确权登记涉及前述登记的主体、客体、方法的交叠与冲突。为此,研究特殊自然生态空间统一确权登记意义重大。

国家公园内的不动产登记具有公法属性和私法属性两重属性。自然资源物权的私法属性和权利面向,是自然资源权利人的生存性利用权益和获取生态保护补偿的发展权益的基础。自然资源物权的公法属性和义务面向,是目前自然资源统一管理的制度保障,即对自然资源进行确权登记,对剩余的无法直接受私法管控的自然本底和环境进行登记,强调公法管护责任,为生态保护权益、生态调节类生态产品的价值实现提供产权基础和法律保障。由于国家公园以保护自然生态系统原真性、完整性为首要管理目标,自然资源确权登记制度也应服务于这一目标。②

1. 国家公园自然资源统一确权登记的内涵

之所以要对国家公园自然资源进行统一确权登记,源于"生态空间"这一概念的提出。不同于单一的自然资源,其是指某一特定区域内的整体自然资源,以特定区域为范围组成一个完整的地理单元意义上的"生态空间"。这是我国进行生态文明体制改革所推行的重要举措之一,也是新时代自然资源统一确权登记制度所取得的巨大创新。"生态

① 张琪静:《国家公园自然资源统一确权登记的功能及其实现》,载《环境保护》2021 年第 23 期。

② 参见张琪静:《国家公园自然资源统一确权登记的功能及其实现》,载《环境保护》2021 年第 23 期。

空间”实质上只是用以标示和区分不同权利主体利用范围的技术手段，旨在实现权利行使的经济效益的最大化。① 据此，可以看出国家公园自然资源与传统的不动产自然资源的显著区别。将“生态空间”这一概念嵌入自然资源统一确权登记中，使得国家公园自然资源脱离出不动产登记框架，从分散独立的自然资源客体状态转变为生态系统客体，这种生态系统客体的特点是以地理上的空间范围为表象、以空间内的各个资源之间的联动为本质。以下，从功能内涵和保护义务功能两个方面阐述国家公园自然资源统一确权登记与不动产登记二者之间的区别。

一方面，国家公园自然资源统一确权登记与国家公园不动产登记的功能内涵具有差异。根据我国民法规定，需要进行不动产登记的各种权利种类丰富，首先是自然资源集体所有权和使用权，其次是一些他物权，包括探矿权、采矿权以及海域使用权、养殖权。自然资源客体首先要经过不动产登记，在此基础上，才能生成自然资源产品。自然资源财产权益通过登记确立下来后，还可以通过市场的方式分配给其他市场主体，这主要依靠的是自然资源有偿使用制度和市场交易规则。这些需要进行不动产登记的资源也得经过如上过程，因此这些自然资源的特征其一是可以分割或独立于自然生态系统而存在，其二是具有一定的经济效益。以此来看，国家公园内的不动产登记不同于国家公园自然资源统一确权登记的地方就在于，前者有私法上的财产权利面向，其目的不是为了实现生态空间的统一管理，而是为了实现不动产的经济效益。

另一方面，国家公园自然资源统一确权登记具有保护义务功能。上文中提到的不动产登记，实际上登记的是物权，而这与自然资源统一确权登记之间存在本质区别。自然资源统一确权登记虽然也采纳物权法定原则，但是其登记的目标或任务却是特有的。《自然资源统一确权登记办法（试行）》第 3 条规定：“对水流、森林、山岭、草原、荒地、滩涂以及探明储量的矿产资源等自然资源的所有权统一进行确权登记，界定全部国土空间各类自然资源资产的所有权主体，划清全民所有和集体

① 参见韩英夫：《自然资源统一确权登记改革的立法纾困》，载《法学评论》2020 年第 2 期。

所有之间的边界,划清全民所有、不同层级政府行使所有权的边界,划清不同集体所有者的边界,适用本办法。”《自然资源统一确权登记暂行办法》第 4 条规定:“通过开展自然资源统一确权登记,清晰界定全部国土空间各类自然资源资产的所有权主体,划清全民所有和集体所有之间的边界,划清全民所有、不同层级政府行使所有权的边界,划清不同集体所有者的边界,划清不同类型自然资源之间的边界。”可见,自然资源统一确权登记的改革任务就是明晰所有权主体和划定资源边界。那么,其目的也不是简单的不动产权利登记,而是具有保护义务功能。保护义务功能以所有权主体的明确和资源边界的清晰为目的,以法律构成上的责任与义务为功能基础。具体而言,保护义务功能有以下体现。第一,明晰国家公园生态环境监管与保护之间的界限。上文中提到的《自然资源统一确权登记暂行办法》第 14 条第 2 款规定了现有国家公园登记单元的划定,“登记单元划定以管理或保护审批范围界线为依据。同一区域内存在管理或保护审批范围界线交叉或重叠时,以最大的管理或保护范围界线划定登记单元。范围内存在集体所有自然资源的,应当一并划入登记单元,并在登记簿上对集体所有自然资源的主体、范围、面积等情况予以记载”。可见,国家公园登记单元的划定,是行政边界结合生态功能完成的特定化区隔,与国家公园自然生态系统完整性保护要求相吻合。[①] 第二,厘清国家所有和集体所有之间的边界。我国自然资源种类多样,历史悠久,这就导致了资源的划分不清晰,国家所有的自然资源和集体所有的资源之间往往在权属划分上存在重叠,在资源占有和利用之间存在冲突。因此,国家公园在自然资源统一确权登记时,将集体所有的自然资源予以统一登记、标注和记载,这就准确划分了集体所有的资源和国家所有的资源之间的界限,进一步,也在理念上贯彻了“山水林田湖草沙”的生命共同体理念。第三,厘清全民所有、不同层级政府行使所有权的边界。目前,我国现有的各个自然资源单行法,如《水法》《森林法》等仅仅规定了国务院代表国家行使自然资源国家所有权,并未具体厘清各个层级政府在行使所有权过

① 参见张琪静:《国家公园自然资源统一确权登记的功能及其实现》,载《环境保护》2021 年第 23 期。

程中的权力界限；而《建立国家公园体制总体方案》中则提出了从中央政府到省级政府分级行使国家公园内全民所有自然资源资产所有权，并进一步指出了由中央政府直接行使国家公园内自然资源资产所有权的迈进路径。①

2. 统一确权登记保护义务功能的实现

国家公园自然资源统一确权登记的保护义务功能之实现，其实是指国家公园生态产品价值实现，也就是将自然资源所携带的生态利益经由制度的转变，变而为社会性利益。实现这一转变所依托的具体制度有二，一是对国家公园特许经营权予以市场化模式，二是对国家公园内的资源进行依托碳汇的交易与登记。

一是国家公园特许经营的市场化模式。国家公园特许经营是在园内开展的商业服务，是生态保护市场化融资的主要手段之一，特许经营机制的实施能改善保护地的经营现状，带动地方经济发展，同时为国家公园建设提供一定的资金支持。《关于建立以国家公园为主体的自然保护地体系的指导意见》指出，“建成中国特色的以国家公园为主体的自然保护地体系，推动各类自然保护地科学设置，建立自然生态系统保护的新体制新机制新模式，建设健康稳定高效的自然生态系统”。特许经营能够满足人民对美好生态空间的需求，由特别授权的经营主体向社会提供可市场化的生态产品。在我国已有的国家公园建设实践当中，部分国家公园管理机构已经进行了作为中央或省级政府的派出机构代理行使全民所有自然资源资产所有权的实践；其他国家公园在其发布的相关地方性条例中也明确了国家公园管理机构的自然资源资产管理职责。因而依托国有自然资源资产开展的特许经营活动也受到国家公园管理机构的监管，监管内容包括确定特许经营活动开展区域、项目类别、经营主体等。目前，国家公园自然资源统一确权登记工作进展缓慢，②将影响以确权登记为基础的特许经营制度建构，故应当进一步加快推进此项工作。

---

① 参见张琪静：《国家公园自然资源统一确权登记的功能及其实现》，载《环境保护》2021 年第 23 期。

② 参见陈雅如、刘阳、张多：《国家公园特许经营制度在生态产品价值实现路径中的探索与实践》，载《环境保护》2019 年第 21 期。

二是借鉴碳汇交易与登记方式实现国家公园生态调节功能的产品化和货币化。目前,碳汇功能实现和碳排放权交易是生态产品价值实现的主要途径,在国家公园中,森林是主要的自然资源,林业碳汇功能能够在储存温室气体的同时将自身转化为碳汇生态产品,进一步通过碳排放交易体系实现生态价值。根据《碳排放权登记管理规则(试行)》和《碳排放权交易管理办法(试行)》的规定,碳排放权经过在全国碳排放权注册登记系统中注册登记,方可以在碳排放权交易市场中进行交易。国家核证的自愿减排量,是登记于全国碳排放权交易系统中的碳减排量要与森林碳汇项目联系起来的必经之路,首先需要将森林碳汇项目产生的温室气体减排效果在国家温室气体自愿减排交易注册系统中登记。可以通过国家公园的自然资源登记来确定碳汇等生态调节类生态产品的财产权归属,但目前来看,此类生态产品尚不具备在登记簿上直接登记的客体表征能力,也就无法登记和分类。[①] 为此,目前比较具有可行性的国家公园森林碳汇生态产品的登记,即采用森林碳汇生态项目的登记及项目碳汇成果形成的可交易的核证自愿减排量的登记,将为国家公园开发其他生态功能类生态产品的登记提供重要参照。

(二)水流产权统一确权登记

对水流产权进行统一确权登记,划定界限,是水流领域统一监督管理的工作基础,其具有以下优势:首先,有利于依据法律规定更好地对水流进行管理和保护;其次,避免因水流相关权属不明引起管理混乱和纠纷存在,解决本领域内的历史遗留问题;最后,为水土资源的综合开发利用创造了有利条件。[②] 然而,对水流的产权进行法律上的登记确权,并不是一项简单的问题。自然生态空间以及自然资源所有权的统一确权登记,在水流领域则表现为水域岸线等水生态空间,加上水流所有权的统一确权登记。水资源具有不同于其他自然资源的特殊性,包

---

① 参见陈宝山:《生态财产权的类型化建构与制度表达》,载《华中农业大学学报(社会科学版)》2021 年第 3 期。

② 参见唐记城、张兵良、宋奇海:《水流确权工作的流程分析与系统功能实现》,江苏省测绘地理信息学会 2018 年年会论文。

括可再生与有限性、流动与随机性、多功能性以及不同功能间的不完全排他性、利害双重性、与作为载体的河湖水域空间具有不可分割性等，这些特殊性也相应地反映在水资源资产中。[①] 落实中央精神，需要将水域岸线等水生态空间的所有权以及水资源所有权纳入统一登记。[②] 具体而言，水流作为独立登记单元应包含水域及水资源赖以生存的岸线、沙洲、堤防、行洪区、湿地等生态载体以内的所有范围。[③]

1. 水权的概念界定

《宪法》《水法》《民法典》均明确规定，水资源属于国家所有，国务院代表国家行使水资源所有权。然而，实践中水资源所有权主体往往虚置，由此导致水资源缺乏有效的管理，造成水资源浪费和破坏的现象甚为严重。从这个意义上来说，明确水资源的所有权行使主体，厘清其中的权责关系以及义务，是解决以上问题的必要措施。

《水法》由于出台较早所以并没有明确规定水权概念，直到 2016 年 4 月，水利部发布了《水权交易管理暂行办法》(水政法〔2016〕156 号)，在该办法第 2 条规定了水权的范围，包括水资源的使用权和所有权。然而，由于《水法》没有明确规定水权，部门规章和各个行政法规的规定也不统一，[④]加上对水资源本身的划分并没有明确的标准，理论界对水权概念的界定存在较大争议。其中，一权论认为，水权是水资源的使用收益权；[⑤]二权论认为，水权是水资源的所有权和使用权。[⑥] 而关于水资源使用权，学界也存在争议，有一权说和多权说。其中，一权说即水资源使用权是指取水权；[⑦]多权说则认为，由于水资源的多用性，水资源

---

① 参见陈金木、王海珍、汪贻飞：《水资源资产产权制度建设思路和框架刍议》，载《水利发展研究》2021 年第 11 期。

② 参见陈金木、董延军、李兴拼：《水权确权怎么办怎么看》，载《水利发展研究》2018 年第 5 期。

③ 参见刘红瑛、杜娜：《水流自然资源统一确权登记的方法探索——以陕西渭河试点为例》，载《西部大开发(土地开发工程研究)》2018 年第 10 期。

④ 参见黄萍：《水资源利用市场化下的水权及其类型化探讨》，载《生态经济》2012 年第 5 期。

⑤ 参见崔建远：《水权与民法理论及物权法典的制定》，载《法学研究》2002 年第 3 期。

⑥ 参见肖国兴、肖乾刚编著：《自然资源法》，法律出版社 1999 年版，第 246 页。

⑦ 参见王小军：《水权范畴研究》，载《中南大学学报(社会科学版)》2007 年第 4 期。

使用权的类型也表现为多样化,不限于取水权,还包括航运权、水能水权、娱乐性水权等。① 笔者认为,基于我国水权制度建设的背景,水权应是指水资源使用权人对国有水资源享有的使用权。② 水权不仅包括水资源所有权,还包括水资源使用权。水利部发布的《水权交易管理暂行办法》(水政法〔2016〕156 号)规定了水权交易的概念,其是指"在合理界定和分配水资源使用权基础上,通过市场机制实现水资源使用权在地区间、流域间、流域上下游、行业间、用水户间流转的行为"。水资源使用权的范围不仅包括取水权,还涵盖用水权、娱乐水权等,是复合型权利。2016 年 11 月水利部、原国土资源部联合发布的《水流产权确权试点方案》指出,水流产权确权主要是确定水域、岸线等水生态空间范围,分清水资源所有权、使用权及使用量,明晰水流产权的所有权人职责和权益、使用权的归属关系和权利义务。

2. 水权确权相关问题厘清

一是明晰水资源国家所有权确权登记的性质。水资源国家所有权登记的性质,关乎其到底是一种民法上的物权登记,还是一种程序上的行政登记。物权登记具有公示力,是一种关于物权变动的登记。在物权的变动过程中,其产生、变更和消灭,都需要依法进行登记。登记效力在传统民法上又分为物权对抗要件主义和物权生效要件主义,前者是以登记作为对抗善意第三人的必要条件,后者是以登记作为物权变动的必要条件。此外,根据民法理论,所有权有原始取得和继受取得两种方式。那么,原始取得的不动产所有权经过登记后,才能够对抗善意第三人,而继受取得的不动产所有权需要经过登记才能够取得所有权。因此,对于水资源国家所有权确权登记的性质,本书认为:首先,水资源所有权无须经过登记而对抗善意第三人,因为水资源属于国家所有,而国家所有权禁止流转;其次,水资源确权登记的目的是明确水资源的自然状况,所有权行使主体、代表行使主体和代表行使的权利内容等权属状况,以及自然资源用途管制、生态保护红线、公共管制及特殊保护要

---

① 参见崔建远:《水权与民法理论及物权法典的制定》,载《法学研究》2002 年第 3 期。

② 参见黄萍:《大保护背景下的长江水权问题探讨》,载《南京工业大学学报(社会科学版)》2019 年第 6 期。

求等限制情况以及其他相关事项。综上，水资源所有权登记的性质应该是行政登记，因为物权登记并不影响水资源所有权的行使，登记的目的不是为了明确物权权属或者产生公示效力，而是为了便于国家掌握水资源的实际状况以及管理水资源。

二是明晰水资源国家所有权确权登记的主体。《自然资源统一确权登记暂行办法》规定全国自然资源统一确权登记工作由国务院的国土资源主管部门来负责指导和监督，而自然资源统一确权登记则由省级以上人民政府负责组织，具体的自然资源登记工作由各级不动产登记机构来负责。但是，我国在自然资源所有权确权登记的规定中，一直对水资源所有权有所疏漏。不仅《水法》没有规定水资源所有权的登记，在发展历程中，自从 2014 年原国土资源部设立不动产管理局之后，各地都纷纷建立了不动产登记机构，而到 2015 年不动产物权的登记类型被规定，但其中却疏漏了水资源的登记，直到 2016 年原国土资源部发布的《不动产登记暂行条例实施细则》也没有明确规定水资源的权属登记问题。

水资源国家所有权确权登记的主体经过了上述艰难的发展历程，直到 2019 年在中共中央办公厅、国务院办公厅发布的《关于统筹推进自然资源资产产权制度改革的指导意见》中得到了体现："加快自然资源统一确权登记……重点推进国家公园等各类自然保护地、重点国有林区、湿地、大江大河重要生态空间确权登记工作，将全民所有自然资源资产所有权代表行使主体登记为国务院自然资源主管部门……"就此，水资源的确权登记得到了确立，自然资源统一确权登记的范围应该包括水资源所有权，并且由不动产登记部门进行登记。《自然资源统一确权登记暂行办法》第 6 条规定，自然资源确权登记的具体工作由自然资源所在地的县级以上人民政府登记机构办理。跨行政区域的自然资源确权登记由共同的上一级登记机构直接办理或者指定登记机构办理。以长江流域为例，长江干流流经 11 个省市，有的支流在一个行政区划内，有的支流流经两个以上行政区划。按照该办法规定，长江流域水资源登记仍是分散登记的状况，不利于长江水资源的管理。因此，未来的水流保护立法，应建立统一的流域自然资源登记机构，专门负责某一流域如长江或黄河自然资源权属登记，以有利于对流域整体自然资源进行统一管理,避免地方保护主义。

(三)湿地产权确权登记

湿地被称为“地球之肾”,与森林、海洋并列为全球三大生态系统类型,它是水陆相互作用形成的独特生态系统,具有季节或常年积水、生长或栖息喜湿动植物等基本特征,是自然界最富生物多样性的生态景观和人类最重要的生存环境之一。[①] 从资源角度讲,湿地是由土地、水、生物共同组成并且相互作用的资源综合体;从生态环境角度看,又是由土地、水、生物共同构成并相互关联的生态系统。《湿地公约》[②]对湿地的概念进行了规定,根据该公约的规定,湿地是指天然或人造、永久或暂时之死水或流水、淡水、微咸或咸水沼泽地、泥炭地或水域,包括低潮时水深不超过6米的海水区。我国学界基本上继承和沿用了《湿地公约》对湿地的定义。不过,在实践中,国际公约中的湿地更多是强调保持湿地的景观生态属性,即保持湿地的水文和地貌等景观物理特征和保护生态系统功能,尤其是所具有的生态功能(其中特别是作为水禽栖息地的生态系统功能)。[③] 在我国,湿地除了是一种景观生态,还是一种可开发利用的自然资源,具有丰富的资源属性和资源价值。从实践中不难看出,对湿地的开发和利用会直接地导致湿地资源的减少和生态的破坏,因此,通过建立和完善湿地产权制度来调整湿地资源的开发利用是非常重要的。

1. 湿地确权登记的现状及存在的问题

湿地产权是在湿地上设定的一系列权利的总称。湿地产权确权是指对湿地所有权、使用权及其他权利的确认和确定。[④] 湿地资源权属制度是对湿地资源开发、利用、保护和恢复最有影响力的制度,是湿地资源管理中最基本的法律制度。湿地有效保护能否真正实现取决于湿地

---

① 参见余俊、解小冬:《从美国国家公园制度看我国自然保护区立法目的定位》,载《生态经济》2011年第3期。

② 《湿地公约》于1971年2月2日在伊朗拉姆萨尔签订,1975年12月21日正式生效,中国于1992年加入,同年7月31日对中国生效。

③ 参见杜群、车东晟:《论我国湿地产权法律制度的构建与完善》,载《南京工业大学学报(社会科学版)》2017年第3期。

④ 参见唐小平:《构建国家公园规划体系》,载《林业建设》2018年第5期。

权属的明晰程度。湿地确权是对湿地生态空间的自然资源确权,而不仅仅是对不动产的确权。我国现有法律对湿地产权有如下规定:湿地景观范围的土地(林地、草地、滩涂、荒地等)除法律另有明确规定属于集体所有的以外,均属于国家所有;湿地景观范围的水资源均属于国家所有,农村集体经济组织对其修建和管理的水塘、水库中的水,只享有使用权;湿地景观范围的野生动物资源属于国家所有。从这些规定来看,我国湿地产权登记仍然存在诸多需要完善的地方,主要有以下两点。

其一,湿地产权制度存在缺陷。首先是湿地产权标的不清晰,边界不明朗。这是湿地长期以来实行分散性管理形成的固有弊病。在湿地的范围界定上,我国有一套体系,这是由于湿地是独立的,具有自然整体特性,而在湿地的开发利用管理上,则采用了另外一套体系,将湿地按照其组成的不同要素分类进行管理,如将森林划归到《森林法》的调整范围内,将草原划分到《草原法》的调整范围内,将渔业划归到《渔业法》的调整范围内。在不同的分散管理的同时,还配有行政法规,这就导致了湿地管理之间的冲突,这些资源开发利用是依照资源独立的法律法规,而并非依照湿地管理的法律法规。因此,对湿地的总体定位和对其的统计调查中对湿地的界定无法反映出现实中中央和地方政策对湿地的各种制度设计。那么,既然基础不足,湿地的保护和管理尚且无法统一,更遑论在这个基础上所构建的湿地产权制度。其次是湿地产权主体不明或虚位。根据法律规定国家或集体所有的湿地资源,在湿地产权的确立上并不能顺畅无阻,由国家或者集体来行使湿地所有权都难免有运行的阻碍,因为国家是一个抽象的集合体,而集体也缺乏行使权利的代表。所以,在制度设计上,为了解决这一问题,都是由国家进一步委托政府部门来行使所有权,而地方政府和中央政府各部门也无法直接行使湿地所有权,还需要进一步找湿地管理部门代理实施所有权。然而"政府代理失效"的现象常常发生,因为各级委托代理人和国家之间存在各自所追求的利益目标之间的差异,越来越大的差异就使得最终代理行使的行为和国家的目的相去甚远。最后是湿地产权的内容虚置,这是指湿地产权法律制度更多停留在立法规定的层面上,而缺乏具体的法律规则保障实施,如关于湿地资源的经验收益这些实质性的权益,并没有法律规定。此外,尽管绝大多数的湿地资源属于国家所有,我国也没有专门的国有资产管理法。[①] 没有专门的湿地产权立法来规定,只有自然资源所有权的规定可以适用,或者适用构成湿地的要素如森林、草原等单项自然资源的单行立法或规范性文件,缺乏专门的整体性规定。

其二,湿地产权登记面临体制因素的制约。第一,政府行政管理权与国家所有权相混淆。我国并没有明确湿地的所有权和湿地的行政管理权的区分与界限,因为湿地没有在土地资源管理法律制度中被视为是一个特殊的单元,所以,关于湿地的行政管理权与国家所有权行使之间常常相混淆。第二,湿地管理政出多门且开发利用与保护脱节。《湿地保护管理规定》确立了由原国家林业局统一管理,县级以上地方人民政府林业主管部门负责本行政区域内的湿地保护管理工作的基本湿地保护管理体制。但是这种开发利用管理制度和保护管理制度之间的脱节,既不能有效管理,也难以充分保护。

2. 湿地确权登记问题的破解途径

对湿地资源进行整体性统一确权登记是破解以上问题的途径。我国的湿地保护,无论是采取分散型的还是专门型的立法模式,从综合生态管理的角度看,都要求法律、法规和政策体系能够形成一个内在结构协调统一的规范系统。[②] 为了克服缺乏专门的湿地立法使得湿地的板块和保护都分散重叠的弊病,需要确立排他性的湿地产权。为此,2016年12月,国家七部委联合印发《自然资源统一确权登记办法(试行)》,提出将整体的自然资源进行统一登记并管理,建立"归属清晰、权责明确、监管有效的自然资源资产产权制度"。《自然资源统一确权登记暂行办法》更是明确湿地作为独立的自然资源进行登记:"以湿地作为独立自然资源登记单元的,由登记机构会同湿地管理机构、水利、农业等部门制订工作方案,依据土地利用现状调查(自然资源调查)成

① 参见徐佳娈:《湖南湿地资源资产产权管理体制改革的思考》,载《湖南林业科技》2014年第2期。

② 参见杜群:《生态保护法论:综合生态管理和生态补偿法律研究》,高等教育出版社2012年版,第32页。

果,参考湿地普查或调查成果,对国际重要湿地、国家重要湿地、湿地自然保护区划定登记单元界线,收集整理用途管制、生态保护红线、公共管制及特殊保护规定或政策性文件,并开展登记单元内各类自然资源的调查。”

2015 年,《不动产登记暂行条例》的实施,建立了统一的不动产登记信息管理基础平台,在这一平台的不动产登记基础上,所有自然资源产权在登记后会进行各个环节的信息实时共享。湿地的统一确权登记制度,是自然资源资产统一确权登记制度的一部分,这种相互嵌套结合的统一确权登记制度形成了一个整体,克服了之前存在的湿地板块分散立法碎片化、管理部门交叉、湿地保护和湿地开发利用脱节的制度弊端。

第七章　全民所有自然资源资产所有权委托代理的约束与监督机制

建立全民所有自然资源资产委托代理机制是党中央深改委部署的重点工作，是在我国进入新发展阶段、贯彻新发展理念、构建新发展格局的大背景下，党中央、国务院为统筹推进自然资源资产产权制度改革和落实统一行使全民所有自然资源资产所有者职责，作出的一项重大改革举措和制度性安排。建立委托代理机制是中国特色社会主义产权制度的创新，本质上是通过治理结构的创新来实现产权制度的绩效。[①]其旨在完善自然资源产权制度体系，促进自然资源集约节约高效利用，实现经济的高质量发展。委托代理机制构造的首要任务是，在委托人和受托人之间建立委托授权关系，以便为代理行为的实施奠定结构基础。[②] 然而，委托代理制度本身的特点决定了代理人常常利用机会主义损害委托人利益，面临监督和约束力降低的难题，由自然资源资产委托代理所产生的自然资源破坏风险无疑需要监督和约束机制来保障。

我国全民所有自然资源资产产权制度面临着以下监督保护的问题：一是自然资源资产的监管不到位或超越职权，由于自然资源具有经济价值，而自然资源资产产权的管理者又兼任监督者，导致职能之间相互混淆，无法对自然资源资产产权进行充分的监督和保护。二是自然资源开发利用缺乏外部的监督机制，人们对自然资源开发利用的监督方式有限，只能在问题出现后，通过一些零散的报道和传言进行了解，无法形成有效的社会监督。因此，为了使委托代理机制有效运行，必须

---

① 参见谭荣、曲福田：《中国农地发展权之路：治理结构改革代替产权结构改革》，载《管理世界》2010 年第 6 期。

② 参见汪志刚：《自然资源资产国家所有权委托代理的法律性质》，载《法学研究》2023 年第 2 期。

建立相应的制度保障,包括约束机制与监督体系。约束机制包括资产报告制度、考核评价体系、离任审计制度、一岗双责等内部约束机制建设;监督体系包括司法监督、人大监督、社会监督等外部监督体制建设。我国正逐步形成内部监督和外部监督双向衔接的多元化约束和监督机制,保障全民所有自然资源资产委托代理机制有效运行。

第一节　资产报告制度

全民所有自然资源资产是自然资源的重要组成部分,也是国有资产的重要内容。在加快生态文明建设和推进自然资源资产产权制度改革的双重背景下,全民所有自然资源资产报告制度作为落实所有者职责和实现所有者权益的一项重要制度而受到重视。党中央于 2017 年专门发布《中共中央关于建立国务院向全国人大常委会报告国有资产管理情况制度的意见》(以下简称《国有资产管理报告制度意见》),对国务院向全国人大常委会报告国有资产管理情况提出了实施方案和制度建设要求。2019 年的《指导意见》将自然资源资产报告作为自然全民所有自然资源资产监管体系的重要组成部分,要求"国务院自然资源主管部门按照要求定期向国务院报告国有自然资源资产报告。各级政府按要求向本级人大常委会报告国有自然资源资产情况,接受权力机关监督"。至此,由自然资源部门牵头编制全民所有自然资源资产报告的工作机制初步建立。在此过程中,全民所有自然资源资产报告制度建设逐步推进,2019 年全国人大常委会发布了《十三届全国人大常委会贯彻落实〈中共中央关于建立国务院向全国人大常委会报告国有资产管理情况制度的意见〉五年规划(2018—2022)》(以下简称《国有资产管理五年规划》),2020 年又出台了《加强国有资产管理情况监督的决定》(以下简称《国有资产管理监督决定》),这两个文件不仅进一步明确了资产报告目标任务,而且细化和规范了资产报告的有关要求和工作程序。具体而言,根据人大监督实际需求,两个文件细化和规范了全民所有自然资源资产报告的重点,包括全民所有自然资源资产总量、结构、分布、使用、收益、保护利用及变化情况,贯彻有关法律法规,落实全民所有自然资源资产管理体制机制,履行管理职责,推进绿色发展和生态文明制度建设情况,支持经济社会发展和改善生态环境质量,落实自然资源保护与利用、保护生态环境、节能减排等约束性指标及审计整改等情况。由于全民所有自然资源资产报告编制实践的不统一、不规范、不系统问题,理论界也从借鉴全民所有资产报告制度相关经验入手,结合自然资源资产的管理特征,力图理清报告的范围和边界,确定报告的重点内容与程序框架。经过第一个五年的探索,由自然资源部牵头、多部门协调配合的全民所有自然资源资产报告工作机制已初步形成。近年来,自然资源资产报告编报以"国有+集体""资源+资产""统计报告+工作报告"为基本思路,覆盖土地、矿产、森林、草原、湿地、水、海洋、野生动植物、自然保护地等主要自然资源和自然生态空间,包含资产基本情况、工作进展及成效(含管理存在的问题)、下一步工作考虑及附件(资产报表、名词解释)等内容。①

一、资产报告制度的内涵和功能

自然资源资产管理情况综合报告是评价政府监督管理国有资产情况的重要依据。② 所谓自然资源资产报告制度,即是指国家对自然资源进行全面、系统、科学的评估和监测,以便更好地了解自然资源的数量、质量和分布情况,为国家制定自然资源保护和利用政策提供科学依据。③ 国有自然资源资产报告是一定时期政府国有自然资源资产管理工作的综合反映,是国有资产管理情况四方面专项报告之一,性质上属于人大监督工作,同时通过反馈审计查出问题整改落实情况和面向社会公开,也一定程度上体现审计监督和社会监督。该制度的实施不仅有利于保护自然资源,还有助于促进经济发展和社会进步,其功能作用主要有以下几个方面。

---

① 参见潘伟:《国有资产报告制度施行五年盘点》,载《国资报告》2023年第7期。

② 参见綦好东、郭骏超、彭睿:《国有资产管理情况综合报告的制度意义与有效实践》,载《财务与会计》2019年第4期。

③ 参见綦好东、郭骏超、彭睿:《国有资产管理情况综合报告的制度意义与有效实践》,载《财务与会计》2019年第4期。

第一,为委托代理制度提供制度保障。委托代理问题的根源在于委托人和代理人信息不对等,委托人往往处于信息弱势,因而缺乏对代理人的监督,难以保证代理人按照委托人利益最大化行动。信息不对等问题的存在也是委托人和代理人利益函数不一致问题难以克服的重要障碍。解决委托代理问题的关键在于通过代理人报告受托责任,消除信息不对等。在解决全民所有自然资源资产委托代理问题上,消除信息不对等和加强委托人监督是重要的环节。通过建立全民所有自然资源资产报告制度,代理人借助自然资源资产报告向委托人报告受托责任执行情况,形成多层次的报告,从最初委托人到最终代理人之间形成多层级委托人对代理人的监督,以尽可能消除委托人和代理人的信息不对等,从而可以有效解决全民所有自然资源资产代理问题,全面掌握资产情况。①

第二,为提高财政资源配置效率提供保障。通过全民所有自然资源资产报告制度可以更好实现资产管理和预算管理的全面对接,为提高财政资源的配置效率,全口径、动态化掌握我国全民所有自然资源资产的规模、布局、投向、收益等信息,实现全民对资产收益的共享,发挥财政对国家治理的基础和重要支柱作用提供抓手。

第三,为资源管理提供基础数据支持。数据的生命力和价值在于应用,建立全民所有自然资源资产报告制度,能够使国资、自然资源等有关部门在部署企业财务决算报表、自然资源资产负债表等工作时,结合落实自然资源资产报告制度的需要,提出工作要求,对资产数量、分布状况、结构变动情况,以及目前统计分析、计量计价、资产管理存在的问题,进行全面分析,为资源管理提供准确、全面、可比较的基础数据支持,并提出客观、可行的意见和建议。

第四,为自然资源资产公开透明提供依托。人民享有平等占有生产资料带来的合法权利,②享有监督权和知情权。全民所有自然资源资产报告从生成到向全国人大常委会报告,再到向社会公开,既是信息生

① 参见翟盼盼:《我国国有资产报告制度研究》,中国财政科学研究院 2018 年硕士学位论文。

② 参见杨春学:《论公有制理论的发展》,载《中国工业经济》2017 年第 10 期。

成和公开透明的过程,也是提升管理绩效的重要路径。该制度要求相关企业公开自身的资产状况,有助于外界公众了解自然资源资产的规模和流动状况,增强自然资源资产的信息公开透明度,提高社会公众的参与度和监督力度,对于促进社会公众对资源管理的了解和支持具有重大意义。

第五,为落实监督提供保障。国有资产管理信息是国家决策的基础,国有资产信息透明则是广大人民群众行使监督权的前提。[①] 如果报告制度长期缺失,那么人民对自然资源资产管理的监督就难以开展,其诉求更无法通过权威渠道汇集、反映,而只能倾向于由少数群体去监督、发声。但这些少数群体的个人经验并不等于人民意志,他们的固有立场与利益需求也使其不可能真正客观地将分散意见整合成为共识。全民所有自然资源资产报告制度的设立则既为人民依法行使监督权、提出共识设立了常态化的以人大监督为核心的制度路径,同时也完善了政府这一特殊代理人向其委托人即全体人民报告其资产管理工作受托责任履行情况的渠道,使其能够真实地面对人民监督,汇报成绩、解决问题,树立负责任的政府形象。

二、资产报告制度建设的工作进展

近年来,经过中央推动的系列改革,全民所有自然资源资产报告工作及制度建设都取得了积极进展,具体体现在以下几个方面。

第一,初步建立多层次的资产报告工作机制。一是在中央层面建立了由财政部牵头的协同工作机制。从国有资产管理整体层面来看,财政部是负责国有资产管理的职能部门,全民所有自然资源资产属于国有资产的重要组成部分,因此,在中央层面首先是建立了由财政部牵头,自然资源部、国资委、中国人民银行、审计署、住房和城乡建设部、交通运输部、水利部、统计局、粮食和储备局、林草局、文物局等部门和单位参与的国有资产报告部际协调机制。二是建立了由自然资源部牵头的全民所有自然资源资产报告工作联动机制。在国有资产报告工作协

---

① 参见綦好东、郭骏超、彭睿:《国有资产管理情况综合报告的制度意义与有效实践》,载《财务与会计》2019 年第 4 期。

同机制下，由自然资源部牵头，在自然资源资产管理系统内加强沟通协调，建立上下联动、横向协同的全民所有自然资源资产报告工作机制。从实践来看，最初参与全民所有自然资源资产报告编制的部门主要是自然资源部、水利部、林草局等自然资源资产管理系统内的部门，后来参与部门包括自然资源部、生态环境部、水利部、国家发展和改革委员会、农业农村部、审计署、统计局、林草局等，从而实现了报告编报模式由"多头报告"向"统一报告"的转变。三是在地方层面建立了全民所有自然资源资产报告联席会议工作机制。在自然资源部的领导下，各省（自治区、直辖市）建立了国有自然资源资产报告部门联席会议等协调机制，形成了由自然资源主管部门牵头，各相关部门协调配合的工作机制。[①] 目前，福建、浙江、云南、江西、广东、陕西、广西等多个省（自治区、直辖市）已经进一步规范相关工作，出台了全民所有自然资源资产报告制度或实施方案。

第二，全民所有自然资源资产报告体例的完善。一是扩大了报告范围。在中央层面，自然资源部吸收多方意见，逐步扩大全民所有自然资源资产报告范围，将野生动植物、自然保护地等纳入报告范围。二是优化了报告内容和体例。随着实践经验的积累和研究的深入，资产报告增加了自然资源资产质量、分布、配置及变化等情况。此外，报告还说了上年度审议意见整改落实情况，国有自然资源资产报表等内容，初步形成了正文[基本情况 + 管理工作进展及成效（含存在问题）+ 下一步工作安排]和附件（报表 + 名词解释）相结合的报告体系。以图、表等形式丰富报告内容，提高了报告的可读性、可审性。2018 年以来，按照"国有 + 集体""资源 + 资产""统计报告 + 工作报告"的思路，围绕自然资源总量，优化国土空间开发格局、改善生态环境质量、推进生态文明建设等相关重大制度建设，自然资源保护和利用等报告重点及人大常委会的审议、监督重点，自然资源部等部门联合编报了历年国有自然资源资产报告。[②] 2021 年，国务院首次向全国人大常委会专题报告国有

---

① 参见潘伟：《国有资产报告制度施行五年盘点》，载《国资报告》2023 年第 7 期。

② 参见《国务院关于 2021 年度国有资产管理情况的综合报告》，载《中国财政》2022 年第 23 期。

自然资源资产管理情况,使全国人大常委会实现了对四类主要国有资产专项报告的全覆盖监督。① 三是自然资源部牵头研究制定了全民所有自然资源资产报告内容参考模板,规范和指导地方报告编报。四是在地方层面,各省(自治区、直辖市)自然资源主管部门按照本级人大常委会要求,结合地方实际和自然资源部有关通知要求,牵头做好报告编报工作,聚焦国有自然资源资产情况,突出问题导向,形成包含基本情况、工作进展及成效、存在问题及下一步工作安排等的国有自然资源资产报告内容体系,但在具体报告范围、报告内容体例等方面还存在差异。目前,全国各省级人民政府均完成首次向本级人大常委会专项报告国有自然资源资产管理情况。②

第三,完善了人大监督的工作机制。一是人大以多种方式落实监督工作。全国人大常委会预算工委、全国人大财经委、全国人大环资委组织召开的国有自然资源资产管理情况座谈会,由自然资源部等职能部门结合职责报告全民所有自然资源资产基本情况、管理和改革进展、存在的突出问题和不足及下一步工作考虑。全国人大常委会预算工委等组织开展的国有自然资源资产管理情况专项调研。二是自然资源资产管理部门针对全国人大常委会的审议意见和审计发现的全民所有自然资源资产管理问题,对标对表制定整改方案,采取有效措施认真落实整改要求。例如,针对 2021 年人大监督的意见,国务院形成《关于落实全国人大常委会对 2020 年度国有自然资源资产管理情况专项报告审议意见的报告》(以下简称《2020 年度国有自然资源资产落实报告》),按要求在 6 个月内完成研究处理情况报送。经人大审议的 2020 年度专项报告、调研报告、审议意见和建议、《2020 年度国有自然资源资产落实报告》均已对社会公开,接受社会监督。③ 三是全国人大常委会研究设立了全民所有自然资源资产管理人大监督评价指标体系,增强了人大

① 参见《国务院关于 2021 年度国有资产管理情况的综合报告》,载《中国财政》2022 年第 23 期。

② 参见潘伟:《国有资产报告制度施行五年盘点》,载《国资报告》2023 年第 7 期。

③ 参见李小健:《切实履行人大监督新职责　守好人民共同财富——全国人大常委会首次听取和审议国有自然资源资产管理情况的专项报告》,载《中国人大》2021 年第 21 期。

监督的精准性、规范性和有效性。四是在地方层面，各省（自治区、直辖市）自然资源主管部门均认真牵头研究处理相关审议意见，推动整改落实，编制落实报告。①

三、资产报告制度建设的不足

全民所有自然资源资产报告制度旨在解决自然资源资产整体状况不清，监管部门无法全口径掌握自然资源资产管理情况，以及资产管理不完整不规范等现实问题。② 尽管我国在20世纪90年代已经开始了资产报告制度的实践探索，但是总体实践的持续时间较短，尚未最终形成专门而规范的报告制度。目前虽然有了党中央和全国人大常委会规范性文件，但是针对全民所有自然资源资产报告的具体制度建设还处在探索阶段。

一是报告编报制度尚未建立。除政府向本级人大常委会报告全民所有自然资源资产管理情况外，《指导意见》提出国务院自然资源主管部门按照要求定期向国务院报告国有自然资源资产报告，《试点方案》提出建立代理人向委托人报告受托资产管理及职责履行情况的工作机制，这三者如何有机衔接还有待明确。

二是报告工作协同机制有待完善。实践中，虽然国家发展和改革委员会、生态环境部、农业农村部等涉及自然资源管理等部门实际参与国有自然资源资产报告编制和审议意见落实工作，但是并没有建立常规化的协同机制，许多部门并不是部际协调机制成员。

三是全民所有自然资源资产报告部门间联席会议机制、地方报告材料汇交机制等常规性工作机制尚未实现制度化建构。

四是自然资源资产数据保障机制建设薄弱。自然资源资产报告工作的基础是全民所有自然资源资产真实全面的数据信息，只有掌握真实可靠的数据信息，才能了解自然资源资产变动及其管理情况。然而，

---

① 参见罗世兴、张萌：《国有自然资源资产报告工作需要处理好的几个关系》，载《中国国土资源经济》2023年第3期。

② 参见李兆宜、苏利阳：《绩效导向的自然资源资产管理与改革》，载《中国行政管理》2019年第9期。

从实践来看,一方面,我国全民所有自然资源资产报告的数据口径还不清晰不明确;另一方面,我国自然资源资产的数据口径并不统一,而数据口径统一是数据可比的基础。自然资源价值量的核算和评估是当前自然资源资产报告实践面临的主要障碍之一。① 此外,资产数据信息共享还存在多方面的限制和障碍,这也不利于资产报告工作的顺利开展。

五是自然资源资产统计制度的缺失,使得自然资源资产的全貌难以一窥。

四、资产报告制度的完善

我国应针对实践中存在的问题,进一步完善资产报告制度,使资产报告制度真正能够发挥作用,成为委托代理机制运行的有效保障制度。

(一)完善资产报告编制制度

第一,适当确定资产报告的范围。一是要明确自然资源与自然资源资产的概念。目前,实物量上,除将一定储量级别的矿产资源作为资产进行报告外,其他资产种类按照广义资产,即"资源"就是"资产"的口径进行报告。未来,应认真研究《十八届三中全会辅导读本》关于自然资源资产的界定,区别对待自然资源与自然资源资产,以此为基础建立资产报告制度。二是完善资产分类体系。目前,自然资源资产报告将自然资源资产划分为建设用地、耕地、园地、森林、草原、湿地、矿产、水、海洋、自然保护地、野生动植物等 11 类反映国有自然资源资产基本情况,但该分类方式存在不足。比如,其中土地分类与《土地管理法》的 3 大地类、第三次全国国土调查地类划分都不完全对应。② 另外,自然保护地是集合体,与土地、森林、草原等存在交叉,其范围内的自然资源资产并非都属于国有。因此,需要建立更加科学的自然资源资产分类体系,保障资产分类口径一致,做到不重复统一和不遗漏统计。三是规范报告的权属范围。对于土地、森林、草原等既有国有也有集体所有的

① 参见翟盼盼:《我国国有资产报告制度研究》,中国财政科学研究院 2018 年硕士学位论文。

② 参见罗世兴、张萌、王燕东:《完善国有自然资源资产报告工作的思考》,载《中国国土资源经济》2023 年第 1 期。

自然资源资产种类，从各地公开的2020年度专项报告来看，报告的资产权属类型涵盖范围不同，为了使报告更具可比性和可评价性，应该统一报告权属范围，规范报告工作，保障人大监督工作的顺利开展。

第二，丰富完善资产报告的内容。一是实现资产报告内容的完整性。目前的资产报告还缺乏一些重要的内容，例如，资产报告未反映国有建设用地、矿产等有偿使用收入的分配、支出等情况。将来应对这部分内容加强汇总和报告，完整反映全民所有自然资源资产管理的现实情况。此外，资产报告应对已具有工作基础的耕地、地下水等质量情况，进行真实的反映，使报告能够真正成为了解全民所有自然资源资产情况的重要基础。二是资产报告应对资产价值量进行计量和反映。目前，全民所有自然资源资产清查、价值核算等还在实践探索中，相关价格、成本等数据基础比较薄弱，数据缺失的情况比较严重，价值评价核算技术方法不够规范统一，不同方法计算结果差异较大。[①] 因此，目前主要从实物量角度编制报告，未从价值方面体现资产存量情况和变动情况。应加快数据信息建设，探索有效的价值评价核算方法，在资产报告中不仅要真实地反映资产的实物量，而且要科学地反映资产的价值量，保障报告能完整和全面地反映资产管理情况。

第三，规范报告编制工作。认真总结2018年以来全民所有自然资源资产报告工作，借鉴国有资产综合报告，企业、行政事业性等国有资产专项报告和政府财务报告等经验，研究制定国有自然资源资产报告编报制度，进一步明确、规范报告的范围、内容、方式、程序、分工及数据、平台、监督等要求，完善报告参考模板，推动报告工作制度化、规范化、程序化和信息化。

（二）建立健全资产报告的基础性保障制度

第一，夯实资产报告工作的基础。一是要统一数据来源。编制国有自然资源（资产）报告所需基础数据、材料，如有上级部门审定的数据，应当优先采用。全民所有土地、湿地、森林、草原资源规模须统一采

---

① 参见杨戈、孙志英、刘明洁：《国有自然资源（资产）报告制度的实施与完善》，载《中国土地》2020年第12期。

用年度变更数据。二是要加强推进全面所有自然资源资产数据库建设，建立全面所有自然资源资产数据库和信息共享平台，实现通过平台互联互通和定期线上报送资产管理相关信息。三是要加快建设自然资源资产清查、核算、统计等制度。尽管自然资源主管部门发布了自然资源分等定级、价格评估、国有土地资源资产核算等通则，部分地区开展了全民所有自然资源资产清查、国有土地资源资产核算等试点，但上述工作主要探索经济价值，且还未形成覆盖全国、权威的价值量核算成果。资产清查、统计等制度还未建立，资产数据的年度更新和定期校正机制亟待建立。

第二，建立健全资产评价指标体系。目前，资产报告还未按《国有资产管理五年规划》等要求，结合国有自然资源资产管理特点，建立主要包含保护生态环境、保障国家安全等内容的全面所有自然资源资产管理评价指标体系。① 应在试点基础上，认真总结经验，借鉴国际上的通常做法，探索建立适合我国自然资源资产评价的指标体系，提高资产评价的科学性。

第三，完善自然资源资产报表体系。目前，作为附件的全面所有自然资源资产报表数量较少，报表反映的内容也没有充分对自然资源资产质量、分布、支出，支持经济社会发展、改善生态环境质量，以及落实自然资源保护与有效利用、保护生态环境、节能减排约束性指标等情况进行反映。因此，从资产报告中还不能完整地了解资产管理的效益，故应在将来的报告中，增强这些方面的内容，提升报告的整体质量。

（三）建立健全报告工作程序机制

第一，分阶段确定报告的工作边界与范围。鉴于我国自然资源（资产）调查监测及确权登记工作尚处于起步阶段，可获取的自然资源数据仅限于土地、矿产、森林、草原、湿地、水、海洋等资源，且部分自然资源尚未完成确权登记，可分阶段确定工作边界与范围。

第二，建立工作报告衔接机制。根据《国有资产管理报告制度意

① 参见罗世兴、张萌、王燕东：《完善国有自然资源资产报告工作的思考》，载《中国国土资源经济》2023 年第 1 期。

见》要求，建立国务院向全国人大常委会报告国有资产管理情况制度，县级以上地方要根据本地实际情况，建立政府向本级人大常委会报告国有资产管理情况制度。《指导意见》要求，各级政府按要求向本级人大常委会报告国有自然资源资产情况，接受权力机关监督。《国有资产管理监督决定》要求，县级以上地方人大常委会结合本地实际，参照本决定建立健全国有资产管理情况监督制度。应按上述文件要求，完善资产报告评价、公开等监督机制。推动将国家发展和改革委员会、生态环境部、农业农村部等纳入报告部际协调机制，建立部门间国有自然资源资产报告联系沟通机制、地方报告材料，如编报素材、资产报告、落实报告等的汇交备案机制等，以定期或不定期会议、专题座谈、调查及研究等方式，实现部门横向协作与上下纵向联动。推动地方按程序及时公开经审议的国有自然资源资产报告、调研报告、审议意见和建议及其落实报告等，提高资产管理信息公开透明程度，接受社会监督。①

第三，地方层面应结合当地实际，做好落实和探索创新。按照中央的要求和部署，各省（自治区、直辖市）均制定了政府向本级人大常委会报告国有资产管理情况制度的意见并开展了报告工作，部分省（自治区、直辖市）制定了五年规划和监督决定。在地方报告中，根据现行法律规定及所有权委托代理机制试点进展，不同层级政府应重点报告本级政府代理行使所有权的国有自然资源资产管理情况。报告制度应在规范共同科目的基础上，考虑各地资源禀赋差异和各级人大常委会不同要求，给予地方一定空间和自由度，探索差别化报告机制、内容等。

第二节 考核评价制度

一、考核评价的内涵和意义

探索建立履行所有者职责的考核机制是所有权委托代理机制试点

① 参见罗世兴、张萌：《国有自然资源资产报告工作需要处理好的几个关系》，载《中国国土资源经济》2023 年第 3 期。

工作的一项重点任务。考核评价机制作为所有权委托代理机制的重要组成部分,是一种对地方政府履行所有者职责、保护所有者权益的监督制约手段,可以进一步加强所有权委托代理关系,支持全民所有自然资源资产所有者职责的统一行使。在所有权委托代理模式下,全民所有自然资源资产管理考核评价是指对政府部门管理全民所有自然资源资产的情况,即所有者职责执行情况进行的考核评价。

二、考核评价的基本原则

全民所有自然资源资产是国家的重要财富,其管理和利用应符合国家利益和人民利益的要求。为了保证全民所有自然资源资产的有效保护和合理开发,需要建立一套科学、公正、透明的委托代理考核评价制度,对全民所有自然资源资产的委托代理行为进行监督和约束。全民所有自然资源资产委托代理考核评价的原则具体包括以下四个方面。一是法治原则。法治原则是全民所有自然资源资产委托代理考核评价制度的基本原则,要求委托代理考核评价的制定、实施、监督和执行都必须依法进行,遵循法律规定的程序、标准和要求,保障委托代理方、被委托代理方和其他利益相关方的合法权益,维护国家法律权威和社会公序良俗。二是效率原则。效率原则是全民所有自然资源资产委托代理考核评价制度的目标原则,要求委托代理考核评价能够有效地激励被委托代理方提高自然资源资产管理和利用的效率,促进自然资源资产的增值和社会效益的最大化,同时也要防止委托代理考核评价过程中出现的信息不对称、道德风险、逆向选择等问题,降低委托代理考核评价的成本和风险。三是公平原则。公平原则是全民所有自然资源资产委托代理考核评价制度的价值原则,要求委托代理考核评价能够公正地反映被委托代理方在自然资源资产管理和利用中所作出的贡献和所承担的责任,给予被委托代理方合理的奖励和惩罚,同时也要兼顾不同地区、行业、类型和规模的自然资源资产的特点和差异,避免一刀切和歧视性对待。四是参与原则。参与原则是全民所有自然资源资产委托代理考核评价制度的民主原则,要求委托代理考核评价能够充分听取和尊重各方面的意见和建议,广泛征求和反馈社会公众、专业机构、行业协会等利益相关方的诉求和期待,增强委托代理考核评价的透明度和公信力,促进各方面的共识和协作。

三、考核评价指标的设计

全民所有自然资源资产所有权委托代理机制考核评价指标的设计目的是科学、客观、全面地评估代理机构执行职责的状况,提升自然资源资产的保护和管理水平。下面将从指标设计的原则、指标设计的步骤和指标设计的方法三个方面进行阐述。

构建考核评价的指标体系构建应该遵循以下三项原则。一是层次性原则。目前的指标体系主要是由单资源关键性指标与管理目标相结合,缺乏复合性指标和综合性指标,不能反映综合评价的特点。[①] 为此,应当把握层次性原则。层次性原则指标设计应体现全民所有自然资源资产所有权委托代理机制的层次性,即从国家层面、省级层面和市县层面分别制定相应的考核评价指标。不同层次的代理机构在执行职责时,面临的任务、条件和挑战不同,因此应有不同的考核评价标准和要求。同时,不同层次的考核评价指标应相互衔接和协调,形成一个完整的考核评价体系。二是目标导向原则。指标设计应以全民所有自然资源资产所有权委托代理机制的目标为导向,即保护自然资源资产的公共利益,实现自然资源资产的保值增值,促进自然资源资产与经济社会协调发展。指标应能反映代理机构是否按照委托方的意愿和要求,有效履行自然资源资产保护、管理、开发、利用、监督等职责,实现委托方对自然资源资产的收益和权益的最大化。[②] 三是动态性原则。指标设计应体现全民所有自然资源资产所有权委托代理机制的动态性,即根据自然资源资产的特征、环境和变化情况,及时调整和更新考核评价指标。自然资源资产是一种动态变化的资产,其价值、数量和质量受到自然因素和人为因素的影响。因此,考核评价指标应能适应自然资源资产变化的规律和趋势,反映其最新的状况和问题,引导代理机构采取相

---

① 参见蔡玉梅等:《陆域自然资源综合评价指标体系研究》,载《测绘学》2022 年第 10 期。

② 参见孙艳春、陈雪莹:《关于构建地方党组织政治生态考核评价指标体系研究》,载《理论探讨》2018 年第 6 期。

应的措施和策略。

指标设计应遵循以下步骤。第一步,确定考核评价目标。考核评价目标是指考核评价活动要达到的预期效果,这是指导考核评价指标设计的基础。根据全民所有自然资源资产所有权委托代理机制的总体目标,可以将考核评价目标分为以下三个方面:一是检查代理机构是否按照法律法规和委托合同的规定,履行自然资源资产保护、管理、开发、利用、监督等职责,维护委托方的合法权益;二是评价代理机构在自然资源资产保护、管理、开发、利用、监督等方面的绩效,反映自然资源资产的价值变化和收益分配情况;三是提出代理机构在自然资源资产保护、管理、开发、利用、监督等方面的存在问题和改进建议,促进代理机构不断提高自然资源资产的保值增值能力和水平。第二步,确定考核评价内容。考核评价内容是指考核评价活动要涉及的具体事项,是指导考核评价指标选择的依据。① 根据全民所有自然资源资产所有权委托代理机制的主要内容,可以将考核评价内容分为以下四个方面:一是代理机构的组织建设和制度建设情况,包括代理机构的人员配置、职责分工、内部管理、制度规范等方面;二是代理机构的自然资源资产保护情况,包括代理机构对自然资源资产的登记、清查、监测、评估等方面;三是代理机构的自然资源资产管理情况,包括代理机构对自然资源资产的规划、配置、使用、处置等方面;四是代理机构的自然资源资产开发利用情况,包括代理机构对自然资源资产的开发许可、开发监管、开发收益、开发效果等方面。第三步,确定考核评价指标。考核评价指标是指考核评价活动要采用的具体量化或定性标准,是指导考核评价活动实施的工具。② 根据考核评价目标和内容,可以将考核评价指标分为以下三类:一是基础性指标,其主要反映代理机构的组织建设和制度建设情况,如代理机构的人员数量、人员结构、人员素质、制度完善程度等;二是过程性指标,主要反映代理机构在自然资源资产保护和管理方面

---

① 参见马俊驹:《国家所有权的基本理论和立法结构探讨》,载《中国法学》2011 年第 4 期。

② 参见綦好东、赵瑾璇:《中央企业国资监管信息透明度:分析与评价》,载《财务与会计》2016 年第 17 期。

的工作情况，如自然资源资产登记率、清查率、监测率、评估率等；三是结果性指标，主要反映代理机构在自然资源资产开发利用方面的绩效情况，如自然资源资产开发许可数量、开发收益金额、开发效果评价等。①

指标设计应遵循以下方法。第一，问题导向方法。问题导向方法是指在制定考核评价指标时，以解决自然资源资产保护、管理、开发、利用等方面存在的主要问题为出发点，从问题的成因、表现、影响等方面入手，确定与问题相关的考核评价指标。第二，比较分析方法。比较分析方法是指在制定考核评价指标时，以参照其他国家或地区在自然资源资产所有权委托代理机制方面的经验和做法为依据，从国际或国内的先进水平和差距等方面入手，确定与参照对象相一致或相差异的考核评价指标。第三，指标优化方法。指标优化方法是指在制定考核评价指标时，以优化考核评价指标体系的结构和功能为目标，从指标的数量、质量、权重等方面入手，确定最能反映全民所有自然资源资产所有权委托代理机制效果的考核评价指标。

四、考核评价的法律关系构造

围绕“考核谁、谁来考、怎么考以及考核结果怎么用”等核心问题，构建全民所有自然资源资产考核评价工作机制应当包括以下两个要素。

（一）考核评价的主体

考核评价的主体是指在全民所有自然资源资产委托代理考核评价活动中承担考核评价职责和权力的机构或个人，也是实施考核评价的主导者和推动者。当前国家层面考核评价实施主体分为三类：一是由党中央、国务院组织考核，具体由党中央、国务院组成部门实施，如生态文明建设目标评价考核；二是由国务院组织考核，具体由国务院组成部门实施，如省级政府耕地保护责任目标考核、最严格水资源管理制度考

① 参见张潆文等：《乡村振兴战略导向下自然资源管理创新探究》，载《中国农业资源与区划》2020 年第 10 期。

核等;三是由国务院组成部门单独实施或牵头组织实施,如耕地占补平衡考核、中央企业负责人经营业绩考核等。① 根据全民所有自然资源资产委托代理机制的层次性和多元性,本书认为考核评价的主体应包括以下三类。

一是全国人大及其常委会。全民所有自然资源资产的所有者是国家和人民。国务院是代表国家行使所有权的主体,自然资源部是接受国务院授权统一行使全民所有自然资源资产所有权的主体。因此,最终意义上,全国人大是全民的代表机关,是最高决策者和监督者,可以代表全民是对国务院及自然资源部履行全民所有自然资源资产所有者职责的情况进行监督,可以组织对国务院及自然资源部履行全民所有者职责的情况进行评价。

二是作为委托方的自然资源部。自然资源部作为统一履行全民所有自然资源资产所有者职责的主体,是委托代理关系的委托方,有权对履行代理职责的地方政府管理全民所有自然资源资产进行考核评价,检查其是否履行了委托合同中规定的职责和义务,是否达到了预期的目标和效果,是否维护了委托方的合法权益。委托方可以通过设立专门的考核评价机构或者委托第三方机构的方式来实施考核评价活动。

三是社会公众。社会公众是指对全民所有自然资源资产保护、管理、开发、利用等方面有关注和诉求的社会各界人士,包括专业组织、学术机构、媒体机构、环境组织等。社会公众是全民所有自然资源资产委托代理机制的利益相关者和监督者,有权对代理机构进行考核评价,反映其对自然资源资产保护、管理、开发、利用等方面的意见和建议,监督其是否遵守了法律法规和社会道德,是否保障了社会公众的合法权益。社会公众可以通过参与公开咨询或者发表公开评论来实施考核评价活动。

(二)考核评价的对象

考核评价的对象是指在全民所有自然资源资产委托代理考核评价

---

① 参见周玉、邹朝晖:《全民所有自然资源资产管理考核评价机制与方法研究》,载《上海国土资源》2021 年第 1 期。

活动中,被考核评价主体进行考核评价的对象,是接受考核评价的被动者和受益者。自然资源部是统一履行全民所有者职责的部门,有义务接受全国人大及国务院的考核评价,地方政府作为接受自然资源部委托的代理方,可以按照法律法规和委托合同的规定,代表委托方行使自然资源资产保护、管理、开发、利用、监督等职责。代理机构是全民所有自然资源资产委托代理机制的执行者和参与者,有义务接受委托方的考核评价,反映其在自然资源资产保护、管理、开发、利用等方面的工作情况和绩效情况,提出其在自然资源资产保护、管理、开发、利用等方面存在的问题和改进建议。代理机构可以通过建立内部考核评价制度或者参与外部考核评价活动来实施考核评价活动。具体而言,根据全民所有自然资源资产委托代理机制的层次性和多元性,本书认为考核评价的对象应包括以下三类。

一是中央履行所有者职责的部门。国家层面的代理机构是指由国务院委托,代表国家行使全民所有自然资源资产保护、管理、开发、利用、监督等职责的机构,如自然资源部、水利部、林业局等。自然资源部是全民所有自然资源资产委托代理机制的核心和领导者,负责制定全国范围内的自然资源资产保护、管理、开发、利用等方面的政策、规划、标准等,指导和监督省级层面和市县层面的代理机构的工作。自然资源部应接受全国人大、国务院和社会公众的考核评价,反映其在全国范围内的自然资源资产保护、管理、开发、利用等方面的工作情况和绩效情况。

二是省级层面履行全民所有者职责的部门。省级层面的代理机构是指由省、自治区、直辖市人民政府委托,代表省级行政区域内的人民行使全民所有自然资源资产保护、管理、开发、利用、监督等职责的机构或个人,如省级国土资源厅(局)、水利厅(局)、林业厅(局)等。省级层面的代理机构是全民所有自然资源资产委托代理机制的桥梁和纽带,负责制定省级范围内的自然资源资产保护、管理、开发、利用等方面的政策、规划、标准等,协调和指导市县层面的代理机构的工作。省级层面的代理机构应接受委托方、国家层面的代理机构和社会公众的考核评价,反映其在省级范围内的自然资源资产保护、管理、开发、利用等方面的工作情况和绩效情况。①

三是市县层面履行全民所有者职责的部门。市县层面的代理机构是指由市县人民政府委托,代表市县行政区域内的人民行使全民所有自然资源资产保护、管理、开发、利用、监督等职责的机构或个人,如市县级国土资源局(处)、水利局(处)、林业局(处)等。市县层面的代理机构是全民所有自然资源资产委托代理机制的基础和执行者,负责实施市县范围内的自然资源资产保护、管理、开发、利用等方面的具体工作,服务和满足市县人民对自然资源资产保护、管理、开发、利用等方面的需求。市县层面的代理机构应接受委托方、国家层面和省级层面的代理机构和社会公众的考核评价,反映其在市县范围内的自然资源资产保护、管理、开发、利用等方面的工作情况和绩效情况。②

五、建立健全考核评价体系

全民所有自然资源资产所有权委托代理机制的考核评价体系是评估该机制有效性和实施情况的重要工具。建立科学合理的考核评价体系,可以帮助相关部门进行有效管理和监督,提高资源资产的保护和利用水平,确保国家和人民的权益。考核评价体系的构成要素应该包括考核评价目标、考核评价方式、考核评价实施以及考核评价结果评定等要素。

1. 考核评价的目标

考核评价目标是指考核评价活动要达到的预期效果,是指导考核评价体系建立的基础。根据全民所有自然资源资产所有权委托代理机制的总体目标,可以将考核评价目标分为以下三个方面:一是检查代理机构是否按照法律法规和委托合同的规定,履行自然资源资产保护、管理、开发、利用、监督等职责,维护委托方的合法权益;二是评价代理机构在自然资源资产保护、管理、开发、利用、监督等方面的绩效,反映自

---

① 参见张帆等:《全民所有自然资源资产委托代理初探——机制解析、模式总结与考核评价》,载《中国国土资源经济》2023 年第 10 期。

② 参见苏学武等:《市级全民所有自然资源资产管理考核评价制度建构》,载《中国国土资源经济》2023 年第 3 期。

然资源资产的价值变化和收益分配情况；三是提出代理机构在自然资源资产保护、管理、开发、利用、监督等方面的存在问题和改进建议，促进代理机构不断提高自然资源资产的保值增值能力和水平。

2. 考核评价的方式

考核评价方式是指考核评价活动要采用的具体形式和方法，是指导考核评价体系运行的手段。指标的权重反映指标在考核评价体系中的重要性，因此，必须科学合理确立指标的权重。根据全民所有自然资源资产委托代理机制的层次性和多元性，可以将考核评价方式分为以下两类：一是内部考核评价方式，主要指由委托方或者代理机构内部设立或者委托的专门机构或者个人，按照内部制定或者约定的标准和程序，对代理机构进行定期或者不定期的考核评价，如委托方设立的自然资源资产管理委员会或者代理机构设立的内部审计部门等；二是外部考核评价方式，主要指由委托方或者代理机构外部邀请或者聘请的专业机构或者个人，按照外部公开或者协商的标准和程序，对代理机构进行定期或者不定期的考核评价，如第三方咨询公司或者社会公众等。①

3. 考核评价的实施

考核评价实施是指考核评价活动要遵循的具体步骤和流程，是指导考核评价体系执行的规范。根据全民所有自然资源资产委托代理机制的动态性和前瞻性，可以将考核评价实施分为以下四个阶段：一是准备阶段，主要包括确定考核评价主体和对象、制定考核评价计划和方案、收集和整理相关数据和信息等工作；二是实施阶段，主要包括采用定量或者定性方法对代理机构进行综合或者专项考核评价、形成初步的考核评价报告和意见等工作；②三是反馈阶段，主要包括向代理机构和相关部门或者个人通报考核评价结果和建议、征求代理机构和相关部门或者个人的意见和反馈等工作；四是改进阶段，主要包括根据考核评价结果和建议，制定和实施相应的改进措施和方案，跟踪和监督改进

① 参见朱启贵：《新常态发展考核评价体系探究》，载《上海交通大学学报（哲学社会科学版）》2016 年第 4 期。

② 参见严耕、林震、吴明红：《中国省域生态文明建设的进展与评价》，载《中国行政管理》2013 年第 10 期。

效果等工作。①

4. 考核评价的结果评定

考核评价结果评定是指对考核评价活动的输出进行分析和判断，是指导考核评价体系完善的依据。根据全民所有自然资源资产委托代理机制的科学性和合理性，可以将考核评价结果评定分为以下两个方面：一是结果分析，主要包括对考核评价报告和意见进行梳理和归纳、对代理机构的优势和劣势进行识别和比较、②从对代理机构的问题和原因进行分析和诊断等工作；二是结果判断，主要包括对代理机构的绩效水平进行量化或者定性评价、对代理机构的改进空间进行预测或者推测、对代理机构的奖惩措施进行确定或者提出建议等工作。③

第三节　离任审计制度

一、离任审计的概念和内容

离任审计制度是指对所有权委托代理的代理人在其任期内的管理行为进行审查和评价的制度。该制度旨在保障全民所有自然资源资产的合理利用和有效保护，促进委托代理人履行环境保护责任，防止和惩治自然资源资产的损害和浪费。离任审计制度是环境法治建设的重要内容，也是实现生态文明建设目标的有效手段。④ 全民所有自然资源资产委托代理离任审计是指对委托代理人在其任期内对全民所有自然资

① 参见颜晗冰等：《长三角区域自然资源绩效管理及考核机制初步研究》，载《环境保护》2020 年第 16 期。

② 参见王雪松、任胜钢、袁宝龙：《我国生态文明建设分类考核的指标体系和流程设计》，载《中南大学学报（社会科学版）》2016 年第 1 期。

③ 参见李兆宜、苏利阳：《绩效导向的自然资源资产管理与改革》，载《中国行政管理》2019 年第 9 期。

④ 参见黄溶冰、刘雨晴：《领导干部自然资源资产离任审计中的责任界定》，载《财会月刊》2023 年第 3 期。

源资产的管理行为进行审查和评价的活动。① 该活动由国务院或者省、自治区、直辖市人民政府指定或者授权的机构或者组织负责实施，如审计机关、监察机关等。离任审计是一种特殊的审计形式，它不仅涉及财务方面的核算和监督，还涉及生态方面的评估和监督。离任审计既是一种事后性的监督手段，也是一种事前性的预防手段。② 自然资源资产离任审计对于促进领导干部落实自然资源资产管理和提升环境保护责任、加强环境保护工作、推动各个地区的生态文明建设具有重要意义。全民所有自然资源资产所有权委托代理机制离任审计对于促进代理机构、管理部门、行政领导落实自然资源资产管理和提升环境保护责任，加强环境保护工作，推动各个地区的生态文明建设具有重要意义。③

全民所有自然资源资产委托代理离任审计主要包括以下几个方面的内容：一是审查委托代理人是否依法履行了对全民所有自然资源资产的管理职责，是否遵守了国家有关法律法规和政策规定，是否按照国家有关标准和要求开展了自然资源资产清查、登记、核定、监测等工作。这一内容主要是对委托代理人在其任期内对全民所有自然资源资产的管理过程进行审查，检查其是否符合法律法规和政策规定，是否存在违法违规或者不规范的行为。二是检查委托代理人是否按照国家有关规定开展了全民所有自然资源资产登记工作，是否建立了完整准确的自然资源资产登记台账，是否及时更新了自然资源资产登记信息，是否公开了自然资源资产登记情况。三是检查委托代理人是否按照国家有关规定开展了全民所有自然资源资产核定工作，是否确定了全民所有自然资源资产的权属、数量、质量、价值等基本情况，是否制定了全民所有自然资源资产的使用计划和保护措施，是否制发了全民所有自然资源资产权证。四是检查委托代理人是否按照国家有关规定开展了全民所有自然资源资产监测工作，是否建立了科学合理的自然资源资产监测

① 参见李璐、苗蕾：《自然资源资产离任审计的治理效应研究——基于绿色经济视角》，载《经济问题》2022 年第 10 期。

② 参见郭鹏飞：《中国资源环境审计的发展历程、理论表征与实践深化》，载《重庆社会科学》2021 年第 3 期。

③ 参见房巧玲、孙薇：《自然资源资产离任审计、管理层动机与企业环境治理》，载《会计与经济研究》2023 年第 2 期。

体系,是否定期开展了自然资源资产监测活动,是否及时掌握了自然资源资产的动态变化情况,是否及时报告了自然资源资产的监测结果。[①]这主要是为了防止出现矿产资源、土地资源等在出让和交易过程中资源的流失和闲置浪费等问题,重点检查和揭露资源在审批中的违法行为,防止低价转让、内部交易等腐败行为导致的国有资产流失和浪费等问题,维护资源安全。[②] 简而言之:审计自然资源开发和使用者中投入的资金,以及产生的经济收益,审计领导干部任期内对自然资源管理和保护的情况,审计自然资源资产的经济价值、生态价值和社会价值,审计在任期内执行决策的过程中是否存在违反相关法律法规、政策的情况。[③]

二、离任审计的指标体系

全民所有自然资源资产委托代理离任审计的指标体系是指用于对委托代理人在其任期内对全民所有自然资源资产的管理行为进行审查和评价的一系列标准和规范。该指标体系应当科学合理、系统完整、操作简便,能够全面反映委托代理人对全民所有自然资源资产的管理情况,能够有效地指导和规范全民所有自然资源资产委托代理离任审计的实施。

第一,法律法规和政策规定方面。这一方面主要是对委托代理人是否遵守了国家有关法律法规和政策规定进行审查,包括其是否符合国家有关自然资源资产管理的基本原则、目标、任务、职责等,是否执行了国家有关自然资源资产管理的法律法规、政策规定、制度安排等,是否依法履行了对全民所有自然资源资产的管理职责等。这一方面的指标主要有以下几个,其一,法律法规遵守率:指委托代理人在其任期内对全民所有自然资源资产的管理行为符合国家有关法律法规的比例。其二,政

① 参见唐勇军、马欣钰、马文超:《领导干部自然资源资产离任审计、社会资本和企业环境绩效——基于试点方案的准自然实验》,载《审计研究》2023 年第 2 期。

② 参见孙亦军:《建立国有自然资源性资产管理体制的思考》,载《中央财经大学学报》2004 年第 5 期。

③ 参见杨蕾:《领导干部自然资源资产离任审计评价指标体系构建》,载《商业会计》2016 年第 16 期。

策规定执行率：指委托代理人在其任期内对全民所有自然资源资产的管理行为执行国家有关政策规定的比例。其三，制度安排落实率：指委托代理人在其任期内对全民所有自然资源资产的管理行为落实国家有关制度安排的比例。其四，管理职责履行率：指委托代理人在其任期内对全民所有自然资源资产的管理行为履行其法定职责的比例。①

第二，清查、登记、核定、监测等工作方面。这一方面主要是对委托代理人是否按照国家有关标准和要求开展了自然资源资产清查、登记、核定、监测等工作进行审查，包括其是否建立了完善的自然资源资产清查、登记、核定、监测体系，是否及时准确地完成了自然资源资产清查、登记、核定、监测工作，是否公开透明地报告了自然资源资产清查、登记、核定、监测情况等。这一方面的指标主要有以下几个，其一，清查工作完成率：指委托代理人在其任期内完成全民所有自然资源资产清查工作的比例。其二，登记工作完成率：指委托代理人在其任期内完成全民所有自然资源资产登记工作的比例。其三，核定工作完成率：指委托代理人在其任期内完成全民所有自然资源资产核定工作的比例。其四，监测工作完成率：指委托代理人在其任期内完成全民所有自然资源资产监测工作的比例。

第三，管理效果和协调统一方面。这一方面主要是对委托代理人在其任期内对全民所有自然资源资产的管理效果和协调统一进行评价，包括其是否实现了自然资源资产保值增值的目标，是否促进了自然资源资产与经济社会发展和生态环境保护的协调统一等。这一方面的指标主要有以下几个，其一，保值增值率：指委托代理人在其任期内全民所有自然资源资产的价值增长率。其二，收益分配率：指委托代理人在其任期内全民所有自然资源资产的收益分配率，即将全民所有自然资源资产的收益按照国家有关规定分配给国家和全体人民的比例。

三、离任审计的构成要素

全民所有自然资源资产委托代理离任审计的构成要素是指支撑和

---

① 参见常纪文：《国有自然资源资产管理体制改革的建议与思考》，载《中国环境管理》2019 年第 1 期。

保障全民所有自然资源资产委托代理离任审计顺利实施的一些基本因素，包括离任审计目标、离任审计主体、离任审计准则、离任审计程序和方法等。这些构成要素相互联系、相互制约，共同构成了全民所有自然资源资产委托代理离任审计制度的基本框架和运行机制。

（一）离任审计目标

离任审计目标是指全民所有自然资源资产委托代理离任审计的最终目的和期望结果，是全民所有自然资源资产委托代理离任审计的出发点和归宿点，是全民所有自然资源资产委托代理离任审计的价值取向和评价标准。① 根据前文所述，全民所有自然资源资产委托代理离任审计的目标主要有以下几个方面：一是保障国家和全体人民对全民所有自然资源资产的所有权和支配权，防止国家财产流失和损耗，维护国家主权和安全。二是促进全民所有自然资源资产的合理利用和有效保护，实现自然资源资产保值增值，提高国家财富水平和综合国力。三是推动委托代理人履行环境保护责任，规范其管理行为，防止和惩治其违法违规使用或者处置自然资源资产的行为。四是加强对全民所有自然资源资产管理情况的监督和评价，提高管理效率和水平，促进管理创新和改革。

（二）离任审计主体

离任审计主体是指参与全民所有自然资源资产委托代理离任审计的各方主体，包括被审计主体、审计主体和受益主体。这些主体在全民所有自然资源资产委托代理离任审计中扮演着不同的角色，承担着不同的职责，享有着不同的权利。一是被审计主体，是指所有权委托代理的代理人，即国务院或者省、自治区、直辖市人民政府授权或者委托管理全民所有自然资源资产的机构或者组织。被审计主体在全民所有自然资源资产委托代理离任审计中的角色是被监督者、被评价者、被问责者。二是审计主体，是指负责实施全民所有自然资源资产委托代理离任审计的机构或者组织，即国务院或者省、自治区、直辖市人民政府指

① 参见黄溶冰：《领导干部自然资源资产离任审计评价指标体系构建——基于主体功能区的视角》，载《湖湘论坛》2020 年第 3 期。

定或者授权的审计机关、监察机关等。审计主体在全民所有自然资源资产委托代理离任审计中的角色是监督者、评价者、问责者。三是受益主体，是指享有全民所有自然资源资产收益和权益的主体，即国家和全体人民。受益主体在全民所有自然资源资产委托代理离任审计中的角色是监督者、参与者、受益者。

（三）离任审计准则

离任审计准则是指用于对全民所有自然资源资产委托代理离任审计的过程和结果进行规范和评价的一系列标准和规范，是全民所有自然资源资产委托代理离任审计的依据和指南，是全民所有自然资源资产委托代理离任审计的质量和效果的保证。离任审计准则主要包括以下几个方面：一是法律法规和政策规定方面的准则。这一方面的准则主要是指国家有关全民所有自然资源资产管理和委托代理离任审计的法律法规和政策规定，其是全民所有自然资源资产委托代理离任审计的最高准则，具有强制性、权威性、统一性，全民所有自然资源资产委托代理离任审计必须遵守和执行这些法律法规和政策规定，不得违反或者超越这些法律法规和政策规定。二是专业标准和技术规范方面的准则。这一方面的准则主要是指国家或者行业有关全民所有自然资源资产管理和委托代理离任审计的专业标准和技术规范，包括《全民所有自然资源资产清查标准》等。这些专业标准和技术规范是全民所有自然资源资产委托代理离任审计的具体准则，具有科学性、实用性、操作性，全民所有自然资源资产委托代理离任审计应当参照和遵循这些专业标准和技术规范，不得偏离或者低于这些专业标准和技术规范。三是行业惯例和社会公认方面的准则。这一方面的准则主要是指在全民所有自然资源资产管理和委托代理离任审计实践中形成并得到广泛认可的行业惯例和社会公认，包括《全民所有自然资源资产委托代理离任审计指南》等。这些行业惯例和社会公认是全民所有自然资源资产委托代理离任审计的补充准则，具有灵活性、适应性、创新性，全民所有自然资源资产委托代理离任审计可以根据具体情况借鉴和运用这些行业惯例和社会公认，不得违背或者抵触这些行业惯例和社会公认。

(四)离任审计程序和方法

离任审计程序和方法是指用于实施全民所有自然资源资产委托代理离任审计的一系列步骤和技术,是全民所有自然资源资产委托代理离任审计的具体方式和手段,是全民所有自然资源资产委托代理离任审计的效率和效果的保障。离任审计程序和方法主要包括以下几个方面。

一是前期准备阶段。这一阶段主要是为全民所有自然资源资产委托代理离任审计做好充分的准备工作,包括以下几个步骤:(1)确定离任审计对象:根据国家有关法律法规和政策规定,确定需要进行全民所有自然资源资产委托代理离任审计的机构或者组织,以及其管理的全民所有自然资源资产的范围和类型。(2)确定离任审计时间:根据国家有关法律法规和政策规定,确定全民所有自然资源资产委托代理离任审计的具体时间,一般应当在委托代理人离任前或者离任后一个月内进行。(3)确定离任审计内容:根据国家有关法律法规和政策规定,确定全民所有自然资源资产委托代理离任审计的具体内容,一般应当包括对委托代理人在其任期内对全民所有自然资源资产的管理过程、管理结果、管理效果等进行审查和评价。(4)确定离任审计目标:根据国家有关法律法规和政策规定,确定全民所有自然资源资产委托代理离任审计的具体目标,一般应当包括保障国家和全体人民对全民所有自然资源资产的所有权和支配权、促进全民所有自然资源资产的合理利用和有效保护、推动委托代理人履行环境保护责任、加强对全民所有自然资源资产管理情况的监督和评价等。(5)制定离任审计方案:根据国家有关法律法规和政策规定,制定全民所有自然资源资产委托代理离任审计的具体方案,包括离任审计的指标体系、准则标准、程序方法等。

二是现场执行阶段。这一阶段主要是按照制定好的方案,实施全民所有自然资源资产委托代理离任审计工作,包括以下几个步骤:(1)通知被审计主体:向被审计主体发出正式的通知书,告知其需要进行全民所有自然资源资产委托代理离任审计的事实、原因、时间、内容、目标等,并要求其配合并提供必要的协助和支持。(2)收集数据信息:

从被审计主体处获取有关全民所有自然资源资产管理情况的数据和信息，包括财务数据、生态数据、管理数据等，并对其进行核实、整理、归类等工作。[①] (3)分析评价数据信息：运用专业知识和技能，对收集到的数据和信息进行分析和评价，包括对委托代理人在其任期内对全民所有自然资源资产的管理过程、管理结果、管理效果等进行审查和评价，对存在的问题和不足进行发现和诊断，对造成的损失和后果进行计量和估算。(4)形成审计意见建议：根据分析评价的结果，形成全民所有自然资源资产委托代理离任审计的意见和建议，包括对委托代理人的管理行为进行评价和处理，对存在的问题和不足提出整改措施和改进方案，对造成的损失和后果提出责任追究和赔偿处理的意见，对表现优秀的委托代理人给予表彰和奖励。

三是后期总结阶段。这一阶段主要是对全民所有自然资源资产委托代理离任审计工作进行总结和反馈，包括以下几个步骤：(1)提交审计报告：将撰写好的全民所有自然资源资产委托代理离任审计报告提交给国务院或者省、自治区、直辖市人民政府，以及其他有关部门或者机构，并向社会公开。(2)反馈审计结果：将全民所有自然资源资产委托代理离任审计的结果反馈给被审计主体、受益主体等相关方，让他们了解全民所有自然资源资产管理情况，并听取他们对全民所有自然资源资产委托代理离任审计工作的意见和建议。(3)督促整改落实：督促被审计主体按照全民所有自然资源资产委托代理离任审计报告提出的整改措施和改进方案进行整改和改进，并在规定的时间内完成整改和改进，并进行跟踪监督。(4)执行责任追究：按照国家有关法律法规和政策规定，对被审计主体造成损害或者浪费的行为进行责任追究和赔偿处理，包括行政处罚、经济处罚或者刑事处罚等，并要求其赔偿相应的损失。[②]

---

① 参见康爱香、宋旭阳：《自然资源资产负债表研究述评与展望》，载《统计与决策》2021 年第 11 期。

② 参见唐洋、董怡颖、阳秋林：《国家治理视角下领导干部自然资源资产离任审计理论框架的构建》，载《中国内部审计》2023 年第 6 期。

四、离任审计的制度保障

(一)建立以定责为基础的审计结果问责机制

以定责为基础的审计结果问责机制是指根据全民所有自然资源资产委托代理离任审计的结果,①对被审计主体造成损害或者浪费的行为进行责任追究和赔偿处理的机制,这是全民所有自然资源资产委托代理离任审计的重要内容和目标,也是保障国家财产安全、维护国家主权和安全、促进国家财富增长、推动生态文明建设的有效手段。设立以定责为基础的审计结果问责机制,主要有以下几个方面的意义:一是有利于强化被审计主体对全民所有自然资源资产管理的责任意识,规范其管理行为,防止其违法违规使用或者处置自然资源资产的行为。二是有利于保障国家和全体人民对全民所有自然资源资产的所有权和支配权,防止国家财产流失和损耗,维护国家主权和安全。三是有利于促进全民所有自然资源资产的合理利用和有效保护,实现自然资源资产保值增值,提高国家财富水平和综合国力。四是有利于推动委托代理人履行环境保护责任,规范其管理行为,防止和惩治其违法违规使用或者处置自然资源资产的行为。②

为了设立以定责为基础的审计结果问责机制,应当做好以下几个方面的工作。一是明确责任主体,即明确造成损害或者浪费的行为的责任主体,包括直接责任主体、间接责任主体、共同责任主体等,并确定其具体的责任类型、责任程度、责任范围等。二是明确责任标准,即明确造成损害或者浪费的行为的责任标准,包括法律法规和政策规定方面的标准、专业标准和技术规范方面的标准、行业惯例和社会公认方面的标准等,并确定其具体的适用条件、适用方式、适用效果等。三是明确责任方式,即明确造成损害或者浪费的行为的责任方式,包括行政处罚、经济处罚或者刑事处罚等,并确定其具体的执行程序、执行方法、执

---

① 参见黄溶冰、刘雨晴:《领导干部自然资源资产离任审计中的责任界定》,载《财会月刊》2023 年第 3 期。

② 参见黄溶冰、谢晓君:《领导干部自然资源资产离任审计能提升政府环境治理执行力吗?》,载《审计与经济研究》2022 年第 4 期。

行效果等。四是明确责任结果，即明确造成损害或者浪费的行为的责任结果，包括赔偿处理、整改改进或者表彰奖励等，并确定其具体的计算方法、执行方法、评价方法等。

（二）编制自然资源资产负债表

自然资源资产负债表是指反映全民所有自然资源资产的数量、质量、价值等情况的一种会计报表，是全民所有自然资源资产管理的重要依据和工具，是全民所有自然资源资产委托代理离任审计的重要数据和信息来源。编制自然资源资产负债表，主要有以下几个方面的意义：一是有利于科学地评估全民所有自然资源资产的总量和结构，为全民所有自然资源资产管理提供准确的数据和信息支撑。二是有利于合理地核算全民所有自然资源资产的收益和成本，为全民所有自然资源资产管理提供有效的财务和经济依据。三是有利于有效地监测全民所有自然资源资产的变化和影响，为全民所有自然资源资产管理提供及时的生态和环境依据。四是有利于全面地反映全民所有自然资源资产的状况和问题，为全民所有自然资源资产管理提供客观的评价和诊断依据。

为了编制自然资源资产负债表，应当做好以下几个方面的工作。一是制定统一的编制标准，制定统一的全民所有自然资源资产负债表的编制标准，包括编制目的、编制范围、编制内容、编制方法、编制格式等，并按照国家有关法律法规和政策规定进行修订和更新。二是开展全面的清查登记，开展全面的全民所有自然资源资产清查登记工作，包括对全民所有自然资源资产的数量、质量、价值等进行清查登记，并对其进行核实、整理、归类等工作。三是建立完善的核定监测，建立完善的全民所有自然资源资产核定监测工作，包括对全民所有自然资源资产的数量、质量、价值等进行核定监测，并对其进行分析、评价、预警等工作。四是形成规范的报告呈现，形成规范的全民所有自然资源资产负债表报告呈现工作，包括按照统一的编制标准，将清查登记和核定监测的结果汇总成全民所有自然资源资产负债表，并按照规定的格式和要求进行编制。[①]

（三）建立审计结果的反馈利用机制

审计结果的反馈利用机制是指将全民所有自然资源资产委托代理离任审计的结果反馈给相关方，[②]并根据反馈结果进行相应的利用和处理的机制，该机制是全民所有自然资源资产委托代理离任审计工作闭环管理的机制，也是提高全民所有自然资源资产委托代理离任审计工作质量和效果的重要手段。[③] 建立审计结果的反馈利用机制，主要有以下几个方面的意义：一是有利于及时地向相关方通报全民所有自然资源资产管理情况，增强相关方对全民所有自然资源资产管理的了解和参与，提高相关方对全民所有自然资源资产管理的满意度和信任度。二是有利于认真地听取相关方对全民所有自然资源资产委托代理离任审计工作的意见和建议，吸收相关方的经验和智慧，提高全民所有自然资源资产委托代理离任审计工作的科学性和民主性。三是有利于有效地督促被审计主体执行整改措施和改进方案，促进被审计主体改进全民所有自然资源资产管理，提高被审计主体对全民所有自然资源资产管理的责任意识和能力水平。四是有利于积极地激励表现优秀的委托代理人，树立全民所有自然资源资产管理的典型和标杆，提高全民所有自然资源资产管理的水平和质量。

为了建立审计结果的反馈利用机制，应当做好以下几个方面的工作。一是明确的反馈对象，明确需要将全民所有自然资源资产委托代理离任审计的结果反馈给哪些相关方，包括被审计主体、受益主体、国务院或者省、自治区、直辖市人民政府、其他有关部门或者机构、社会公众等，并确定其具体的反馈内容、反馈方式、反馈时间等。二是规范的反馈内容，规范需要将全民所有自然资源资产委托代理离任审计的结果反馈给相关方的内容，包括全民所有自然资源资产委托代理离任审

① 参见杨野、张军、韩冰：《自然资源资产离任审计与环境信息披露——基于120个环保重点城市的经验证据》，载《兰州学刊》2021年第9期。

② 参见华文英：《领导干部自然资源资产离任审计的内容及路径研究》，载《湖南社会科学》2018年第3期。

③ 参见李杉杉：《自然资源资产离任审计问题探讨》，载《财会通讯》2022年第17期。

计报告、全民所有自然资源资产委托代理离任审计意见和建议、全民所有自然资源资产委托代理离任审计整改措施和改进方案等,并按照规定的格式和要求进行编制。三是有效的反馈方式,应提出将全民所有自然资源资产委托代理离任审计的结果反馈给相关方的有效方式,包括书面反馈、口头反馈、网络反馈、媒体反馈等,并根据不同的反馈对象和内容选择合适的反馈方式。四是及时的反馈时间,指将全民所有自然资源资产委托代理离任审计的结果反馈给相关方的时间,包括定期反馈、不定期反馈、应急反馈等,并根据不同的反馈对象和内容确定合理的反馈时间。①

(四)完善联合审计机制

联合审计是指由国务院或者省、自治区、直辖市人民政府指定或者授权的多个审计机关或者监察机关共同实施全民所有自然资源资产委托代理离任审计工作,或者由国务院或者省、自治区、直辖市人民政府指定或者授权的审计机关或者监察机关与其他有关部门或者机构、外部专家、社会组织等共同实施全民所有自然资源资产委托代理离任审计工作的一种审计方式,这是全民所有自然资源资产委托代理离任审计工作的创新和发展,也是提高全民所有自然资源资产委托代理离任审计工作质量和效果的有效途径。开展联合审计,主要有以下几个方面的意义:一是有利于充分发挥各方的优势和专长,形成全民所有自然资源资产委托代理离任审计工作的合力和协同,从而提高全民所有自然资源资产委托代理离任审计工作的效率和水平。二是有利于拓展全民所有自然资源资产委托代理离任审计工作的视野和范围,增加全民所有自然资源资产委托代理离任审计工作的数据和信息来源,提高全民所有自然资源资产委托代理离任审计工作的科学性和客观性。三是有利于增强全民所有自然资源资产委托代理离任审计工作的公信力和影响力,增加全民所有自然资源资产委托代理离任审计工作的参与度和透明度,提高全民所有自然资源资产委托代理离任审计工作的民主

① 参见张晶:《自然资源资产离任审计制度规范架构研究——基于法制现代化视域下》,载《当代经济》2019 年第 6 期。

性和公正性。四是有利于促进全民所有自然资源资产委托代理离任审计工作的创新和发展,引入全民所有自然资源资产委托代理离任审计工作的新思路和新方法,提高全民所有自然资源资产委托代理离任审计工作的灵活性和适应性。

第四节　司法监督

一、司法监督的内涵和意义

所有权委托代理司法监督是指司法机关对所有权委托代理的代理人及其管理行为进行审查、裁判、检察等司法活动,以保障和促进全民所有自然资源资产管理的一种监督方式。① 它是全民所有自然资源资产委托代理监督体系的重要组成部分,也是保障和促进全民所有自然资源资产管理的有效手段。此外,它也是一种基于法律的监督方式,即它是依据宪法和有关法律法规和政策规定进行的监督活动,遵循法律的原则和程序,受到法律的约束和保护。同时,它还是一种针对委托代理人及其管理行为的监督方式,即它是针对所有权委托代理的代理人及其管理行为进行的监督活动,旨在防止和惩治委托代理人违法违规使用或者处置自然资源资产的行为,保障国家和全体人民对全民所有自然资源资产的所有权和支配权。

所有权委托代理司法监督的意义在于它是保障国家财产安全和国家利益的重要手段,即它能够有效地防止和惩治委托代理人违法违规使用或者处置自然资源资产的行为,保障国家和全体人民对全民所有自然资源资产的所有权和支配权,防止国家财产流失和损耗,维护国家主权和安全。同时,它是促进国家财富增长和生态文明建设的重要手段,即它能够有效地促进委托代理人合理利用和有效保护自然资源资产,实现自然资源资产保值增值,从而提高国家财富水平和综合国力,促进生态系统的恢复和保护,实现人与自然的和谐共生。

---

① 参见张恒山:《权利与法律权利概念再辨析》,载《中外法学》2002 年第 4 期。

二、司法监督的权源

所有权委托代理司法监督的权源是指赋予司法机关对所有权委托代理人及其管理行为进行审查、裁判、检察等司法活动的权力的来源，①是委托代理司法监督的法律依据和根据。所有权委托代理司法监督的权源主要包括以下几个方面。一是宪法。宪法是国家的根本法，是国家一切法律法规和政策规定的最高依据，是国家一切权力和活动的最高准则。宪法赋予司法机关对委托代理人及其管理行为进行审查、裁判、检察等司法活动的权力，是司法监督的最高权源。② 二是有关法律。具体而言，有关法律赋予司法机关对委托代理人及其管理行为进行审查、裁判、检察等司法活动的权力，主要体现在以下几个方面：(1)有关法律规定了全民所有自然资源资产的管理制度和委托代理制度，即有关法律规定了全民所有自然资源资产的管理目标、内容、方式、标准等，以及委托代理人的职责、权限、考核等，为司法机关对委托代理人及其管理行为进行审查、裁判、检察等司法活动提供了具体的依据和指导。(2)有关法律规定了全民所有自然资源资产的离任审计制度和社会监督制度，即有关法律规定了离任审计人的程序、方法、结果等，以及社会监督主体的参与、反馈、利用等，为司法机关对所有权委托代理的代理人及其管理行为进行审查、裁判、检察等司法活动提供了必要的数据和信息支撑和协调配合。(3)有关法律规定了全民所有自然资源资产的诉讼制度和诉讼程序，即有关法律规定了涉及国家财产权益纠纷或者行政争议的案件的受理条件、管辖范围、审理方式、诉讼参与人、证据规则、裁判方式等，为司法机关对所有权委托代理的代理人及其管理行为进行审查、裁判、检察等司法活动提供了明确的规范和程序。

---

① 参见王明远：《论我国环境公益诉讼的发展方向：基于行政权与司法权关系理论的分析》，载《中国法学》2016 年第 1 期。

② 参见汪志刚：《自然资源资产国家所有权委托代理的法律性质》，载《法学研究》2023 年第 2 期。

三、司法监督的模式

(一)司法监督的一般模式

司法监督的一般模式是指司法机关对所有权委托代理人及其管理行为进行审查、裁判、检察等司法活动的常规和普遍的模式,是司法监督的基本和主要的模式。所有权委托代理司法监督的一般模式主要包括以下几个方面。

第一,检察模式。检察模式包括两种情况,一是检察机关对所有权委托代理的代理人及其管理行为进行审查,以确定其是否合法、合规、合理的一种司法活动。审查模式主要由人民检察院实施,包括对委托代理人及其管理行为进行立案审查、侦查监督、审前审查、审判监督等。[①] 检察模式的目的是防止和纠正委托代理人及其管理行为的违法违规行为,保障国家和全体人民对全民所有自然资源资产的所有权和支配权,维护国家财产安全和国家利益。二是检察机关对损害国家和全体人民对全民所有自然资源资产的所有权和支配权,损害国家财产安全和国家利益的行为进行检察,以确定其是否构成犯罪并依法追究刑事责任的一种司法活动模式。检察模式主要由人民检察院实施,包括对涉案行为进行侦查、起诉、抗诉等。检察模式的目的是惩治和预防损害国家和全体人民对全民所有自然资源资产的所有权和支配权,以及损害国家财产安全和国家利益的行为,保护国家主权和安全。

第二,裁判模式。裁判模式是指司法机关对涉及全民所有自然资源资产管理情况、委托代理情况、离任审计情况等国家财产权益纠纷或者行政争议的案件进行裁判,以确定各方当事人的权利义务关系和责任归属的一种司法活动模式。[②] 裁判模式主要由人民法院实施,包括对涉案案件进行受理、审理、裁判、执行等。裁判模式的目的是解决和化解涉及全民所有自然资源资产管理情况、委托代理情况、离任审计情况等国家财产权益纠纷或者行政争议的案件,保障各方当事人的合法权

---

① 参见郭贯成、崔久富、李学增:《全民所有自然资源资产“三权分置”产权体系研究——基于委托代理理论的视角》,载《自然资源学报》2021 年第 10 期。

② 参见郭武:《论中国环境诉讼类型的整合策略》,载《东方法学》2022 年第 6 期。

益,维护社会公平正义。

(二)公益诉讼模式

公益诉讼是指由国家机关或者社会组织等特定主体,为了维护国家和社会的公共利益而对损害国家和社会的公共利益的行为提起的诉讼,其是一种特殊的司法活动模式。① 公益诉讼是所有权委托代理司法监督的特殊模式,是对所有权委托代理司法监督的一般模式的补充和完善,是提高所有权委托代理司法监督的效果和水平的有效途径。

在所有权委托代理中,建立公益诉讼制度主要有以下几个方面的意义:一是有利于保障代理人忠实勤勉地履行所有者职责。通过公益诉讼,可以对代理人不履行或不当履行所有者职责的行为进行监督。二是有利于促进国家财富增长和生态文明建设,特别是促进全民所有自然资源资产的合理利用和有效保护,实现自然资源资产保值增值。通过公益诉讼,可以有效地促进委托代理人合理利用和有效保护自然资源资产,实现自然资源资产保值增值,提高国家财富水平和综合国力,促进生态系统的恢复和保护,实现人与自然的和谐共生。② 三是有利于增强社会公信力和社会公平正义,③特别是增强社会公众对全民所有自然资源资产管理情况、委托代理情况、离任审计情况、社会监督情况等数据和信息的了解、参与、满意、信任、支持、认同。通过公益诉讼,可以有效地增强社会公众对全民所有自然资源资产管理情况、委托代理情况、离任审计情况、社会监督情况等数据和信息的了解、参与、满意、信任、支持、认同,增强社会公众对全民所有自然资源资产管理工作的监督能力和参与程度。④

在所有权委托代理司法监督中建立公益诉讼制度,主要需要做好

---

① 参见张忠民:《检察机关试点环境公益诉讼的回溯与反思》,载《甘肃政法学院学报》2018 年第 6 期。

② 参见胡淑珠:《从制裁到治理:环境公益诉讼案件生态环境修复执行机制研究》,载《中国应用法学》2023 年第 1 期。

③ 参见王太高、唐张:《论检察机关提起公益诉讼的体系展开》,载《苏州大学学报(法学版)》2023 年第 1 期。

④ 参见于文轩、孙昭宇:《生态环境损害司法救济体系的优化路径》,载《吉首大学学报(社会科学版)》2022 年第 4 期。

以下几个方面的工作。一是完善公益诉讼的法律规范,完善有关公益诉讼的法律规范,明确公益诉讼的定义、原则、范围、条件、程序、效力等,并与其他相关法律规范相协调统一。完善公益诉讼的法律规范,既要符合宪法和有关法律的规定,又要适应全民所有自然资源资产委托代理机制的特点和要求;既要保障公益诉讼的权利主体和义务主体的合法权益,又要保障公益诉讼的公共利益和社会效益。二是明确公益诉讼的主体资格,明确有权利或者有义务提起公益诉讼的特定主体,[①]包括人民检察院、人民政府及其有关部门或者机构、社会组织等,并确定其具体的职责和权限。明确公益诉讼的主体资格,既要遵循法律授权和法定程序的原则,又要遵循实际需要和实践经验的原则;既要保障公益诉讼的主体资格的合法性和有效性,又要保障公益诉讼的主体资格的广泛性和活跃性。三是规范公益诉讼的程序规则,规范有关公益诉讼的程序规则,包括公益诉讼的受理、审理、裁判、执行等,并与其他相关程序规则相协调统一。规范公益诉讼的程序规则,既要遵循法律规定和司法惯例的原则,又要遵循简便快捷和适度灵活的原则;既要保障公益诉讼的程序规则的科学性和合理性,又要保障公益诉讼的程序规则的适用性和操作性。四是强化公益诉讼的效力保障,强化有关公益诉讼的效力保障,包括公益诉讼的裁判结果、司法救济、司法责任等,并与其他相关效力保障相协调统一。[②] 强化公益诉讼的效力保障,既要遵循法律确定和司法尊重的原则,又要遵循实效优先和问题导向的原则;既要保障公益诉讼的效力保障的完整性和严肃性,又要保障公益诉讼的效力保障的及时性和有效性。

四、全民所有自然资源资产损害的司法救济

(一)建立全民所有自然资源资产损害司法救济机制的必要性

损害是民法尤其是侵权责任法中的基础性概念之一,主要是指对

① 参见赵旭光、李红枫:《社会主义生态文明建设的法治保障》,载《中国行政管理》2017 年第 12 期。

② 参见孙昭宇:《生态环境损害赔偿制度的问题检视与体系重塑》,载《江苏大学学报(社会科学版)》2021 年第 5 期。

合法权益的不利益影响。全民所有自然资源资产损害是指全民所有自然资源资产相关权利及其形成的合法利益所遭受的不利影响。[①] 自然资源资产损害赔偿,是指由于行为人违反法律规定,实施了侵占或者破坏具有稀缺性、有用性、产权明确的自然资源的经济、生态、社会价值的行为,为维护受害人的所有者权益,要求违法行为人依据民事相关法律法规承担责任的过程。[②]

在我国现行立法之中,并没有与"自然资源资产损害赔偿责任"这一概念直接对应的专门性法律制度或规范。因此,"强化自然资源资产损害赔偿责任"只是国家对于自然资源资产损害救济的法政策要求,而不是法律上的规范表达。[③] 在现有立法中尚未确立专门规定的情况下,自然资源资产损害赔偿责任已经广泛走入司法视野,成为相关案件十分常见的责任形式。但存在"同时适用自然资源资产损害赔偿责任与生态环境损害赔偿责任""未明确区分自然资源资产损害赔偿责任与生态环境损害赔偿责任""同时提及自然资源损失和生态环境破坏,但仅适用生态环境损害赔偿责任"等不同裁判态度;存在赔偿金上缴国库、由相关部门领取、存入公益诉讼资金账户或者存入生态环境赔偿资金账户等不同处理方式;在赔偿自然资源资产损失与没收违法所得之间,同时存在并行适用、替代使用、予以折抵等三种处理方式。[④] 因此,在委托代理机制试点中,有必要探索建立全民所有自然资源资产损害司法救济机制,以更好地发挥司法保护全民所有自然资源资产的作用和功能。

1. 现有损害救济机制无法圆满保护全民所有自然资源资产权益

现实中导致自然资源资产权益损害类型包括因自然资源自身形态

① 参见曹炜:《自然资源资产损害赔偿责任的路径组合和规范构建》,载《北京大学学报(哲学社会科学版)》2023 年第 2 期。

② 参见郝欣欣:《全民所有自然资源资产损害赔偿定位问题研究》,载《中国国土资源经济》2022 年第 9 期。

③ 参见曹炜:《自然资源资产损害赔偿责任的路径组合和规范构建》,载《北京大学学报(哲学社会科学版)》2023 年第 2 期。

④ 参见曹炜、张舒:《自然资源资产损害赔偿责任的司法适用与理论反思》,载《贵州大学学报(社会科学版)》2023 年第 4 期。

破坏或质量降低而导致的资产损害和因相关主体违法行使全民所有自然资源资产委托代理权利而导致的资产损害。前者涉及资产损害与相关损害的竞合与区分、索赔主体的确认、赔偿范围的确定等问题,而且该类损害赔偿实践在我国尚未实际展开,亟待在理论研究及制度设计层面提供说理支持与规范依据。后者则通常将其置于公法框架内进行救济,主要通过对违法行使权利行为的纠正与制裁的方式进行处理,往往也能实现将受到损害的全民所有自然资源资产权益恢复至原有状态的目标,但基本不涉及赔偿的问题。此外,囿于重自然资源产业监管而轻资产监管的认知惯性和制度框架,面对自然资源资产损害,实践中一般通过行政执法与刑事责任追究等方式对损害责任人进行制裁,这种路径能够在一定程度上实现惩戒和威慑,但欠缺填补和修复的"救济"手段。生态环境损失单独主张较为常见,与资产损失复合主张、环境资源损害一体主张情形也有发生,这表明全民所有自然资源资产损害赔偿未被专门考虑。就实践现状而言,全民所有自然资源资产损害赔偿的索赔通道远未通畅。①

自然资源资产损害的司法救济路径,是指由代表国家行使所有权的主体以及相关主体通过提起诉讼的方式对自然资源资产损害进行救济:一是由代表国家行使自然资源所有权的主体依据民法上的侵权损害赔偿规则提起诉讼;二是由特定主体依据自然资源单行法中的规定提起诉讼;三是由检察机关在刑事附带民事诉讼、刑事附带民事公益诉讼或公益诉讼中提出诉讼请求,救济受损的国家利益。目前其存在以下不足:第一,在《民法典》侵权责任编中,并不存在有关自然资源资产损害赔偿责任的特殊规定,因此,自然资源资产侵权责任应当属于一般侵权责任。但是由于自然资源利用和管理的专业性、复杂性,不同类型自然资源资产损害责任在侵权行为、损害后果、过错、因果关系等构成要件的认定上具有一定的特殊性,法院的认识并不一定准确。第二,由于缺乏专门的程序性规定,法院在司法实践中就程序性问题的认识也不统一。第三,就目前不同诉讼程序的数量来看,存在不同类型诉讼失

① 参见宦吉娥、谢亚恬、王艺:《全民所有自然资源资产损害赔偿的制度逻辑》,载《中国国土资源经济》2023 年第 7 期。

衡的情况。由自然资源主管部门单独提起诉讼的情况极少,绝大多数情况下都是由检察机关在刑事附带民事诉讼、刑事附带民事公益诉讼或者民事公益诉讼中提起损害赔偿请求。①

目前我国有 3 种生态环境损害救济方式:一是以行政处罚为基础的"行政恢复责任"制度体系;二是相对较为完善的环境民事公益诉讼;三是正在不断发展健全的生态环境损害赔偿诉讼。但是由于全民所有自然资源资产损害赔偿具有特殊性,上述 3 种生态环境损害救济方式均无法充分保障全民所有自然资源资产所有者的民事财产性权利,也无法通过《民法典》中的相关规定对全民所有自然资源资产受损主体进行救济。对此,宜按照全民所有自然资源资产损害的特殊性对救济水平提出更高的要求,以"权利—损害—救济"的法律逻辑为基础构建全民所有自然资源资产损害赔偿诉讼制度。②

2. 适用行政救济机制存在障碍

从国家利益的维护角度来看,行政手段是保护公共利益的首要方式,但行政制裁无法发挥财产损失赔偿的补偿功能。从责任性质看,行政责任具有惩罚性,而财产损害赔偿具有补偿性。从责任效果讲,行政罚款、没收违法所得等行政责任方式可以在经济上对行为人的违法行为进行制裁,但无法完全实现对国家利益损失的救济;异地修复、行政代履行等行政责任方式可以在一定程度上与恢复原状的民事责任产生相似的功能,但这些责任方式有严格的适用条件,并不能应用于所有国有自然资源损害的情形。③ 具体而言,行政救济存在下列缺陷:首先,依"法无授权不可为、法无授权即禁止"的公法基本原理,依行政救济路径对自然资源资产损害进行救济需要立法上的明确授权。但是在自然资源单行法中,并非每一部单行立法都规定了具有损害赔偿功能的法律责任。其次,通过行政救济路径追究自然资源资产损害赔偿责任容易

① 参见曹炜:《自然资源资产损害赔偿责任的路径组合和规范构建》,载《北京大学学报(哲学社会科学版)》2023 年第 2 期。

② 参见梁嘉铭、王朔琛:《全民所有自然资源资产损害赔偿诉讼制度探索》,载《中国国土资源经济》2023 年第 3 期。

③ 参见冯汝:《国有自然资源损害与生态环境损害诉讼救济方式的整合与重塑》,载《宁夏社会科学》2023 年第 5 期。

与行政违法责任相互混淆，也容易导致自然资源资产损害赔偿责任被其他损害赔偿责任替代吸收。行政违法责任主要是为了对违法行为进行处罚，维护国家管理秩序，而不是为了填补产生的损害。最后，通过行政路径虽然较为便捷，但是由于相关责任形式被归于行政处罚措施，容易导致行政机关依行政裁量权判断损害赔偿数额，难以维护相对人权利。①

实践中，自然资源管理部门作为生态环境损害诉讼的赔偿权利人要求对受损的生态环境进行修复，是实现“国土空间用途管制和生态保护修复职责”的体现。但维护所有者权益职责并未在生态环境损害赔偿诉讼中体现，现有相关制度也无法直接体现对两种职责的同时维护。②

3.建立司法救济机制具有必要性

通过构建全民所有自然资源资产损害赔偿诉讼制度，可以对损害全民所有自然资源资产所有者民事财产性权利进行救济，维护全民所有自然资源资产所有权人的权益，从而达到预防侵害的目的。明晰所有权人职责，是落实自然资源资产制度改革的题中应有之义。③ 全民所有自然资源资产损害赔偿是承担责任的重要方式之一，赔偿权利人依法开展全民所有自然资源资产损害赔偿是以全民所有自然资源资产所有权委托代理内容为依托的，在推进委托代理试点的过程中，将全民所有自然资源资产损害赔偿作为其具体内容之一进行落实具有必要性。④建立全民所有自然资源资产损害赔偿机制，正是落实“构建自然资源资产产权民事审判机制”的基本要素，同时这也是实现“积极预防、及时制止破坏自然资源资产行为”目标的重要途径。损害赔偿机制建立的关

---

① 参见曹炜：《自然资源资产损害赔偿责任的路径组合和规范构建》，载《北京大学学报（哲学社会科学版）》2023年第2期。

② 参见郝欣欣：《全民所有自然资源资产损害赔偿定位问题研究》，载《中国国土资源经济》2022年第9期。

③ 参见梁嘉铭、王朔琛：《全民所有自然资源资产损害赔偿诉讼制度探索》，载《中国国土资源经济》2023年第3期。

④ 参见郝欣欣：《全民所有自然资源资产损害赔偿定位问题研究》，载《中国国土资源经济》2022年第9期。

键在于从民事权利出发，构建基于民事侵权责任的自然资源资产损害救济渠道；同时要建立发现、核实、索赔、报告等一整套预防和制止破坏行为的工作机制。[①]

（二）全民所有自然资源资产损害司法救济机制的模式选择

1. 生态环境损害赔偿制度吸收自然资源资产损害赔偿

部分学者认为自然资源资产损害赔偿制度可以通过生态环境损害赔偿制度进行所有权救济。具体理由如下：第一，概念关系的上下承接。石佳友等认为，自然资源是生态环境的下位概念，因此自然资源资产是生态环境的下位概念，所以自然资源资产可以纳入生态环境损害赔偿制度的保障范围之中实现救济。[②] 第二，法理基础的相互一致。石佳友等还认为，依原环境保护部有关负责人解读，生态环境损害赔偿制度的重要目的在于解决国有自然资源损害索赔机制缺失的现实问题，最高人民法院在2016年发布的《关于充分发挥审判职能作用为推进生态文明建设与绿色发展提供司法服务和保障的意见》中指出生态环境损害赔偿乃基于国家自然资源所有权提起。自然资源资产损害与生态环境损害赔偿制度的法理具有同一性，法理基础的一致可以解决两者共同适用生态环境损害赔偿制度的理论障碍。[③] 第三，损害结果的结伴相生。由于两种损害往往相伴而生，难以截然区分，从功能和效率上讲，也实无区分处理的必要。对此，最高人民法院《关于审理海洋自然资源与生态环境损害赔偿纠纷案件若干问题的规定》"自然资源与生态环境损害"的表述提供了支持。[④] 同时，将经济价值与生态价值明确区

① 参见李兆宜、石吉金：《全民所有自然资源资产损害赔偿机制研究——基于所有者职责履行的视角》，载《中国国土资源经济》2022年第9期。

② 参见石佳友、康令煊：《自然资源资产国家所有权救济机制研究》，载《西南政法大学学报》2023年第4期。

③ 参见石佳友、康令煊：《自然资源资产国家所有权救济机制研究》，载《西南政法大学学报》2023年第4期。

④ 参见石佳友、康令煊：《自然资源资产国家所有权救济机制研究》，载《西南政法大学学报》2023年第4期。

分并精确计算相当困难,经济价值损害与生态价值损害难以被区分救济。[1] 第四,现行制度的适用可能。《生态环境损害赔偿管理规定》等制度规范都规定了生态环境损害赔偿制度不适用于因污染环境、破坏生态造成个人和集体财产损失要求赔偿的情形,但却未将国有财产损失排除在外。[2]

2. 建立兼备财产救济和生态救济功能的自然资源损害救济机制

部分学者认为自然资源损害应与生态环境损害赔偿区分,应建立包含自然资产损害和自然资源生态损害的自然资源损害赔偿制度。理由是:第一,回避二分的救济途径。冯汝认为以此可以解决不同价值面向导致的救济途径二分。独立完整的国有自然资源损害赔偿机制建立后,当行为人的违法行为造成土地、海洋、森林、草原、湿地等国有自然资源损害时,自然资源国家所有权行使主体可以针对自然资源的全部价值损失一并进行救济。上述分别救济模式中国有自然资源损害诉讼救济缺失的情形将得以改变,针对同一或牵连损害后果由不同主体分别提起诉讼的不经济情形也将得以避免。[3] 第二,核算损害的复合交叉。宦吉娥等认为,就自然资源实体上的利益形态而言,"资源""环境""生态"作为自然实体的三种指称,内涵、外延均发生着从狭义到广义的变迁,彼此关系从泾渭分明到交叉重叠,呈以生态为中心的"一体三面"状,在人与自然和谐共生的现代化图景中,自然资源资产配置和治理,必定需要从经济效益、生态效益和社会效益等复合维度来核算价值。[4]

3. 建立仅具备财产救济功能的自然资源资产损害救济机制

部分学者认为自然资源资产损害赔偿制度严格区别于生态环境损

① 参见石佳友、康令煊:《自然资源资产国家所有权救济机制研究》,载《西南政法大学学报》2023 年第 4 期。

② 参见冯汝:《国有自然资源损害与生态环境损害诉讼救济方式的整合与重塑》,载《宁夏社会科学》2023 年第 5 期。

③ 参见冯汝:《国有自然资源损害与生态环境损害诉讼救济方式的整合与重塑》,载《宁夏社会科学》2023 年第 5 期。

④ 参见宦吉娥、谢亚恬、王艺:《全民所有自然资源资产损害赔偿的制度逻辑》,载《中国国土资源经济》2023 年第 7 期。

害赔偿制度，应在生态环境损害赔偿制度外，单独地建立自然资源资产损害赔偿制度。具体理由如下：第一，损害性质的殊异差别。自然资源资产的生态价值和经济价值需要得到区分。① 与生态环境损害不同，自然资源资产损害通常并不存在因果关系上的复杂性，不需要由原告先行证明行为和损害的关联性，再由被告反证行为和损害不具有因果关系。② 第二，法理基础的解释悖论。在行政机关提起生态环境损害赔偿诉讼的最初设计阶段，立法者曾试图以该制度解决国有自然资源所有者缺位的问题。原环境保护部负责人在《生态环境损害赔偿制度改革试点方案》答记者问时指出政府侧重于对国有自然资源的损害提起赔偿请求。然而，由于传统自然资源物权无法容纳以生态服务功能为核心的生态环境，行政机关以所有权为基础对不属于国家所有的公众共用物主张权利缺乏充分的法理基础。学者们指出，生态环境损害赔偿请求权应为公法上的请求权，并对该请求权的来源提出政府行政管理职能说、国家环境保护义务说等观点。③ 第三，现行制度的排斥矛盾。其一，救济范围的不兼容性。2017 年《生态环境损害赔偿制度改革方案》对生态环境损害的概念进行了明确界定。“生态环境损害”概念的界定使诉讼范围的判断更加精确，也将传统意义上彰显自然物质商品价值的财产权益排除在外。④ 生态环境损害赔偿制度中虽然赔偿对象所指向的物质载体与全民所有森林、水、土地等自然资源资产具有同一性，但其生态服务功能与资产属性体现还是存在较为明显的区分，与全民所有自然资源资产赔偿对象的差异性显著大于同质性。⑤ 其二，救济主体的定位差异。张璐认为将生态环境损害赔偿权利人定位为行政主

---

① 参见郝欣欣：《全民所有自然资源资产损害赔偿定位问题研究》，载《中国国土资源经济》2022 年第 9 期。

② 参见曹炜：《自然资源资产损害赔偿责任的路径组合和规范构建》，载《北京大学学报（哲学社会科学版）》2023 年第 2 期。

③ 参见冯汝：《国有自然资源损害与生态环境损害诉讼救济方式的整合与重塑》，载《宁夏社会科学》2023 年第 5 期。

④ 参见冯汝：《国有自然资源损害与生态环境损害诉讼救济方式的整合与重塑》，载《宁夏社会科学》2023 年第 5 期。

⑤ 参见张璐：《全民所有自然资源资产损害赔偿机制的法律构造》，载《北京大学学报（哲学社会科学版）》2023 年第 2 期。

体,其作为生态环境损害赔偿的索赔主体"可以视为行政机关为更好地实现宪法目标而积极履行义务";而全民所有自然资源资产损害赔偿的索赔主体则定位于行使自然资源所有权的民事主体。[①] 宦吉娥等持有相似观点,认为生态环境损害赔偿制度与环境民事公益诉讼的功能设定为维护环境资源生态功能价值,其救济模式为公权力机关、社会组织等公共利益关注主体 vs. 私主体;而全民所有自然资源资产损害赔偿制度的功能设定为切实落实和维护国家所有者权益、促进自然资源资产高效配置和保值增值,其救济模式为委托代理行使全民所有自然资源资产所有权的公权力机关 vs. 私主体。[②] 第四,政策法律化的秉要转译。"强化自然资源资产损害赔偿责任"只是国家对于自然资源资产损害救济的法政策要求,在法律上应遵循法体系自身的逻辑来贯彻和传达"强化自然资源资产损害赔偿责任"的法政策思想。在含义上,"自然资源资产损害"中的自然资源资产应当专指全民所有自然资源资产。[③]

(三)全民所有自然资源资产损害司法救济机制的建立

本书认为,基于全民所有自然资源资产所有权的私权本性,全民所有自然资源资产损害在性质上与一般的财产损害并无本质区别。因此,现有法律体系中的损害救济机制均可适用于全民所有自然资源资产损害的救济。不过,由于全民所有自然资源资产所有权及其委托代理机制的特殊性,现有救济机制的适用也面临不少问题,需要有针对性地进行一些调适和完善。

1. 自然资源资产损害赔偿制度的构成要件

在全民所有自然资源资产损害赔偿的构成要件上,需要注意以下几个方面:(1)违法行为。导致全民所有自然资源资产受损的违法行为主要包含两种类型:一种是在自然资源开发利用中使自然资源资产本

---

① 参见张璐:《全民所有自然资源资产损害赔偿机制的法律构造》,载《北京大学学报(哲学社会科学版)》2023 年第 2 期。

② 参见宦吉娥、谢亚恬、王艺:《全民所有自然资源资产损害赔偿的制度逻辑》,载《中国国土资源经济》2023 年第 7 期。

③ 参见曹炜:《自然资源资产损害赔偿责任的路径组合和规范构建》,载《北京大学学报(哲学社会科学版)》2023 年第 2 期。

身受到破坏从而造成价值减损。这种损害一般为直接损害,表现为自然资源实体与价值同时受损。另一种是公权力机关在自然资源资产配置和监管中滥用职权或者玩忽职守导致全民所有自然资源资产的价值流失。这种损害一般为间接损害,体现为所有者权益的减损。① 以上两种行为均可能造成损害,对于第一种行为,可以通过一般的民事司法救济机制请求赔偿;对于第二种行为,侵权主体本身就是履行所有者职责的政府,故很难通过一般的民事司法救济,而需要借助公益诉讼来现实。(2)损害后果。自然资源资产损害的结果是对合法权益的不利影响,主要有两类:一是对资产实物形态的非法破坏,包括自然资源资产实物本身的破坏性改变和所引起的功能性损害(如影响了粮食生产、水源涵养等功能);二是未破坏资产实物形态但引起了合法权益的受损。②两种类型的违法行为会造成全民所有自然资源资产损害或流失的结果。第一种类型是资源开发利用使自然资源资产本身受到破坏。第二种类型是全民所有自然资源资产的流失使全民利益的受损。③(3)因果关系。全民所有自然资源资产的损害事实是否为行为主体的违法行为引起的结果,即事实上的因果关系。因果关系具有客观性、顺序性和关联性等特征,在判断损害事实是否与违法行为具有因果关系时,主要从损害行为的时间、地点、条件等具体情况出发作具体分析。考虑到全民所有自然资源资产损害的复杂性、不确定性,必要时需借助科学鉴定来判断因果关系是否成立。接着进一步判断构成事实上原因的行为是否在法律上成为应对该损害负责的原因,这里需要考虑致害行为是否符合法律上有责性的要件,排除免除责任的情形和因素。④

---

① 参见宦吉娥、谢亚恬、王艺:《全民所有自然资源资产损害赔偿的制度逻辑》,载《中国国土资源经济》2023 年第 7 期。

② 参见李兆宜、石吉金:《全民所有自然资源资产损害赔偿机制研究——基于所有者职责履行的视角》,载《中国国土资源经济》2022 年第 9 期。

③ 参见宦吉娥、谢亚恬、王艺:《全民所有自然资源资产损害赔偿的制度逻辑》,载《中国国土资源经济》2023 年第 7 期。

④ 参见宦吉娥、谢亚恬、王艺:《全民所有自然资源资产损害赔偿的制度逻辑》,载《中国国土资源经济》2023 年第 7 期。

2. 全民所有自然资源资产损害司法救济的请求权主体

在所有权委托代理关系中,委托人和代理人均为政府,政府兼具行政主体和民事主体的角色,在实践中,政府与政府部门往往习惯于以“行政兼理民事”的做法处理全民所有自然资源资产损害的问题,实践中也存在为数不少的“以罚代赔”“以罚代补”的情形。这类做法不仅混同和扭曲了不同法律机制对全民所有自然资源资产损害救济应有的法律逻辑和功能定位,也在实际上造成了全民所有自然资源资产权益的虚置以及因损害导致的资产流失。因此,必须在理论上和实践中对于全民所有自然资源资产所有权行使主体的行政主体和民事主体身份进行区分,坚持全民所有自然资源资产损害主体的民事主体定位,并以此为前提和基础确定索赔主体并构建损害赔偿机制。①

所有权委托代理机制是确定全民所有自然资源资产损害赔偿索赔主体的基础和参照。② 依据《宪法》第 9 条和《民法典》第 246 条,“国家”,即“全民”是自然资源所有者,国务院作为代表行使主体,具有主张损害赔偿的资格,但是在从实际操作层面须依据《全民所有自然资源资产所有权委托代理机制试点方案》,由自然资源部和省级、市地级政府进行求偿。③ 因此,应以全民所有自然资源资产委托代理机制为基础,自然资源部以及经自然资源部委托承担相应所有者职责的省级和市(地)级政府可以作为国有自然资源损害赔偿请求权的行使主体。④ 具体而言,应当包括省级、市(地)级人民政府及其指定的相关部门、机构,或者受国务院委托行使全民所有自然资源资产所有权的部门。⑤

此外,若是由于代理人未履行所有者职责或不当履行所有者职责

---

① 参见张璐:《全民所有自然资源资产损害赔偿机制的法律构造》,载《北京大学学报(哲学社会科学版)》2023 年第 2 期。

② 参见张璐:《全民所有自然资源资产损害赔偿机制的法律构造》,载《北京大学学报(哲学社会科学版)》2023 年第 2 期。

③ 参见宦吉娥、谢亚恬、王艺:《全民所有自然资源资产损害赔偿的制度逻辑》,载《中国国土资源经济》2023 年第 7 期。

④ 参见冯汝:《国有自然资源损害与生态环境损害诉讼救济方式的整合与重塑》,载《宁夏社会科学》2023 年第 5 期。

⑤ 参见曹炜:《自然资源资产损害赔偿责任的路径组合和规范构建》,载《北京大学学报(哲学社会科学版)》2023 年第 2 期。

造成全民所有自然资源资产损害，则难以通过代理人自己主张损害赔偿来实施救济。在此情况下，有必要通过公益诉讼制度来实现损害救济。因此，依法保障社会组织、人民检察院诉权就显得非常重要。

3. 全民所有自然资源资产损害赔偿制度的范围界定

全民所有自然资源资产损害的对象是自然资源资产权益，包括自然资源资产自身所承载的财产价值和自然资源资产的增值收益，①其损害赔偿制度应当包含对附着于自然资源资产之上的经济价值、生态价值和社会价值损害的全面求偿。② 全民所有自然资源资产所有者权益在性质上属于民事权益的范畴，因损害而产生的法律责任应当属于民事损害赔偿责任的范畴。对于此种责任，通常以恢复原状和金钱损害赔偿为主要救济方式。③ 具体而言，在适用范围上，当前国有自然资源损害赔偿制度的适用范围可以限定在土地、矿产、湿地等8类自然资源领域，可以从市场化、可量化、可评估程度更高的矿产、土地、海洋等资源类型入手先行探索。国有自然资源赔偿范围应包括自然资源的经济价值损失与生态价值损失，具体可归纳为修复、恢复受损害的自然资源或者获得、替代同等能够提供相同服务自然资源的费用；受损害的自然资源恢复期间的服务功能损失以及永久性服务功能损失；调查评估费用以及律师费、诉讼费等合理费用。④ 在责任承担形式上，人民法院应当根据原告的诉讼请求以及具体案情，合理判决被告承担修复自然资源资产、赔偿损失、停止侵害、排除妨碍、消除危险、赔礼道歉等民事责任。自然资源资产能够进行修复的，应当判决其进行修复，酌情判决自然资源资产受到损害至修复完成期间的经济损失。对于不能修复的，则应当依据国家出让各类自然资源资产的出让金、权益金、

---

① 参见张璐：《全民所有自然资源资产损害赔偿机制的法律构造》，载《北京大学学报（哲学社会科学版）》2023年第2期。

② 参见宦吉娥、谢亚恬、王艺：《全民所有自然资源资产损害赔偿的制度逻辑》，载《中国国土资源经济》2023年第7期。

③ 参见曹炜：《自然资源资产损害赔偿责任的路径组合和规范构建》，载《北京大学学报（哲学社会科学版）》2023年第2期。

④ 参见冯汝：《国有自然资源损害与生态环境损害诉讼救济方式的整合与重塑》，载《宁夏社会科学》2023年第5期。

补偿费、使用金等为基准判决赔偿损失以及为磋商和诉讼支付的相关合理费用。①

（四）自然资源资产损害赔偿制度的程序衔接

在委托代理关系中，代理人是履行所有者职责地方政府，在其管理范围内的全民所有自然资源资产遭受损害的情况下，履行所有者职责的地方政府应积极通过各种救济机制保障所有者权益。首先可以由履行所有者职责行使主体及其指定的部门或机构，与损害行为人进行磋商；经磋商达成一致意见的，可以与损害行为人签订损害赔偿协议，并向有管辖权的法院申请司法确认；磋商不成的，由所有者职责行使主体或其指定的部门、机构作为原告提起诉讼。

就全民所有自然资源资产损害赔偿诉讼与其他诉讼的关系而言，应当明确以自然资源资产损害赔偿诉讼为主，并限于在刑事附带民事诉讼和刑事附带民事公益诉讼中对自然资源资产损害进行附带救济。考虑到导致严重后果的自然资源资产损害案件通常也会涉及刑事责任，实践中也可以探索由检察机关和自然资源主管部门共同以原告身份提起诉讼，形成合力。②

在责任承担方面，对于修复验收，履行所有者职责的政府可以委托鉴定评估机构，依据赔偿协议或法院判决书，综合考虑资产受损前的基线值等因素，开展评估验收。特别需要注意的是，索赔阶段应当坚持“修复优先”理念和“谁损害、谁修复、谁赔偿”原则，对于可以修复的损害情形，应当由损害者自行或委托第三方开展修复，避免损害者简单地“赔钱了事”“一赔了之”。③

① 参见曹炜：《自然资源资产损害赔偿责任的路径组合和规范构建》，载《北京大学学报（哲学社会科学版）》2023 年第 2 期。

② 参见曹炜：《自然资源资产损害赔偿责任的路径组合和规范构建》，载《北京大学学报（哲学社会科学版）》2023 年第 2 期。

③ 参见李兆宜、石吉金：《全民所有自然资源资产损害赔偿机制研究——基于所有者职责履行的视角》，载《中国国土资源经济》2022 年第 9 期。

第五节　人大监督

一、人大监督是实现民主监督的合理路径

在我国现有体制下,由人大对政府行使全民所有自然资源资产所有权实施监督,是人民检验、评判和约束政府权力行使的基本民主制度和程序。实施该监督的主要理由有三点:一是人大监督是我国人民实现民主监督的基本制度保障,由人大监督政府行使全民所有自然资源资产所有权契合全民所有自然资源资产所有权对民主监督的内在要求。二是国务院是根据全国人大的立法授权代表国家行使所有权,“国务院作为被授权者必须就授权事项对全国人大负责,接受全国人大监督,这是现代法治的基本原理”①。因此,人大监督是全民所有自然资源资产所有权行使制度的必要构成。三是人大监督能够对政府权力构成有效制约,并促进全民所有自然资源资产所有权的制度价值得以有效实现。

(一)人大监督契合全民所有对民主监督制度的要求

人民代表大会及其常务委员会的监督权(以下简称人大监督权),是宪法和法律赋予国家权力机关的重要职权,是人民的神圣权利。人大监督制度,是作为国家根本政治制度的人民代表大会制度的重要组成部分。因此,人大监督是人民实现民主监督的基本形式、途径和保障。② 人大监督属于权力机关对行政机关的监督,体现了政府权力的来源及性质。在全民所有自然资源资产所有权行使制度中,人民是全民所有自然资源资产所有权的主体,政府是行使全民所有自然资源资产所有权的主体,人民有权利对政府行使全民所有自然资源资产所有权进行监督,而人民代表大会制度正是人民对政府行使监督权的民主制度。因此,人大对政府行使全民所有自然资源资产所有权进行监督体

① 屈茂辉、刘敏:《国家所有权行使的理论逻辑》,载《北方法学》2011 年第 1 期。

② 参见盛涛:《人大监督的性质及其完善途径》,载《党政干部学刊》2007 年第 9 期。

现了“人民—人大—政府”三者之间的权力关系，不仅契合人大监督制度的性质和原理，而且能满足全民所有自然资源资产所有权行使制度的内在要求。

首先，人大监督政府行使全民所有自然资源资产所有权是人民行使所有者权利的重要体现，缺少了人大监督，人民作为全民所有自然资源资产所有权主体的法律地位就失去了强有力的保障。全体人民是全民所有自然资源资产所有权的真正主体，全国人大作为全体人民行使权利的最高国家权力机关，在全民所有自然资源资产所有权的建构和行使中居于关键地位，国务院行使全民所有自然资源资产所有权的权力来自它的立法授权，自然应对它负责，受它监督，不能脱离或者违背全国人大的意志和指令行使国家所有权。人大监督政府行使全民所有自然资源资产所有权，本质上就是人民维护所有权主体地位的体现和方式，没有人大监督，人民的所有权主体地位就缺乏基本保障；动摇了人大监督权，也就是动摇了人民作为全民所有自然资源资产所有权主体的法律地位。因此，应当把加强人大监督作为完善全民所有自然资源资产所有权、确保人民实现所有者权益的重要内容和制度保障。

其次，人大监督政府行使全民所有自然资源资产所有权是人民通过权力机关行使民主权利，实现以权利制约权力，保障政府正当行使全民所有自然资源资产所有权的基本途径。政府身份的公法性足以使全民所有自然资源资产所有权的行使具备公权力行使的特征，若没有良好的制约机制，政府同样可能在国家所有权行使的过程中滥用权力。①人大监督的实质就是人民通过民主程序在一定程度上参与全民所有自然资源资产所有权的行使，对政府的权力进行规制和制约，确保政府能够尊重人民意志，服从人民指令，维护人民利益，防止政府将全民所有的自然资源作为实现地方政绩、短期利益等狭隘目的的工具。人大监督为人民约束政府权力和监督政府行使全民所有自然资源资产所有权提供了基本路径和制度保障。

再次，人大监督政府行使全民所有自然资源资产所有权，是人大代

① 参见肖泽晟：《自然资源国家所有权的宪法限制》，载《南京工业大学学报（社会科学版）》2011 年第 4 期。

表人民对政府的监督,因而也是最能体现人民意志的民主监督方式。人大监督是权力机关对执行机关的监督,本质上就是人民通过正式的法律制度对政府行使全民所有自然资源资产所有权进行民主监督,是全民所有自然资源资产所有权的所有者对行使者的监督,因而,人大监督具有制度性、民主性和至上性,其价值功能和法律效力是其他监督方式无法替代的。

最后,人大监督是人民对政府行使全民所有自然资源资产所有权进行民主监督的基本形式和保障,它能够比较直接地督促政府在行使全民所有自然资源资产所有权过程中尊重人民意志、服从人民指令、维护人民利益,因而能够更好地巩固人民作为自然资源所有权主体的法律地位。

(二)人大监督是人民进行民主监督的制度选择

人民虽然是全民所有自然资源资产所有权的真正主体,却无法直接对自然资源行使所有权,因此法律规定由国务院行使全民性质的全民所有自然资源资产所有权,这在本质上是全体人民通过全国人大这一民主制度以法律形式授权国务院行使所有权。在这样的授权制度中,全国人大是授权者,它通过立法授权国务院行使所有权;而国务院是被授权者,它行使所有权是全国人大立法授予的权力。[①] 既然国务院是代表国家行使所有权,那么它行使所有权的结果也必须归属于国家,最终应归属于人民。为了保证被授权者的行为符合授权者的意志,并符合授权行为本身的目的,授权者就需要通过一定的监督手段对被授权者的行为进行必要的监督。在此情况下,作为代表全体人民进行授权的全国人大对作为接受授权的国务院行使全民所有自然资源资产所有权进行监督也就是顺理成章的制度选择。作为被授权者的国务院必须就授权事项对全国人大负责,接受全国人大监督,这是现代法治的基本原理。[②]

---

① 参见肖泽晟:《自然资源国家所有权的宪法限制》,载《南京工业大学学报(社会科学版)》2011 年第 4 期。

② 参见屈茂辉、刘敏:《国家所有权行使的理论逻辑》,载《北方法学》2011 年第 1 期。

从人大监督制度本身来看,政府根据法律规定行使全民所有自然资源资产所有权实际上也是一项法定的政府工作。根据宪法和监督法,政府工作应当接受人大监督,监督政府工作既是人大的权力,也是人大的职责。具体而言,政府行使全民所有自然资源资产所有权就是为了实现自然资源属于"全民所有"所承载的制度价值,最终实现人民的公共利益,政府不存在也不应该追求独立于人民公共利益之外的私人利益。① 因此,政府行使全民所有自然资源资产所有权本质上是履行一项法定职责,②其既不能越权履行职责,也不得放弃履行职责,这应是全民所有自然资源资产所有权行使制度的题中应有之义。根据监督法,政府履行法定职责是否符合法律规定,是否符合人民公共利益,需要接受人大监督,人大有权利也有义务对政府履行职责的情况进行监督。因此,全国人大通过立法授权国务院行使全民所有自然资源资产所有权的同时,也为自己设定了对国务院行使全民所有自然资源资产所有权的工作进行监督的职责。根据相同的原理,在国务院需要通过分级代理制度授权地方政府行使全民所有自然资源资产所有权的情况下,地方政府行使全民所有自然资源资产所有权理所当然需要接受地方人大监督,而地方人大也同样具有监督地方政府行使全民所有自然资源资产所有权的权力和职责。

由此可见,人大监督属于授权者对被授权者的监督,契合现代授权制度的基本原理;同时,人大监督也是全民所有自然资源资产所有权行使制度的题中应有之义,是全民所有自然资源资产所有权行使制度的重要内容。因而,人大监督理所当然是人民对政府行使全民所有自然资源资产所有权进行民主监督的必然制度选择。

(三)人大能够对政府行使所有权发挥民主监督功能

人大监督不仅契合全民所有自然资源资产所有权行使对民主监督的内在要求,而且能够发挥民主监督功能,促进全民所有自然资源资产

---

① 参见马俊驹:《国家所有权的基本理论和立法结构探讨》,载《中国法学》2011 年第 4 期。

② 参见王旭:《论自然资源国家所有权的宪法规制功能》,载《中国法学》2013 年第 6 期。

所有权的制度价值得以有效实现。

首先,人大监督有利于巩固和维护人民作为自然资源所有权主体的法律地位。在全民所有自然资源资产所有权行使中,特别需要民主程序来保障政府公平、公正地行使权力,防止任何人利用国家所有权行使形成资源独占和垄断,从而损害全民所有自然资源资产所有权的制度价值。人大监督就是促进政府依法正当行使全民所有自然资源资产所有权的民主制度,其有利于促进国有自然资源分配的公平性和合理性,维护人民的权利主体地位,这是因为:其一,人大监督本身就是人民以民主方式参与行使全民所有自然资源资产所有权的直接体现。其二,人大监督能够集中体现人民的意志和利益诉求,并可以通过审议、批准专项报告、要求整改、撤销政府行为等方式,将人民意志和利益体现到政府行使全民所有自然资源资产所有权的工作中。其三,人大在监督中可以更广泛地征集民意,通过调研、执法检查、听证等机制引导公众理性参与监督,并形成具有法律效力的监督意见,促进政府在行使全民所有自然资源资产所有权时更好地实现人民的愿望,维护人民的利益。

其次,人大监督能够有效维护全民所有自然资源资产所有权行使的统一性,防止政府通过权力将全民所有的自然资源变为"政府所有"或"地方所有"。政府可以根据宪法和法律规定接受人民的委托行使全民所有自然资源资产所有权,但不能未经民主程序擅自处置全民所有的自然资源。人大监督就是强调授权者对被授权者进行监督,提醒和敦促政府要尤其注意不能将"国家所有"理解为"政府所有"。相对政府的内部监督而言,人大监督具有超脱性,能更好地从公共利益角度对政府行使全民所有自然资源资产所有权的工作进行判断。对政府为片面追求经济利益而损坏生态利益和自然资源社会保障功能的行为,对政府受地方利益、部门利益局限性影响而做出不符合人民公共利益原则的行为,人大可以行使监督权要求政府整改和纠正,甚至可以直接撤销这些行为,以最大限度地促进政府行为的公益性和全局性。人大监督可能会剥夺地方政府一些局部的、眼前的利益,但是它能够保障和促进人民整体利益和长远利益的实现,这从根本上有利于地方利益的实现和增长。① 因此,人大监督有利于促进中央和地方政府在行使全民所有自然资源资产所有权时维持目标和利益上的完整性和统一性。

最后,人大监督有利于防止政府在全民所有自然资源资产所有权行使中滥用权力,损害人民公共利益。人大监督的实质是以权力制约权力:一是人大在监督中采取的措施具有强制性,政府必须接受和服从。二是对于政府违法和不正当行使全民所有自然资源资产所有权,造成国有自然资源资产流失、破坏的,人大有权予以处置,可以撤销政府的相关决定、指示或命令,并可根据情节轻重对相关领导干部做出责令引咎辞职、免职、撤职的处置决定,并可以直接对政府的权力滥用行为予以控制。② 三是对重要自然资源的处置,人大可以要求政府事先汇报处置方案,人大审议后若不予通过,政府不得进行处置。四是对于已经造成的国有自然资源损害、流失和破坏,人大可以督促政府依法进行调查和责任追究,可以督促人民检察院等相关主体依法提起公益诉讼,追究相关部门和有关侵权主体的法律责任。由此可见,人大具有多种监督手段和措施,可从事先、事中及事后对政府行使全民所有自然资源资产所有权的权力形成制约,防止政府滥用权力,损害公共利益。

总之,"人民代表大会既是立法机关,也是监督机关,既是人民意见的代言者,也是人民的眼睛,应当按照宪法的要求承担起对国家所有权行使者的监督使命"③。近年来,中央也多次强调,要健全全民所有自然资源资产所有权制度,加强人大对国有自然资源资产管理的监督。其中,党的十八届三中全会提出,要加强人大国有资产监督职能;十九届中央全面深化改革领导小组第一次会议则进一步具体指出,要建立国务院向全国人大常委会报告国有资产管理情况的制度,支持和保证人大依法行使监督权,推进国有资产管理的公开透明,使国有资产更好服

---

① 参见肖太福:《论人大监督权》,载《团结》2004 年第 3 期。

② 参见倪春纳:《强化人大监督权力途径的研究述评》,载《天府新论》2012 年第 3 期。

③ 参见屈茂辉、刘敏:《国家所有权行使的理论逻辑》,载《北方法学》2011 年第 1 期。

务发展、造福人民。① 在此情况下,如何建立合理有效的全民所有自然资源资产所有权行使的人大监督制度,就成为人大顺利完成这一新时代的历史使命的重要议题。

二、人大监督机制的完善

尽管全国人大常委会于2006年专门颁布了《各级人民代表大会常务委员会监督法》,但是受理念、立法、体制、能力等因素的制约,全民所有自然资源资产所有权行使的人大监督仍然缺乏足够的制度保障。要而言之,这种制度不足主要表现在以下几个方面:一是缺乏专司人大监督工作的组织,这使人大监督因缺乏强有力的组织保障而无法有效落实到全民所有自然资源资产所有权的行使实践中。二是政府行使全民所有自然资源资产所有权的工作涉及面非常广泛,人大监督在实践中难免显得无能为力。三是对政府行使全民所有自然资源资产所有权工作缺乏科学合理的评判机制。四是现有的人大监督措施和程序缺乏针对性,难以直接适用于全民所有自然资源资产所有权行使的监督工作。因此,要想真正发挥人大对政府行使全民所有自然资源资产所有权的民主监督功能,就必须有针对性地完善相关制度,建立适合于全民所有自然资源资产所有权行使的人大监督制度和程序机制,保障人大能够有效行使监督权,实现人大对政府行使全民所有自然资源资产所有权的民主监督使命。

(一)在人大常委会设立专司人大监督职责的组织机构

按照《各级人民代表大会常务委员会监督法》规定,人大监督工作由人大常委会负责,而人大常委会的工作千头万绪,涉及方方面面,若无具体负责监督工作的组织机构,人大监督权实际上很难有效落实。② 加上政府行使全民所有自然资源资产所有权的工作非常复杂,行使主体涉及一级政府的多个部门,工作内容涵盖范围非常广泛,牵涉

---

① 《全面贯彻党的十九大精神　坚定不移将改革推向深入》,载《人民日报》2017年11月21日,第1版。

② 参见秦前红:《地方人大专门委员会的功能设计及其监督实践》,载《国家检察官学院学报》2018年第1期。

经济、生态、社会保障等方面的价值考量，若没有强有力的组织保障，人大常委会很难胜任监督政府行使全民所有自然资源资产所有权的使命。

设立专门监督机构有利于从组织上保障人大监督权与政府职权形成相互制约。党的十九大报告指出，要设立国有自然资源资产管理和自然生态监管机构，统一行使全民所有自然资源资产所有者职责，这为国有自然资源资产管理体制改革确立了方向。2018 年 3 月，第十三届全国人大第一次会议审议通过了国务院机构改革方案，根据该方案，国务院组建自然资源部，统一行使全民所有自然资源资产所有权。那么，如何监督自然资源部的权力以防止其滥用也必将成为组建该部后必须认真考虑的重要问题。笔者认为，组建自然资源部后，全国人大常委会更需要设立专门监督机构，从组织上保障人大监督权和政府职权实现相互制约、相互制衡，从而保障人大常委会能够更加有效地监督自然资源部依法履行管理职责，依法正当行使全民所有自然资源资产所有权。实际上，中央也很重视人大专门委员会的建设，党的十九大报告就明确指出，要完善人大专门委员会设置，优化人大常委会和专门委员会组成人员结构。因此，应当以党的十九大报告提出的要求为契机，加强人大监督工作的组织建设，在人大常委会设立专司监督政府行使全民所有自然资源资产所有权的专门机构，并结合全民所有自然资源资产所有权行使的特殊性，有针对性地配备相应的专业人员，保障人大能够更好地开展监督工作。

专门监督机构的主要职责可以设定为协助人大常委会开展监督工作，具体负责人大监督工作的组织、审查专项报告、开展专项调查、组织听证、委托第三方评估、规范性文件审查和备案等。通过设立专门监督机构并明确其职责，有利于将人大监督权落实到具体工作中，对政府行使全民所有自然资源资产所有权的工作开展有针对性的监督，真正发挥人大的民主监督功能。

（二）确定人大监督工作的重点和关键环节

人大对政府的工作监督，就是对政府是否正确行使法定权力和履行法定职责、是否正确贯彻人大决议和决定等进行监督。① 国有自然资源类型多样、数量庞大,又涉及自然资源配置、开发、利用以及生态保护等方方面面,相应地,人大对政府的监督工作也就涉及方方面面。然而,人大的监督资源和监督能力都是有限的,人大监督不可能做到事无巨细,面面俱到。因此,人大监督必须"抓大放小",紧紧围绕全民所有自然资源资产所有权行使是否符合法律规定、是否符合人民利益这一主线,抓住关系国家发展大计、关系人民切身利益、关系生态文明建设的重点问题,开展专项监督。从实践来看,政府在国有自然资源配置、收益分配和使用领域滥用权力、以权谋私、损害社会公平正义的问题较为突出;在重大项目开发领域唯以经济利益、地方利益为取向,损害生态环境、破坏资源的现象时有发生;在国有自然资源监管方面,对侵害国有自然资源的行为放纵不管,导致国有自然资源遭受破坏浪费的问题部分存在。因此,人大应当将政府行使全民所有自然资源资产所有权的这些环节和领域作为监督的重点,通过积极开展专项调查和检查、定期对政府进行专项质询、定期听取、审议专项报告等监督形式,及时发现问题,坚决遏制政府在这些重点领域和关键环节的恣意和腐败行为,促进政府公平公正地配置资源,尽职尽责地履行监管职责,维护人民整体利益,实现公共资源合理共享。

(三)在人大监督中引入第三方评价机制

政府行使全民所有自然资源资产所有权应当以实现公共利益为目的。不过,评判政府行使全民所有自然资源资产所有权是否符合公共利益则是一个比较复杂的问题。一是这里的公共利益评判涉及经济利益、生态利益以及全民所有自然资源资产所有权所具有的社会保障利益等多种利益之间的考量和平衡;二是这里的公共利益考量涉及一些问题需要专业性的判断,例如,涉及对生态环境评估、生态补偿、资源补偿、资源价值评估等问题,依靠人大监督机构自身的能力可能难以做出科学、公正的评判。第三方评估在一定程度上能减少政府部门的干扰、

---

① 参见曾令发:《人大监督制度创新:渊源、借鉴与路径》,载《理论与改革》2006 年第 6 期。

增强人大监督的专业性、促进公众理性参与、凝聚人民利益诉求，从而能够协助人大对公共利益做出更加科学更加合理的判断。[①] 实践中，也有一些地方人大在监督中开始尝试引入第三方评估机制协助监督工作的开展，并积累了一些有益的经验。[②] 因此，可以总结经验，在全民所有自然资源资产所有权行使的人大监督中适当地引入第三方评价机制，保障人大对政府工作做出科学、公正的评判，增强人大监督的专业性、科学性和公正性。当然，在人大监督中正式引入第三方评估，首先必须建立比较合理的第三方评估机制。具体而言，人大应当对引入第三方评估的条件、适用的范围、引入的程序及第三方评估报告的规范要求及其法律效力等内容进行明确规定，使第三方评估走向规范化、制度化的轨道，更好地发挥第三方评估在人大监督中的作用。

（四）建立合理机制保障公众理性参与人大监督

全民所有自然资源资产所有权行使涉及人民切身利益，人大监督应充分反映人民的意志和利益。特别是对可能影响生态环境的自然资源开发项目、改变公共资源用途的项目、国有自然资源收益分配和使用等事关人民切身利益的事项，人大在开展监督时，应当引导公众理性参与监督，保障人大监督能够真正反映人民意志，维护人民利益。“程序是国家与公民个人之间的纽带”[③]，人大监督应重视监督程序的这种纽带作用，增强监督过程的公开性和透明性，建立合理的公众参与机制，保障公众能够理性参与人大监督，实现“人民—人大—政府”三者之间的良好互动，更好地实现人大监督在表达人民意志、维护人民利益上的价值功能。听证是人民直接参与监督、表达意见和利益诉求的一种重要方式，在监督实践中，对一些涉及人民切身利益、社会关注度比较高的事项或问题，人大可以采用听证形式引导公众参与监督，在充分表达

---

① 参见冯健鹏：《人大监督工作第三方评估的能与不能》，载《羊城晚报》2015 年 6 月 11 日，第 4 版。

② 参见黄晔：《委托第三方开展相关工作：人大监督工作领域的新探索新尝试》，载《人大研究》2015 年第 4 期。

③ 季卫东：《法律程序的意义——对中国法制建设的另一种思考》，载《中国社会科学》1993 年第 1 期。

的基础上集中社会民众意见,从而对政府在这些方面的工作是否符合人民愿望和利益做出更合理的评判。当然,由于听证程序成本较高,不可能对所有监督议题都举行听证,对此,可以针对全民所有自然资源资产所有权行使的特点,从制度上明确听证的适用范围,规范听证的程序,使人大在监督政府行使国家所有权上能够真正借助听证程序取得更好的监督效果。

(五)完善人大监督措施实现监督效果

目前监督法规定的监督措施很多,但就全民所有自然资源资产所有权的行使而言,实际上只有听取专项报告、规范性文件的备案审查、询问和质询、特定问题调查等可资适用,其他的监督措施多因缺乏针对性而难以适用。因此,应结合全民所有自然资源资产所有权行使的特点,进一步完善和细化已有的可资适用的监督措施。例如,调查是一项非常有效的监督形式,但监督法对调查措施的规定过于原则,难以取得实质效果。将来应重视调查程序建设,特别要总结实践经验,结合全民所有自然资源资产所有权行使的特点,增设委托调查机制,对委托调查的条件、调查组的构成、调查事项的确定、委托调查程序以及调查结果的效力等内容加以规定,使调查成为规范化、制度化的监督措施。

此外,应增加督促措施,对于政府不积极履行监管和保护国有自然资源职责的问题,人大在监督中可以采取督促措施,要求负有相应职责的政府积极履行职责,保护国有自然资源;也可以督促负有相应职责的政府通过诉讼等形式对侵害国有自然资源的行为予以救济。有关政府应在人大督促后积极履行职责,并及时向人大汇报。若政府不根据人大督促积极履行职责或敷衍了事,人大可以督促检察机关对负有相应职责的政府提起行政公益诉讼,追究有关政府的法律责任。检察机关应根据人大要求,积极履行职责,通过公益诉讼等方式追究政府的法律责任。

第六节　社 会 监 督

公民或者公民组织,在网络信息高速发展的当今社会,俨然已成为我国最庞大的行政行为监督群体。向公众进行信息披露，倾听公众的意见，满足公众的合理期待，是我国全民所有自然资源资产监督制度建设与完善的需求。① 社会监督是国有自然资源资产监管体制的重要一环，也是健全国有自然资源资产监管体制所必须确立的一项制度。

一、社会监督的内涵和优势

全民所有自然资源资产委托代理社会监督是指由社会公众、社会组织、媒体等非政府主体对所有权委托代理的代理人及其管理行为进行监督和评价的一种监督方式，是全民所有自然资源资产委托代理监督体系的重要组成部分，是保障和促进全民所有自然资源资产管理的有效手段。

第一，社会监督的主体。社会监督的主体是指参与全民所有自然资源资产委托代理社会监督的各方主体，包括社会公众、社会组织、媒体等。这些主体在全民所有自然资源资产委托代理社会监督中扮演着不同的角色，承担着不同的职责，享有着不同的权利。一是社会公众。社会公众是指享有全民所有自然资源资产收益和权益的国家和全体人民，是全民所有自然资源资产委托代理社会监督的最广泛和最基本的主体。② 社会公众在全民所有自然资源资产委托代理社会监督中的角色是监督者、参与者、受益者。二是社会组织。社会组织是指在法律法规和政策规定范围内，由具有共同利益或者目标的个人或者组织依法自愿组成的非营利性的社会团体，其是全民所有自然资源资产委托代理社会监督的重要和活跃的主体。社会组织在全民所有自然资源资产委托代理社会监督中的角色是监督者、协助者、推动者。三是媒体。媒体是指通过报纸、杂志、广播、电视、网络等传播方式，向社会公众传递信息、影响舆论、塑造形象的社会机构，是全民所有自然资源资产委托代理社会监督的重要和有效的主体。媒体在全民所有自然资源资产委托代理社会监督中的角色是监督者、传播者、引导者。

---

① 参见程玉：《我国生态环境损害赔偿制度的理论基础和制度完善》，载《中国政法大学学报》2022 年第 1 期。

② 参见单平基：《自然资源之上权利的层次性》，载《中国法学》2021 年第 4 期。

第二,社会监督的优势。社会监督的优势是指全民所有自然资源资产委托代理社会监督相比于其他监督方式所具有的独特的优势和特点,具体包括以下几个方面。一是广泛性。全民所有自然资源资产委托代理社会监督涉及的主体多、范围广、层次深,能够覆盖全民所有自然资源资产管理的各个方面和环节,能够反映出全民所有自然资源资产管理的真实情况和问题。二是及时性。全民所有自然资源资产委托代理社会监督具有较强的敏感性和反应性,能够及时发现并指出全民所有自然资源资产管理中存在的问题和不足,能够及时提出并推动整改措施和改进方案。三是有效性。全民所有自然资源资产委托代理社会监督具有较大的影响力和说服力,能够有效地促进被审计主体改进全民所有自然资源资产管理,能够有效地保障国家财产安全、促进国家财富增长、推动生态文明建设。四是创新性。全民所有自然资源资产委托代理社会监督具有较强的灵活性和适应性,能够根据不同的情况和需求,创新探索全民所有自然资源资产委托代理社会监督的方法和手段,进而提高全民所有自然资源资产委托代理社会监督的水平和质量。

二、社会监督的重要意义

全民所有自然资源资产委托代理社会监督的重要意义是指通过开展全民所有自然资源资产委托代理社会监督工作所能够达到的重要目标和效果,①包括以下几个方面。

第一,保障国家财产安全。通过开展全民所有自然资源资产委托代理社会监督工作,可以有效地防止和惩治委托代理人违法违规使用或者处置自然资源资产的行为,保障国家和全体人民对全民所有自然资源资产的所有权和支配权,防止国家财产流失和损耗,维护国家主权和安全。

第二,促进国家财富增长。通过开展全民所有自然资源资产委托代理社会监督工作,可以有效地促进委托代理人合理利用和有效保护

---

① 参见晋海:《我国基层政府环境监管失范的体制根源与对策要点》,载《法学评论》2012 年第 3 期。

自然资源资产,实现自然资源资产保值增值,提高国家财富水平和综合国力。

第三,推动生态文明建设。通过开展全民所有自然资源资产委托代理社会监督工作,可以有效地推动委托代理人履行环境保护责任,规范其管理行为,防止和惩治其破坏生态环境的行为,促进生态系统的恢复和保护,实现人与自然的和谐共生。

第四,增强社会公信力。通过开展全民所有自然资源资产委托代理社会监督工作,可以有效地增强社会公众对全民所有自然资源资产管理的了解和参与,增强社会公众对全民所有自然资源资产管理的满意度和信任度,增强社会公众对全民所有自然资源资产管理的支持和认同。

三、社会监督的实现途径

全民所有自然资源资产委托代理社会监督的实现途径,是指为保障和促进全民所有自然资源资产委托代理社会监督工作的顺利开展而采取和完善的一系列途径和措施,其是全民所有自然资源资产委托代理社会监督工作的保障和支撑,也是全民所有自然资源资产委托代理社会监督工作的动力。

(一)政府应重视社会监督

政府机构是指国务院或者省、自治区、直辖市人民政府及其有关部门或者机构,是全民所有自然资源资产委托代理社会监督工作的主导和领导者,是全民所有自然资源资产委托代理社会监督工作的组织者和协调者。提高政府机构对社会监管的认识,主要是指政府机构要充分认识到社会监管在全民所有自然资源资产委托代理监督体系中的重要地位和作用,要充分尊重和支持社会监管主体的合法权益和合理诉求,要充分借鉴和运用社会监管的优势和特点,要充分发挥和促进社会监管的功能和效果。[①] 具体而言,提高政府机构对社会监管的认识,应

① 参见郭建斌:《公众参与环境治理:逻辑审查与实践选择》,载《江西社会科学》2021 年第 4 期。

当做好以下几个方面的工作。一是树立正确的观念。政府机构要树立正确的全民所有自然资源资产管理观、责任观、权力观、公众观等，要认识到全民所有自然资源资产属于国家和全体人民，政府机构只是其委托代理人，不是其所有者或者支配者，政府机构对全民所有自然资源资产管理负有法定责任和义务，对全民所有自然资源资产管理行使有限权力，对全民所有自然资源资产进行管理时应当接受公众监督和评价。二是建立良好的制度。政府机构要建立良好的全民所有自然资源资产管理制度、委托代理制度、离任审计制度、社会监督制度等，并要规范全民所有自然资源资产管理的目标、内容、方式、标准等，也要规范委托代理人的职责、权限、考核等，还要规范离任审计人的程序、方法、结果等以及社会监督主体的参与、反馈、利用等。三是提供必要的条件。政府机构要提供必要的条件和保障，为全民所有自然资源资产委托代理社会监督工作创造良好的环境和氛围。具体而言，政府机构要提供必要的数据和信息，为社会监督主体提供准确的数据和信息支撑，政府机构要提供必要的渠道和平台，为社会监督主体提供便捷的渠道和平台，政府机构要提供必要的支持和协助，为社会监督主体提供有效的支持和协助。

（二）加强社会监督的宣传工作

社会监督的宣传工作是指通过各种方式和手段，向社会公众、社会组织、媒体等社会监管主体传播有关全民所有自然资源资产管理情况、委托代理情况、离任审计情况、社会监督情况等数据和信息，以增强其对全民所有自然资源资产委托代理社会监督工作的了解和参与，①增强其对全民所有自然资源资产委托代理社会监督工作的满意度和信任度，增强其对全民所有自然资源资产委托代理社会监督工作的支持度和认同度。为了加强社会监督的宣传工作，应当做好以下几个方面的工作。一是制定宣传计划。制定全民所有自然资源资产委托代理社会监督工作的宣传计划，包括宣传目的、宣传内容、宣传方式、宣传时间等，并按照国家有关法律法规和政策规定进行修订和更新。二是开展

---

①　参见于晶晶：《行政正当程序视角下环境公众参与制度的规范与完善》，载《中国环境管理》2021 年第 1 期。

宣传活动。开展全民所有自然资源资产委托代理社会监督工作的宣传活动,包括发布公告、发放资料、举办讲座、组织座谈、开展调查等,并根据不同的宣传对象和内容选择合适的宣传活动。三是利用宣传媒介。利用各种宣传媒介,扩大全民所有自然资源资产委托代理社会监督工作的宣传效果,包括利用报纸、杂志、广播、电视、网络等传统媒介,利用微信、微博、抖音等新媒体,利用公众号、小程序、网站等平台,并根据不同的宣传对象和内容选择合适的宣传媒介。四是评估宣传效果。评估全民所有自然资源资产委托代理社会监督工作的宣传效果,包括对宣传活动的参与度、反馈度、满意度以及对宣传媒介的覆盖度、影响度、信任度等,并根据评估结果进行总结和改进。

(三)健全中介监督机制

中介监督机制是指由具有专业知识和技能的中介机构或者人员对全民所有自然资源资产委托代理人及其管理行为进行监督和评价的一种监督机制,是全民所有自然资源资产委托代理社会监督工作的重要补充和完善,是提高全民所有自然资源资产委托代理社会监督工作质量和效果的有效途径。① 为了健全中介监督机制,应当做好以下几个方面的工作。一是明确中介主体。明确需要参与全民所有自然资源资产委托代理社会监督工作的中介机构或者人员,包括会计师事务所、评估机构、咨询机构、专家学者等,并确定其具体的职责和权限。二是制定中介标准。制定全民所有自然资源资产委托代理社会监督工作的中介标准,包括中介资质、中介程序、中介方法、中介结果等,并按照国家有关法律法规和政策规定进行修订和更新。三是实施中介监管。按照制定好的标准,由国务院或者省、自治区、直辖市人民政府指定或者授权的审计机关或者监察机关对参与全民所有自然资源资产委托代理社会监督工作的中介机构或者人员进行监管,包括对其进行审查、指导、评价等,并进行协调沟通和信息共享。四是形成中介结果。将参与全民所有自然资源资产委托代理社会监督工作的中介机构或者人员形成的

---

① 参见褚松燕:《环境治理中的公众参与:特点、机理与引导》,载《行政管理改革》2022 年第 6 期。

结果汇总成为全民所有自然资源资产委托代理社会监督工作的重要组成部分，并按照规定的格式和要求进行编制。

（四）建立和完善信息公开和信息披露制度

信息公开和信息披露制度是指由国务院或者省、自治区、直辖市人民政府及其有关部门或者机构，以及委托代理人主动或者被动地向社会公众、社会组织、媒体等社会监管主体公开和披露有关全民所有自然资源资产管理情况、委托代理情况、离任审计情况、社会监督情况等数据和信息的一种制度，是全民所有自然资源资产委托代理社会监督工作的重要基础和前提，是提高全民所有自然资源资产委托代理社会监督工作质量和效果的有效途径。为了建立和完善信息公开和信息披露制度，应当做好以下几个方面的工作。一是明确公开披露的内容。明确需要向社会公众、社会组织、媒体等社会监管主体公开和披露的有关全民所有自然资源资产管理情况、委托代理情况、离任审计情况、社会监督情况等数据和信息的内容，包括公开披露的范围、内容、方式、时间等，并按照国家有关法律法规和政策规定进行修订和更新。二是制定公开披露的程序。制定向社会公众、社会组织、媒体等社会监管主体公开和披露有关全民所有自然资源资产管理情况、委托代理情况、离任审计情况、社会监督情况等数据和信息的具体程序，包括公开披露的主体、对象、方式、时间等，并按照国家有关法律法规和政策规定进行修订和更新。

（五）完善社会公众参与制度

社会公众参与制度是指由国务院或者省、自治区、直辖市人民政府及其有关部门或者机构，以及委托代理人通过各种方式和手段，吸引并引导社会公众参与到全民所有自然资源资产管理工作中来，使其成为全民所有自然资源资产委托代理社会监督工作的重要主体和力量的一种制度，是全民所有自然资源资产委托代理社会监督工作的重要基础和前提，是提高全民所有自然资源资产委托代理社会监督工作质量和效果的有效途径。[①] 为了完善社会公众参与制度，应当做好以下几个方

① 参见张辉：《美国环境公众参与理论及其对中国的启示》，载《现代法学》2015 年第 4 期。

面的工作:一是明确参与主体。明确需要参与到全民所有自然资源资产管理工作中来的社会公众,包括个人、团体、组织等,并确定其具体的职责和权限。[①] 二是制定参与方式。制定社会公众参与到全民所有自然资源资产管理工作中来的具体方式,包括咨询、建议、投诉、举报等,并按照国家有关法律法规和政策规定进行修订和更新。三是实施参与引导。实施对社会公众参与到全民所有自然资源资产管理工作中来的引导,包括提供必要的数据和信息、提供必要的渠道和平台、提供必要的支持和协助等,并进行协调沟通和信息共享。四是评估参与效果。评估社会公众参与到全民所有自然资源资产管理工作中来的效果,包括对其进行分析、评价、总结等,并根据评估结果进行改进和完善。

---

① 参见廖红伟、李凌杰:《完善国资监管体制与深化国有企业改革协同发展路径研究》,载《内蒙古社会科学》2021 年第 4 期。